지금 여기,

천국을 살다

김영생 지음

쿰란출판사

추천사

•

　《지금 여기, 천국을 살다》는 단순히 불치병 아들을 둔 부모의 간증을 넘어서, 고통 중에서도 날마다 천국을 살아낸 한 그리스도인의 깊은 고백이며, 이 시대에 참된 신앙이 무엇인지를 보여주는 귀한 증언입니다.

　저자 김영생 집사님은 38년 동안 '진행성 근이영양증'이라는 불치병을 앓는 아들과 함께 살며, 끝이 보이지 않는 고난 속에서도 예수님과 동행하는 삶을 포기하지 않으셨습니다. 그 동행의 길은 때로 눈물로, 때로 침묵으로 이어졌지만, 그 모든 시간이 결국 천국을 살아낸 시간으로 바뀌었습니다. 이 책에는 그 시간의 기록이 담겨 있습니다.

　예수님을 믿는다는 것이 무엇인지, 예수님과 동행하는 삶이 어떻게 고난을 천국으로 변화시키는지를 이 책만큼 생생하게 보여주는 간증은 흔치 않습니다. 저자 김영생 집사님이 오랜 세월 불치병을 앓는 아들을 지극정성으로 돌보며, 동시에 일터 선교사로 살아오신 것을 담임목사로서 지켜보았던 저는 너무나 마음이 뜨겁습니다.

　이 책의 놀라운 점은, 고통을 무겁게 그려내지 않는다는 데 있습니다. 저자는 진정한 믿음의 눈으로 아들의 고통을 해석하고, 가정의 눈물을 천국의 기쁨으로 녹여냅니다. 그것은 감정적인 위로가 아니라, 말씀에 뿌리내린 견고한 신앙에서 비롯된 진실한 고백입니다. 특히, 아들이 대학원까지 진학하며 경험한 믿음의 여정, 의식을 잃은 채 7년 8개월을 누워 있던 시간 동안 부모가 지켜낸 사랑과 예배, 그 모든 순간들이 살아 계신 하나님의 이야기로 풀어져 있습니다.

저자 김영생 집사님은 일터에서 30년 넘게 신실하게 섬긴 직장 선교사이며, 지금도 우리금융 기독선교회 간사로 복음을 전하고 제자훈련에 헌신하고 계신 분입니다. 그의 삶은 예배와 일상이 하나 된 삶이며, 이 책은 그러한 '삶의 예배'가 문장으로 옮겨진 결정체입니다. 저는 김 집사님의 삶과 고백이 많은 이들에게 큰 감동과 변화를 줄 수 있다고 확신하며, 그 깊은 은혜가 책을 통해 널리 흘러가기를 소망합니다.

무엇보다도 이 책은 고난 가운데 있는 성도들에게 실질적인 위로와 소망이 될 뿐 아니라, 아직 믿음을 갖지 않은 이들에게도 '천국을 사는 삶'의 실재를 소개하는 전도서로서도 귀하게 쓰일 수 있습니다.

고통을 피할 수 없는 시대, 답을 잃어버린 세상 가운데 이 책은 '예수님 한 분으로 충분하다'는 진리를 조용히, 그러나 강력하게 들려줍니다.

따라서 저는 많은 이들이 이 책 《지금 여기, 천국을 살다》를 읽고 주님의 위로와 동행의 은혜를 경험하게 되기를 진심으로 바라며, 기쁜 마음으로 추천하는 바입니다.

2025년 11월
유기성 목사
선한목자교회 원로목사,
예수동행운동(위드지저스미니스트리) 이사장

추천사

:

2024년 2월, 저는 담임목사로서 고 김정함 성도의 천국환송예배를 인도하며 "나는 부활이요 생명이니"라는 말씀을 전할 수 있는 특권을 누렸습니다. 바로 그곳에서 저는 38년이라는 긴 세월 동안 진행성 근이영양증과 동행했던 한 젊은 성도의 이 땅에서의 마지막 여정을 목격했습니다. 그리고 이제 그 아버지의 떨리는 손으로 기록된 이 증언을 통해, 깊은 골짜기를 걸어도 두려워하지 않는 예수님과의 동행이 어떻게 가능한지를 더욱 분명히 깨달을 수 있었습니다.

김영생 집사님은 이 책에 단순히 아들의 투병기를 기록한 것이 아닙니다. 폭풍우가 몰아쳐도 흔들리지 않는 반석 위에 세워진 집처럼, 고난이라는 연단의 풀무불 속에서 어떻게 참된 아버지의 사랑이 정금처럼 빚어지고, 하나님의 은혜가 생수의 강처럼 흘러넘치는지를 생생하게 증언하고 있습니다.

"아빠, 기쁨으로 합시다"라고 말한 정함 형제의 고백은 고난 중에도 변치 않으시는 하나님 사랑에 대한 확신에서 흘러나온 찬양이었습니다.

특히 정함 형제가 대학생 수련회에서 보낸 "아빠, 하나님 영광이 얼마나 아름다운지 경험했어요!"라는 고백은 제 마음을 울렸습니다.

병든 몸으로 밤마다 앉은 채로 잠을 자야 했던 그 어둠의 골짜기에서도, 하나님은 새벽 빛처럼 당신의 영광으로 그를 찾아오셨습니다. 이것이야말로 주님께서 사랑하시는 자에게 부어주시는 하늘의 기름 부음이었습니다.

이 책을 읽는 모든 이들이 고 김정함 성도의 순전한 신앙과 그 아버지의 눈물로 적신 사랑을 통해 하나님의 신실하심을 발견하고, 어떤 광풍이 일어도 요동하지 않는 믿음으로 살아갈 수 있기를 간절히 기도합니다.

고난은 우리를 하나님의 품에서 멀어지게 하는 것이 아니라, 오히려 그분의 따뜻한 날개 그늘 아래로 더 깊이 들어가게 하는 통로임을 이 책이 아름답게 노래하고 있습니다. 진행성 근이영양증이라는 현실 앞에서도 "공부가 중요해요, 신앙이 중요해요?"라고 맑게 고백했던 정함 형제의 믿음은 세상의 헛된 것들보다 하나님을 택한 영혼의 고백이었습니다.

그런 아들을 품으며 자신도 참된 아버지의 마음을 배워간 김영생 집사님의 예수님과의 복된 여정은 우리 모두에게 귀한 감동과 교훈을 줍니다.

이 책이 고난의 한복판에서 길을 잃은 모든 가정들에게 따뜻한 위로가 되고, 저녁에는 울음이 있을지라도 아침에는 기쁨이 온다는 소망을 품게 하는 귀한 선물이 되기를 진심으로 축복합니다.

이 책의 제목처럼, 이 책의 독자들도 지금 여기 이 땅에서 천국을 살다가 천국에 이르기를 간절히 소망합니다.

2025년 11월
김다위 목사
선한목자교회 담임목사

추천사

∴

　정함 형제를 처음 알게 된 건 '예수동행일기' 모음집에서였습니다. 김영생 집사님의 일기를 통해 깊은 고난 속에서도 예수님과 동행하는 기쁨을 누리는 모습에 큰 감동을 받았습니다. 이후 십자가 복음에 관한 설교에서 두 분을 복음의 증인으로 소개하게 되었습니다.
　기도하며 간간이 소식을 나누던 중, 어느 날 새벽기도 시간에 집사님과 정함 형제를 꼭 만나야겠다는 생각이 들었습니다. 2024년 2월 15일, 김영생 집사님 부부와 정함 형제를 처음 만났고, 안수 기도 중 하나님을 찬양하는 정함 형제의 마음이 전해져 깊은 은혜를 누렸습니다.
　집사님 부부를 통해 이 책에 담긴 내용의 일부를 직접 들을 수 있었습니다. 너무 힘드셨겠다 싶어서 여쭈었는데 돌아오는 대답이 충격적이었습니다.
　"고난은 희미해지고, 기쁨만 남았어요."
　그 고백의 여운이 제게 참 오래도록 남았습니다. 그로부터 이틀 뒤, 정함 형제가 소천했다는 소식을 들었고, 제가 장례 예배를 섬기게 되었습니다. 그때 나눈 말씀이 다니엘서 12장 3절입니다.
　"지혜 있는 자는 궁창의 빛과 같이 빛날 것이요 많은 사람을 옳은 데로 돌아오게 한 자는 별과 같이 영원토록 빛나리라."

의식 없이 병상에 7년 8개월을 누워 있었지만, 정함 형제는 누구보다 복음을 전하는 삶을 살았습니다.

그가 남긴 독후감에는 이런 고백이 있습니다.

나는 여전히 앉아서 잔다.
하지만 오늘도 나는 아버지의 영원하신 팔에 안겨 웃을 수 있다.
놀라운 또 하나의 은혜는 이 기쁨이 끝이 아니고 시작에 불과하다는 것이다.
내 주위의 많은 사람들 역시 그들 나름의 크고 작은 고통을 안고 살아가고 있다. 나는 이들에게 결코 세상이 줄 수 없고 오직 주님만이 주실 수 있는 기쁨을 나누어 주는 삶을 살고 싶다.
이 기쁨을 나누면 나눌수록 아버지가 주시는 더 큰 기쁨을 누리게 될 것을 확신한다.

이 책은 정함 형제가 고통 가운데서도 예수님과 동행하며 누린 기쁨의 삶을 증거하는 도구가 될 것입니다. 그 기쁨은 세상이 줄 수 없는 것이기에 더욱 귀합니다. 그리고 이 책을 통해 김영생 집사님 부부의 삶에도 흐르고 있는 예수님과 동행하는 기쁨이 계속 흘러가리라 믿습니다.

주님을 더 알아갈수록 보이는 것이 전부가 아님을 알게 됩니다. 만약 보이는 것이 전부라면, 정함 형제는 누구보다 불행한 삶을 산 것처럼 보일지도 모릅니다.

그러나 눈에 보이지 않는 영원한 세계에서 그는 누구보다 아름답고 영광스러운 삶을 살았습니다. 왜냐하면, 그는 이 땅에서부터 예수님과 친밀히 동행하는 삶을 살았기 때문입니다.

이 책이 많은 이들에게 예수님과의 친밀한 동행을 갈망하게 하고, 실제로 누리게 되는 은혜의 통로가 되기를 소망합니다.

2025년 11월
고성배 목사
선한목자교회 부목사

프롤로그

38년.

사랑하는 아들이 불치병으로 긴 광야의 시간을 우리와 함께 살다가, 2024년 2월, 육신의 부모 곁을 떠나 하늘 아버지의 품에 안겼습니다.

아직도 아들을 향한 그리움이 밀려올 때면, 마음 깊은 곳에서부터 가슴이 저려옵니다. 하지만 아들과 함께했던 행복한 순간들이 떠오를 때, 나는 스스로에게 묻게 됩니다.

'아들의 삶을 어떤 말로 표현할 수 있을까?'

그 삶을 단 한 문장으로 말하자면, 이 말이 가장 잘 어울릴 것 같습니다.

"천국을 살다, 천국에 가다."

아들이 서울대 대학원에 입학한 뒤 의식을 잃기 전 5년의 시간은 육체적으로는 혹독한 고난의 연속이었습니다. 그러나 바로 그 시기야말로 아들이 이 땅에서 천국을 가장 깊이 누리던 때였습니다.

그 중심에는 예수님과의 동행이 있었습니다.

아들은 그 당시 일기장에 이렇게 고백했습니다.

예수님을 바라보는 기쁨이 나를 거룩하게 하고,
고난을 넉넉히 이기는 힘을 준다.
천국을 지금 이 고난 가운데에서도 누리게 해주심에
감사할 따름이다.

이 고백은 단지 글이 아니라 아들이 하루하루 살아낸 실제였습니다. 고통의 시간조차 예수님과 함께하니 기쁨이 있었고, 평안이 있었습니다.

그리고 아들이 의식을 잃은 뒤 7년 8개월 동안, 우리는 매일의 순간 속에서 예수님과 함께하는 삶이 어떻게 가능하며, 그것이 어떤 위로와 힘이 되는지를 깊이 체험했습니다. 하루하루가 고되고 지친 날들이었지만, 감사와 찬양은 끊이지 않았습니다. 보이지 않아도 예수님이 함께 하신다는 그 믿음이 우리의 가장 큰 위로이자 버팀목이 되었습니다.

아들이 떠난 뒤, 나는 자주 스스로에게 묻곤 합니다.
'지금 천국에서 우리 아들이 가장 바라는 게 무엇일까?'
아마 이렇게 말하지 않을까요.
"아빠, 내가 고난 중에도 누렸던 그 평안과 기쁨, 그걸 많은 사람들이 알고 예수님과 동행하는 삶을 통해 이 땅에서도 천국을 살다 천국에 갔으면 좋겠어요."

그 당시에는 몰랐지만, 아들의 마지막 일기는 이렇게 끝나 있었습니다.

정말로 내가 이 땅에 살아 있을 이유 '복음의 사명'을 위해,
비록 여전히 근육병으로 살지라도 남은 생을 불태우고 싶다.

아들은 누구보다도 잘 알고 있었습니다. 진짜 평안과 기쁨은 어떤 상황에도 흔들리지 않는 것이며, 그것은 예수님 안에서만 주어지는 선물이라는 것을. 그리고 고통 속에서도 누릴 수 있는 하늘의 평안과 천국의 기쁨이 분명히 존재한다는 것을.

아들은 그 놀라운 삶의 비밀을 더 많은 사람들과 나누고 싶어 했습니다. 그래서 이 책을 쓰게 되었습니다.

이 책은 아들의 이야기이자 아들과 함께했던 우리 가족의 여정입니다. 무엇보다 예수님과 동행할 때, 고난 속에서도 어떻게 평안과 회복을 누릴 수 있었는지를 나눈 기록입니다. 많은 사람들이 이 책을 통해 고난 속에서도 기쁨과 평안을 누리며, 이 땅에서 천국을 살다 천국에 이르는 삶의 비밀을 함께 경험하길 바랍니다.

그리고 이 책을, 지금 이 세상보다 천국에서 더 생생히 살아 있을 사랑하는 아들에게 바칩니다.

추천사_ 유기성 목사 (선한목자교회 원로목사) • 2
김다위 목사 (선한목자교회 담임목사) • 5
고성배 목사 (선한목자교회 부목사) • 8

프롤로그 • 11

제1부 부르심의 시작, 준비된 믿음

제1장 그날, 우리의 시간은 멈췄다 • 18
제2장 내 인생의 주인이 바뀌다 • 23
제3장 믿음의 뿌리를 내리다 • 31
제4장 기적 같은 만남, 예비된 사랑 • 40
제5장 내 안에 빛이 들어온 날 • 45
제6장 사라진 편지, 돌이킨 마음 • 52
제7장 열린 문, 사명의 자리 • 57

제2부 눈물 속에 피어난 소망

제1장 사명을 품고 시작된 일상 • 64
제2장 다섯 살, 무너짐이 시작된 날 • 74
제3장 울면서도 지켜야 했던 사랑 • 84
제4장 방황의 끝, 기도와 말씀의 자리 • 105
제5장 죽음의 문턱, 하늘이 열리다 • 116
제6장 새롭게 울고, 새롭게 웃다 • 124
제7장 소망의 발걸음, 다시 걷다 • 130

목차 contents

제3부 예수 동행, 천국을 살다

　제1장　광야, 의지함을 배우다 • 140
　제2장　절망의 밤, 동행의 시작 • 153
　제3장　고난 속에서 배우는 신뢰 • 160
　제4장　전적인 위탁, 그분이 돌보신다 • 167
　제5장　내 안에 예수님이 사신다 • 174
　제6장　눈물로 드린 감사, 노래가 되다 • 187
　제7장　그날들, 아들은 천국을 살았다 • 198

제4부 천국을 남기고, 천국에 가다

　제1장　갈망의 고백, 더 깊어진 동행 • 218
　제2장　의식이 멈춘 날, 계속된 임재 • 226
　제3장　어둠 속의 숨결, 멈추지 않는 사랑 • 235
　제4장　치유의 손길, 은혜의 발자취 • 242
　제5장　언제나 행복, 어디서나 천국 • 250
　제6장　사랑의 섬김, 천국 같은 가정 • 261
　제7장　끝이 아닌 시작, 영원한 품 안으로 • 270

에필로그 • 282

제1부

부르심의 시작, 준비된 믿음

제1장
그날, 우리의 시간은 멈췄다

사랑하는 아들이 태어나고, 돌을 지나 걸음마를 시작할 무렵이었다.

그 무렵부터 걷는 모습이 어딘가 이상하다는 느낌이 들기 시작했다. 아들은 또래 아이들보다 걷는 속도가 느렸고, 걸음걸이도 불안정했다. 조금만 경사가 있는 길도 힘들어했고, 평지에서도 자주 넘어지곤 했다. 특히 눈에 띄게 굵어진 종아리를 볼 때마다 알 수 없는 불길한 마음이 들었다.

마음 한편이 불안했지만, 일시적인 현상일 뿐이고 시간이 지나면 나아질 거라며 스스로를 다독이며 애써 마음을 다잡으려 했다. 그러나 시간이 지나도 아무런 변화가 없었고, 같은 상황이 반복되었다.

불안은 점점 현실이 되어갔다. 아들이 자라면서 계단을 오르는 것을 힘들어하고, 걷다가 다리에 힘이 풀려 그대로 주저앉는 일이 잦아졌다.

'성장 과정일 뿐'이라며 그냥 넘기기엔 무언가 잘못되고 있다는 생각이 마음 깊은 곳에서 떠나지 않았다. 결국 우리는 집 근처에 있는 동네 병원 두 곳을 찾았다. 아들의 상태와 증상을 들은 의사는 기본적인 검사를 했고, 돌아오는 대답은 같았다.

"아이는 정상입니다. 성장 과정일 뿐, 이상은 전혀 없어 보입니다."

의사의 말은 전혀 마음에 와닿지 않았다. 오히려 불안감만 더욱 커졌다.

아들의 상태를 지켜보고 관찰해 온 부모의 직감은 불행히도 정확했다. 사랑하는 아들의 몸 어딘가, 보이지 않는 곳에서 이상이 생기고 있다는 사실을 분명히 느낄 수 있었다.

그때부터 아내와 나는 기도하기 시작했다.

"하나님, 제발…정확한 원인을 알 수 있는 병원을 찾게 해주시고, 정확한 진단을 받게 해주세요."

몇 년을 그렇게 간절한 마음으로 기도하던 어느 날, 우연히 펼쳐본 국민일보 한 면에서 불치병에 관한 연재기사가 눈에 들어왔다. '진행성 근이영양증'이라는 처음 들어보는 낯선 병명이 적혀 있었다.

기사를 읽기 시작하자 곧 숨이 턱 막혀왔다.

"종아리 부분이 단단하게 굵어지고, 보행이 느려지며, 자주 넘어지고, 계단 오르기가 어렵다…."

사랑하는 우리 아들의 증상과 너무도 꼭 닮아 있었다. 마치 누군가가 우리 아이의 상태를 정확히 관찰하고 써놓은 것만 같았다. 나는 신문을 손에서 놓쳤고, 심장이 철렁 내려앉으며 가슴이 먹먹해져 숨을 쉴 수가 없었다.

기사는 아들의 병명을 너무도 명확하게 말해주고 있었지만, 그 사실을 인정하고 받아들이는 것은 쉽지 않았다. 모든 게 나쁜 꿈 같앉다. 이 악몽에서 깨어나고 싶었다.

다음 날, 아내와 나는 아들과 딸을 데리고 기사에 소개된 병원을 찾아갔다. 진료실에서 아이의 증상을 이야기하는 동안, 의사는 아무 것도 모른 채 해맑게 웃고 있는 아들을 심각한 얼굴로 바라보았다.

의사는 몇 가지 검사를 진행했는데, 아들은 힘들어했고, 그 모습을 지켜보는 우리는 마음이 찢어졌다. 그러나 그 아픔은 앞으로 우리 가족이 평생 짊어지게 될 무거운 짐의 시작에 불과했다.

의사는 진지한 표정으로 조용히 소견서를 적었다. 우리는 떨리는 마음으로 의사의 입을 바라보았고, 마침내 의사는 조심스럽지만 단호한 말투로 말했다.

"진행성 근이영양증입니다. 현재 의학적으로는 완치가 어렵습니다."

이미 마음속으로 짐작하고 있었지만, 담당 의사의 입을 통해 직접 듣는 그 말은 너무 담담하게 들려서 오히려 더 아프게 가슴을 찔렀다.

머릿속이 새하애졌고, 온몸에 힘이 빠져 그 자리에 주저앉을 것만 같았다. 검사가 끝난 후, 아들의 바지를 올리던 아내의 손끝이 떨리는 것을 보면서도 무슨 말을 해야 할지 알 수 없었다.

의사는 계속해서 진행성 근육병에 대해 설명했지만, 우리는 멍한 상태였다. 그 어떤 말도 귀에 들어오지 않았다. 겨우 정신을 붙잡고 있는 상태에서 단편적인 단어들만 웅웅거리며 들려왔다.

진행성… 불치병… 전신 근육 손실과 호흡 근육 마비… 수명 단축….

하나하나의 단어가 낯설고 무서웠다. 그 낯선 단어들을 쉽게 받아들일 수 없었다. 그러나 그 단어들은 공중에 맴돌다가 결국 가슴에 박히며, 마음을 깊게 찔렀다.

진료실을 나와 병원 복도를 걷는 동안, 우리 부부는 아무 말도 하지 못했다. 사랑하는 다섯 살 아들은 자신이 얼마나 무섭고 깊은 회오리 속으로 빨려 들어가고 있는지도 모른 채, 해맑은 얼굴로 우리의 손을 꼭 잡고 웃고 있었다. 그 천진난만한 얼굴을 보는 순간에도 모든 것이 믿기지 않았다. 방금 들은 불치병 선고가 귓가에 맴돌았고, 아들의 웃음이 너무나도 평온해서 더욱 실감이 나지 않았다.
마치, 모든 것이 악몽 같았다.

병원을 나서며 아내와 나는 쏟아지는 눈물을 꾹 참고, 마음을 다잡기 위해 하늘을 올려다보았다. 그날 하늘은 구름 한 점 없이 맑았고, 햇살은 따스했으며, 바람은 잔잔하게 우리를 감싸주었다.
하지만 우리의 마음은 온통 어두운 먹구름으로 가득 차 있었다.

아들은 검진과 긴 걸음에 지쳤는지 차에 타자 금세 잠이 들었다. 잠든 아들의 얼굴을 바라보며, 앞으로 이 아이가 살아가야 할 날들을 생각하니 가슴이 저릿하고 마음이 먹먹해졌다. 우리는 아무 말없이 창밖을 바라보며 집으로 향했다.
그날 밤, 잠든 아이들이 있는 방을 나와 아내와 나는 함께 앉았다. 기도조차 할 수 없었다. 그저 하나님을 부르짖으며, 슬픔 속에 통곡하며 눈물을 흘렸다.
"하나님…우리는 이제 어떻게 해야 하나요….”

그 깊은 밤, 하나님의 음성이 조용히 내 마음을 울렸다.

"너는 이 아이의 아버지이지만, 나는 이 아이의 모든 것을 책임질 하늘 아버지다. 내가 너보다 이 아이를 더 사랑한단다. 너는 이 아이의 삶을 책임지는 존재가 아니라, 내 뜻 안에서 돌보도록 맡겨진 청지기일 뿐이란다."

그 음성 앞에서 '하나님의 사랑'과 '하나님의 계획'이라는 이름의 빛이 미세하게, 그러나 분명하게 내 마음에 스며들기 시작했다.

그제야 우리는 알 수 있었다. 사랑하는 아들은 우리의 소유가 아니라 하나님께서 주신 선물이라는 것을. 이 아이는 하나님께서 우리에게 맡기신, 하나님의 소중한 아들이라는 사실을.
그리고 깨달았다. 하나님은 이 아이를 우리에게 보내시기 위해 먼저 우리 부부를 준비시키고 계셨다는 것을.

돌이켜보면, 우리가 믿음을 갖게 된 시간도, 아내를 기적처럼 만나 결혼을 하게 된 것도 모두 하나님의 계획 안에 있었다. 하나님은 아들을 우리에게 맡기시기 전에 먼저 우리를 만나주시고, 믿음의 씨앗을 심어주시며, 하나님의 섭리 아래 부부로 세우셨다. 그 모든 여정은 사랑하는 아들의 생명을 우리 가정에 맡기시기 위한, 하나님의 깊고도 선한 손길 아래 있었던 것이다.

제2장

내 인생의 주인이 바뀌다

부모님이 이혼하셨을 때, 그때 나는 여덟 살이었다. 그 이후 나는 '이혼 가정의 아이'라는 이름으로 살아가야 했다. 사람들의 시선 앞에서 나는 자주 작아졌고, 작아진 마음으로 인해 자주 울고 싶어졌다.

어머니는 5남매를 키우기 위해 공사판에도 다니시고 파출부 일도 나가시곤 했다. 가난은 언제나 우리 가족에게 그림자처럼 함께했다. 중학교에 다닐 땐 차비를 아끼기 위해 먼 거리를 걸어 다니기도 했고, 고등학교에선 '극빈 장학금'을 받아가며 학업을 이어갔다.

어린 마음에 그 가난은 늘 부끄러움으로 다가왔다. 자연스럽게 말수가 줄었고, 자존감은 바닥을 쳐서 사람들 앞에 나서는 일이 점점 두려워졌다. 내가 작아질수록 세상은 점점 더 커 보였고, 그럴수록 내 안에는 깊은 열등감이 서서히 자리를 잡아갔다.

삶은 무의미했고, 마음은 공허했다. 그렇게 무기력한 날들을 보내던 대학 2학년, 나를 볼 때마다 하나님을 믿으라고 열심히 전도하던 후배 여학생이 있었다. 하나님? 나와는 아무 상관없는 단어였다. 굳이 말하자면, 반감에 가까웠다. 그 여학생을 떨쳐내기 위해 나는 어느 날 이렇게 말했다.

제1부 부르심의 시작. 준비된 믿음

"내가 영생교 교주인데, 나한테 전도를 해? 하나님이 어디 계시냐고. 더 이상 귀찮게 하지 마."

그때는 아무것도 몰랐기에 그렇게 말했지만 지금 생각하면 참 예의 없고 듣기에도 황당한 말이었다. 아마 그 후배는 내 이름에 기독교 용어인 '영생'이라는 단어가 들어간 걸 보고 더 전도해야겠다고 마음먹었을지도 모른다. 하지만 우리 집안은 '영' 자 돌림이었고, 내 이름은 그냥 '영' 자 뒤에 '생' 자가 붙은 것뿐이었다.

기독교와는 전혀 무관한 삶. 그게 내 20대 초반이었다.
그러나 나는 몰랐다. 그 여학생의 꾸준한 관심과 전도가, 내 인생의 가장 큰 전환점이 될 줄은.

대학 4학년이 되던 해, 이상하게도 마음이 무너지는 경험을 했다. 겉보기엔 멀쩡했다. 학점도, 생활도 별 문제없었다. 그런데 속이 텅 비어 있었다. 취업, 결혼 등, '정상적인 삶'이란 단어들이 나에게는 너무 멀게만 느껴졌고 불안은 깊어졌다. 나는 그저 하루하루를 버티고 있었고, 점점 우울해졌다.

정신적인 방황은 깊어졌고, 의미 없는 하루들이 쌓일수록 허무감은 내 삶 전체를 서서히 잠식해 갔다. '내가 이 세상에 우연히 던져진 존재라면, 죽으면 모든 게 끝이라면, 굳이 살아야 할 이유가 뭘까…?' 이런 생각이 자주 들었다.

그 허무와 괴로움을 잊고 싶었다. 그래서 친구들과 어울려 술잔을 기울였고, 밤이 깊어질수록 디스코장의 소음에 몸을 던졌다.
잠시라도 웃고 떠들며, 내 안의 공허를 밀어내 보려 애썼다. 세상적인 즐거움에 기대어 마음을 달래보려 했지만, 그것은 마치 일시적인 신경안정제처럼, 잠깐의 위안에 불과했다.

살고 싶은 의지도, 죽을 용기도 없이, 그저 어딘가에 나를 놓아버리고 싶은 충동이 잦아졌다. 살아 있다는 것 자체가 고통처럼 느껴졌다. 나의 내면은 그렇게 천천히 메말라가고 있었다. 더구나 내 마음 깊은 곳의 이야기를 꺼내놓을 사람은 어디에도 없었다. 겉으로는 멀쩡한 척했지만 속은 점점 썩어가고 있었다.

무엇 하나 털어놓지 못한 채, 쌓여가는 감정은 나를 질식시켰다. 마치 동화 속 "임금님 귀는 당나귀 귀"처럼, 어딘가 외딴 들판에 가서라도 소리치고 싶은 심정이었다. 누군가 내 얘기를 단 한 번만이라도 진심으로 들어준다면 그 답답함과 외로움이 조금은 덜할 것 같았지만, 내 주변에 그런 사람은 한 사람도 없었고, 나의 마음은 점점 더 닫혀만 갔다.

그런 절망의 시간 속에서 조금씩 깨달아지는 것이 있었다. 나는 결코 내 인생을 스스로 책임질 수 없다는 사실…. 그때 처음으로, 마음 깊은 곳에서 이런 질문이 떠올랐다.

'만약 정말 절대자가 있다면…내 인생을 대신 책임져 줄 수 있지 않을까?'

그 질문은 내 안에서 울림처럼 커져갔다.

'내가 주인이 되는 삶'이 이렇게 무너진다면, 혹시, 그 절대자가 내 삶의 주인이 되어 나를 붙들어줄 수 있지 않을까?'

그때부터였다. 나는 본능처럼, 절실하게 '진짜 주인'을 찾기 시작했다. 보이지 않지만 어딘가에 계실지 모를, 내 인생을 바꿔줄 절대자. 그분을 향한 갈망이, 내 안에서 처음으로 싹트기 시작했다.

그즈음, ROTC 축제가 있었다. 파트너가 없던 나에게, 그 후배 여학생이 교회 친구 한 명을 소개해 주었다. 그저 행사용 만남이라 생각했지만, 축제가 끝난 후 그 친구가 조심스럽게 나에게 말했다.

"우리 교회에 한번 와볼래요?"

파트너가 되어 준 그 여학생의 제안을 차마 거절할 수 없었다. 그렇게 처음으로 교회라는 곳에 발을 들이게 되었다. 예배 시간, 낯선 분위기 속에서도 마음 한가운데로 뭔가가 파고드는 듯한 느낌이 있었다.

그날, 이동원 목사님을 통해 선포된 말씀 한 구절이 지금도 내 마음에 또렷하게 남아 있다.

"수고하고 무거운 짐 진 자들아 다 내게로 오라 내가 너희를 쉬게 하리라"(마태복음 11:28).

이상하게도, 그 말씀이 머리가 아니라 가슴으로 들어왔다. 그건 단순히 위로의 말이 아니었다. 마치 내 지난 삶을 속속들이 아시는 분이 지금 이 순간, 내게 직접 말씀하시는 것처럼 들렸다.

'수고하고 무거운 짐 진 자', 이 말은 다름 아닌 바로 나였다. 나는 누구에게도 말하지 못한 삶의 무게에 짓눌려 있었고, 겉으론 아무렇지 않은 척했지만 속은 무너지고 있었다.

그런데 예수님은 그런 나를 향해 "내게로 오라"고 하셨다. 단지 열심히 살아보라, 이겨내라고 하신 게 아니라, "내가 너를 쉬게 하겠다"고 하셨다.

돌아보면, 그때는 잘 몰랐지만 그 말씀은 단지 성경 속 교훈이 아니라 지금도 살아 계신 하나님이 나를 부르시는 초청이었다. 그분은 먼 하늘 위에서 나를 지켜보는 신이 아니라 나의 고통을 아시고, 나에게 참된 안식을 주시려고 다가오신 인격적인 하나님이셨다. 그 말씀은 내가 감당하지 못했던 인생의 무게를 나 대신 들어주시겠다는 하나님의 약속이었다.

　그 말씀 앞에서 나도 모르게 눈물이 흘렀다. 그 누구도 나를 진심으로 쉬게 하겠다고 손 내밀어 준 적 없었다. 그런데 지금, 예수님이 그렇게 하겠다고 하셨다. 그 초청 앞에서 나는 더 이상 외면할 수 없었다. 그래서 나는 그날 결심했다.

　'매주 교회를 다녀보자.'

　어쩌면 그건 아주 작은 결심이었을지도 모른다. 하지만 지금 돌이켜보면, 그 작고 조심스러운 결심이 결국 내 인생을 완전히 바꾸는 여정의 시작이었다.

　혼자서 매주 교회를 다니던 어느 날, 예배를 마치고 집으로 향하던 전철 안에서 내가 들고 있던 교회 주보를 본 어떤 여자분이 조용히 말을 걸어왔다.

　"서울침례교회 다니세요?"

　그렇다고 대답하자 대학부는 나가고 있는지 물어보셨다. 나는 잠시 머뭇거렸다. 솔직히 그 교회에 대학부가 있는지도 몰랐기 때문이다.

　"아니요, 그냥 주일예배만 다니고 있어요."

　무심한 듯 대답했지만, 그분의 표정은 조금 더 진지해졌다.

　"믿음 생활 잘 하시려면, 꼭 대학부 나가셔야 해요. 공동체 안에서 말씀도 배우고, 하나님이 어떤 분이신지 함께 알아가셔야 해요. 모르면서 무조건 믿는 건, 누구에게나 어려운 일이잖아요."

　잠시 말을 멈추고 나를 바라보던 그분은 한마디를 덧붙였다.

　"하나님은 단지 또 하나의 종교의 대상이 아니라, 살아 계신 분이에요. 인간을 창조하신 하나님은 인격이시고, 우리와 관계 맺기를 원하세요. 말씀을 통해 하나님의 마음을 알게 되고 그분의 사랑을 깨닫게 될 거예요."

그 권면이 어찌나 간절하고 따뜻했던지, 나는 거절하지 못하고 얼떨결에 "그럼 나가볼게요"라고 대답해 버렸다.

약속한 토요일, 조금은 어색하고 긴장된 마음으로 대학부에 가보았다. 처음 보는 사람들, 처음 느껴보는 분위기, 괜히 왔나 싶었지만 이미 온 이상 그냥 돌아설 수는 없었다. 그날, 대학부 예배에 처음 참석한 나를 따뜻하게 맞아준 리더는 조용히 이렇게 물었다.

"여러분, 요즘 진정으로 행복하십니까?"

그 단순한 질문은 내 마음을 꿰뚫었다. 겉으론 웃고 있었지만, 내 안은 오래전부터 메말라 있었기 때문이다. 그는 이어 말했다.

"많은 사람이 하나님 없이도 살 수 있다고 말하지만 우리는 하나님 없이는 결코 온전한 삶을 살 수 없습니다. 마치 물을 떠난 물고기가 살아갈 수 없는 것처럼요."

나는 숨을 죽였다. 그의 말은 내가 수없이 묻고도 대답하지 못했던 질문에 대한 해답 같았다.

"우리가 진짜 행복하지 못한 이유는 하나님과의 관계가 끊어졌기 때문입니다. 스스로 주인이 되어 살아가려 하지만 그럴수록 우리는 더 외롭고 불안해집니다."

나는 그 순간, 멈춰 섰다. 그래, 그게 바로 내 이야기였다.

그는 예수님의 이름을 꺼냈다. 죄 없는 분이지만, 나를 위해 십자가에 달려 죽으시고, 죽음을 이기고 부활하신 예수님. 그분이 진정한 생명과 자유의 길임을 담담히 말했다. 그리고 덧붙였다.

"예수님을 믿는다는 건 그분을 내 삶의 주인으로 모신다는 뜻입니다. 그때 비로소 끊어진 관계가 회복되고, 진짜 삶이 시작됩니다."

그 말은 내 안에 쌓여 있던 저항과 공허, 두려움을 조용히 무너뜨렸다. 그 자리에서 나는, 그 리더의 인도에 따라 생애 처음으로 진심을 담아 기도했다.

"예수님, 이제 제 마음의 주인이 되어 주세요. 이제는 제가 아니라 주님이 제 인생을 이끌어주세요."

그 기도는 내 인생의 가장 분명한 전환점이 되었다. 그날, 나는 예수님을 내 인생의 주인으로 영접했다. 그리고 영접기도를 마친 후 고개를 드는 순간 신기한 체험이 나를 기다리고 있었다.

그 당시 내 머릿속은 항상 뿌연 안개가 자욱이 낀 것처럼 답답했고, 가슴에는 무거운 돌덩어리가 얹힌 듯 늘 눌려 있었다. 그런데 그 순간, 머릿속 안개가 말끔히 걷히고, 가슴을 짓누르던 돌덩이가 산산조각 나 사라지는 것 같은 놀라운 자유를 경험했다.

그리고 하나님의 음성이 마음에 들렸다.

"내가 너의 아픔과 괴로움, 너의 슬픔과 외로움을 다 알고 있단다. 나는 너의 있는 모습 그대로 사랑한단다. 너는 나의 전부란다. 내가 네 인생을 책임져 주마."

하나님의 사랑은 인간의 조건적인 사랑과는 전혀 달랐다. 외모나 성격, 학벌이나 가정환경 등 세상이 나를 판단하던 기준으로는 결코 설명할 수 없는, 존재 자체를 향한 무조건적인 사랑이었다.

"있는 모습 그대로 사랑한다"는 그 말 한마디가 나의 내면 깊숙이 뿌리박혀 있던 비교의식과 열등감, 나는 부족하다는 자기비하의 마음을 조용히 녹여내고 있었다. 나는 그날 처음으로 '내가 이렇게 사랑받는 존재였구나' 하는 존재의 기쁨과 자유를 경험했다.

무언가를 잘해서가 아니라 그저 하나님께 속한 존재라는 이유 하나만으로도 나는 사랑받기에 충분한 사람이라는 것을 처음으로 믿게 되었다.

그 순간 나는 단지 종교를 믿는 것이 아니라 진리 되신 예수님, 살아 계신 하나님이 나를 만나 주셨다는 사실 앞에서 온몸이 떨리는 듯한 감격을 느꼈다.

'아…이런 게 예수님을 믿는 거구나.'

마음 깊은 곳에서 솟아오르는 기쁨과 평안, 이해할 수 없지만 너무나 선명한 생명감이 내 안을 가득 채웠다.

1982년 3월 6일, 22살의 나이에 나는 그렇게 예수님을 만났다.

살아 계신 예수님을 '내 안에 모신다'는 것이 어떤 의미인지를 그날 처음으로, 몸과 마음으로 깨달았다. 누군가 내 삶의 무게를 함께 들어주는 것 같았고, 처음으로 '혼자가 아니다'라는 깊은 안도감이 찾아왔다.

그날 이후, 내 삶은 느리지만 분명한 방향으로 바뀌기 시작했다. 내 안에 흔들리지 않는 중심이 자리 잡기 시작했다. 이제 더 이상 나 자신에게 기대는 불안한 삶이 아니라, 살아 계신 하나님께 기대는 삶으로 발걸음을 옮기게 되었다.

제3장
믿음의 뿌리를 내리다

　예수님을 영접한 이후, 내 삶은 서서히, 그러나 분명히 달라지기 시작했다. 물론 삶의 조건이 하루아침에 바뀐 것은 아니었다. 가난한 형편도 여전했고, 앞날은 여전히 불투명했다. 하지만 내 안에는 이전과는 전혀 다른 확신이 자리 잡고 있었다.
　'혼자가 아니다.'
　이제는 나와 함께하시는 분이 계셨고, 그분은 나를 자녀라 부르셨다.

> "영접하는 자 곧 그 이름을 믿는 자들에게는 하나님의 자녀가 되는 권세를 주셨으니"(요한복음 1:12).

　이 말씀은 나에게 단순한 종교적 선언이 아니었다. 내 존재의 정체성을 완전히 바꿔놓는 선언이었다. 인간 아버지는 나를 떠났지만, 하나님은 나를 자녀로 품어주셨다. '하나님의 자녀'라는 이 확신은 삶의 어떤 조건보다 강한 안정감을 주었다. 세상의 불확실함이 아무리 크다 해도, '하나님이 나의 아버지'라는 진리는 흔들리지 않았다.
　그리고 그분이 어떤 분이신지 더 알고 싶어졌다. 성경을 읽고 싶은 마음이 생겨났고, 처음으로 스스로 성경책을 읽어 보았다. 그러나 성경을 읽을수록 내 안에 질문도 함께 자라났다.

'사람이 죽으면 끝인데, 예수님이 부활하셨다는 건 정말 역사적인 사실일까?'

'하나님은 왜 선악과를 만드셨을까?'

'예수님이 물 위를 걸으셨다는 이야기는 어떻게 이해해야 하지?'

믿음이 움트기 시작하자 동시에 질문도 고개를 들기 시작했다. 믿음의 뿌리를 내리기 위한 시간은 그렇게 시작되었다.

그때 마침, 같은 과 복학생 형이 내가 예수님을 믿게 되었다는 이야기를 듣고 자신이 다니는 사랑의교회 대학부를 소개해 주었다. 그곳에서 나는 처음으로 체계적인 성경공부를 시작했다. 그리고 신앙서적을 읽는 시간들 속에서 하나님은 하나씩, 그러나 분명하게 내 물음에 답을 주셨다.

예수님의 부활은 막연한 신화가 아니었다. 수많은 역사학자와 법률가들이 오히려 '역사상 가장 신뢰할 수 있는 사건'이라 말할 만큼 탄탄한 증거들이 있었다. 예수님의 부활은 단지 믿어야만 하는 교리가 아니라 실제 역사 속에 있었던 사건이었다. 예수님의 빈 무덤, 부활 후 제자들의 급격한 변화, 죽음조차 불사한 그들의 증언을 보며 나는 이 사건이 신화가 아닌, 역사의 중심이라는 것을 확신하게 되었다.

선악과에 대한 질문도 하나님의 관점에서 보니 달라졌다. 사랑은 선택이 가능할 때만 진짜다. 하나님은 로봇이 아닌 자유의지를 가진 인간을 창조하셨고, 선악과는 그 자유의 상징이었다. 우리를 사랑하시기에 우리의 자유도 존중하신 하나님. 그 안에서 사랑이 더 깊다는 것을 알게 되었다.

그리고 이성적인 성향이 강한 내 입장에서 이해하기 어려웠던 질문 중 하나.

'예수님이 물 위를 걸었다는 이야기는 어떻게 믿어야 하지?'

그건 분명히, 중력의 법칙대로라면 불가능한 일이었다. 누구나 물에 빠지는 것이 당연했다. 하지만 누군가의 설명이 내 안의 시야를 열었다.

"개미가 인간의 세계를 이해할 수 없듯, 인간도 하나님의 차원을 온전히 이해할 수 없습니다. 우리는 삼차원에 살아가지만, 하나님은 그 모든 차원을 창조하고 초월하신 분이십니다."

그 말씀 앞에서 나는 하나님이 자연의 법칙을 초월한 분이라는 걸 처음 받아들일 수 있었다. 물 위를 걷는다는 것은 중력을 무시한 신화가 아니라 중력을 만드신 창조주께서 그 위를 걷는 '초월의 장면'이었다.

그분은 법칙에 갇힌 분이 아니라 법칙을 사용하시고 때로는 넘어서는 분. 신앙은 상식을 포기하는 것이 아니라 차원을 넘어서는 신뢰의 시작이라는 것을 깨닫게 되었다.

하나님은 내 의문을 책망하지 않으셨다. 오히려 나를 더 가까이 초대하셨다. 말씀과 기도를 통해 조금씩 내 시야를 넓혀가셨고, 이해를 넘어 주님을 사랑하게 하셨다.

그리고 그해 여름, 사랑의교회 대학부 수련회에 참석하게 되었다. 수련회 비용조차 없어 참석할 수 없는 상황이었지만, 대학부 형이 나 대신 수련회비를 내주었다. 그 형의 사랑의 섬김이 아니었다면 절대 경험하지 못했을 은혜의 자리. 그 수련회 마지막 날, 나는 처음으로 '성령 체험'이라는 것을 하게 되었다.

기도 시간, 그동안 쌓여 있던 상처와 죄가 눈물과 함께 터져 나왔다. 감당할 수 없는 회개의 마음, 그리고 동시에 하나님의 말할 수 없는 위로가 밀려왔다.

그 순간 하나님의 품에 안겨 있다는 선명한 확신이 내 안에 찾아왔다. 그때 내 마음에 요한복음 4장 14절의 말씀이 살아 움직이기 시작했다.

"내가 주는 물을 마시는 자는 영원히 목마르지 아니하리니 내가 주는 물은 그 속에서 영생하도록 솟아나는 샘물이 되리라"(요한복음 4:14).

그 말씀처럼 설명할 수 없는 사랑과 기쁨, 그리고 깊은 평안이 내 안에서 조용히, 그러나 분명하게 솟구쳐 오르기 시작했다. 이전에 한 번도 경험해 보지 못했던 위로와 충만함이었다. 그것은 단순한 감정이 아니라, 내면 깊은 곳을 적시는 어떤 생명력처럼 느껴졌다. 로마서 5장 5절의 말씀이 그대로 이루어지고 있었다.

"하나님께서 우리에게 주신 성령으로 하나님의 사랑을 우리 마음속에 부어주셨기 때문입니다."

사람이 주는 위로는 한계가 있고, 사랑도 시간의 흐름 속에서 식어가지만, 그날 내게 임한 하나님의 사랑은 나의 존재 전체를 감싸고 넘치는 강물 같았다. 그 사랑 안에 잠기고 나자 이전처럼 누군가의 인정과 사랑으로 내 허전함을 채우려던 마음이 서서히 사라져갔다.

그날 밤, 내 마음 가장 깊은 곳에서 자연스럽게 한 고백이 흘러나왔다.

"하나님, 주님 한 분이면 충분합니다. 이제는 제 인생을 완전히 드립니다. 주님이 원하시는 곳이라면 어디든지 가겠습니다. 원하시는 삶이라면 무엇이든 하겠습니다."

그것은 단순한 결심이 아니었다. 예수님을 내 삶의 진짜 주인으로 모시는 고백이었다. 그리고 그 순간부터, 내 삶의 중심이 '나'에서 '예수님'께로 옮겨지기 시작했다.

며칠 후, 수련회를 마치고 집으로 돌아온 나는 월요일 아침, 학교로 향하는 버스에 올랐다. 학교 근처 명륜동에 이르렀을 때, 창밖으로 내가 자주 찾던 디스코장이 눈에 들어왔다. 외로움과 공허함, 채워지지 않던 갈증을 잊기 위해 자주 찾던 곳이었다. 그런데 이상하게도 그날은 아무런 끌림이 없었다. 오히려 마음속 깊은 곳에서 이렇게 느껴졌다.

"이제는 그럴 필요 없어. 내가 너에게 주는 기쁨은, 이전에 너 스스로 찾아다니던 그 어떤 즐거움과도 비교할 수 없단다."

정말 그랬다. 내 안에서 솟아오르는 생명의 기쁨이 이 세상의 쾌락보다 훨씬 더 크고 깊었다. 어두운 방 안에 전등이 필요하듯, 마음이 공허할 땐 뭔가로 채워야 한다. 하지만 태양빛이 환히 비추면 전등은 더 이상 켜둘 필요가 없듯이, 내 마음도 그렇게 변해 있었다.

그날 이후, 내게 익숙했던 것들이 하나둘씩 사라지기 시작했다. 슬픔을 달래기 위해 마셨던 술도, 위로받기 위해 의지했던 사람들도 더 이상 필요하지 않았다. 참된 위로, 참된 생명, 참된 기쁨의 근원이 내 안에 계신 예수님이심을 알게 되었기 때문이다.

그리고 한때 나를 괴롭히던 열등감과 비교의식, 나 자신이 무가치하다는 생각들이 완전히 사라졌다. 또한 한때 허무함으로 마음속 깊은 곳에 품고 있던 질문, '나는 어디서 와서 어디로 가며 왜 살아야 하지?' 그 해답이 너무나 분명해졌다. 나는 하나님께로부터 나왔고, 다시 하나님께로 돌아가는 존재였다. 삶은 단순한 생존이 아니었고, 오직 한 번뿐인 인생 속에 영원을 향한 길이 놓여 있었다. 내 존재와 내 인생은 우연이 아니었고 하나님의 뜻 안에 있었다. 그리고 내 삶에는 목적과 방향, 그리고 영원한 의미가 있었다.

그 이후로, C.T. 스터드 선교사의 고백처럼 그 한 문장이 내 인생의 좌표가 되었다.

"오직 한 번뿐인 인생, 속히 지나가리라. 오직 그리스도를 위한 일만이 영원하리라."

이전의 나는 죽고, 이제는 예수님의 생명으로 다시 태어난 인생이었다. 이 세상에서 더 이상 무엇을 얻어야 행복할 것도, 누구를 부러워할 필요도 없었다.

내게는 이미, 세상이 줄 수 없는 가장 귀한 선물인 하나님의 은혜와 사랑이 있었기 때문이다. 그리고 그 은혜가 너무 커서, 어떻게 하면 그 사랑에 조금이라도 보답할 수 있을지 간절히 기도드리게 되었다.

그때, 한 목사님의 말씀이 마음 깊은 곳에 새겨졌다.

"하나님의 은혜를 아는 분들은 양이 되지 말고, 돼지가 되십시오."

양은 주인을 위해 털을 내어주지만, 돼지는 주인을 위해 자기 생명을 바친다는 의미였다. 예수님은 나를 위해 십자가에 달려 자신의 생명 전부를 주셨다. 그 은혜를 안다면, 우리도 주님께 전부를 드리는 것이 마땅하다는 말씀이었다.

그 말씀은 나에게 깊은 울림이 되었다. 우리는 누구를 진심으로 사랑하면 자신을 희생하려는 마음이 자연스레 생긴다. 부모는 자식을 위해, 연인은 서로를 위해, 친구는 친구를 위해 기꺼이 생명을 건다. 누군가를 위해 모든 것을 내려놓을 수 있을 때, 그것이 진짜 사랑이다. 하물며, 나를 조건 없이 사랑하신 하나님께 내 생명과 삶을 드리는 것은 억지가 아니라 은혜에 대한 기쁨의 응답이었다.

그날 이후, 내 안에 한 가지 소원이 생겼다.

'어차피 한 번뿐인 인생, 영원한 생명을 얻었는데 어떻게 하면 주님을 위해 죽을 수 있을까?'

하지만 주님은 내 마음의 생각을 다듬으셨다. 실제의 죽음이 아닌, 하루하루를 마지막처럼 살아가는 삶을 원하신다는 것을 조금씩 깨닫게 하셨다. 하루를 사랑으로, 감사로, 순종으로 살아가는 것이야말로 주님을 향한 가장 진실한 헌신이었다. 그것은 날마다 드리는 '삶의 순교'였다.

결국, 나는 알게 되었다. 예수님이 나를 위해 생명을 주셨기에 그분을 위해 내 삶을 드리는 것이, 주님과 사랑에 빠진 내가 드릴 수 있는 가장 자연스러운 반응이라는 것을. 그리고 그 사랑은, 죽음보다 강했다.

그때 하나님은 내 평생의 고백이 될 말씀 하나를 내 마음에 선물처럼 새겨주셨다.

"내게 사는 것이 그리스도니 죽는 것도 유익함이라"(빌립보서 1:21).

예수님은 내 삶의 목적이 되었고, 존재의 이유가 되셨다. 그분은 나의 기쁨이셨고, 세상이 줄 수 없는 만족이셨으며, 나의 자랑이셨다.

하지만 그 이후의 삶이 완벽했던 것은 아니었다. 때로는 믿음이 흔들렸고, 때로는 연약함에 무너지는 순간도 있었다. 그러나 신기하게도 그 모든 순간에도 나를 붙들고 계신 분이 있었다. 처음 그 사랑을 내게 부어주셨던 하나님이셨다. 하나님은 내 삶을 포기하지 않으셨고, 오히려 흔들림 속에서도 말씀으로 내 신앙을 더 단단히, 더 깊이 이끌어가셨다.

수련회를 다녀온 1982년 여름 이후, 내 일상의 패턴도 눈에 띄게 달라지기 시작했다. 그전까지는 소중한 시간을 허비하며 살았지만, 이제는 그 시간도 하나님께 드리는 삶을 살고 싶어졌다.

졸업 후 다가올 군 생활을 대비하며 매일 새벽 5시에 일어나 운동을 시작했다. 몸을 단련하는 그 시간, 나는 영혼도 함께 단련해 나갔다. 달리기를 마치고 나면 한 시간 정도 기도한 후 말씀으로 하루를 시작했다. 등교 전에는 시편과 신약성경을 읽고, 잠언 한 장씩을 묵상하며 받은 은혜를 노트에 적어나갔다. 하루가 마무리되는 저녁 시간엔 구약의 창세기를 읽었고, 밤 12시에 하루를 마치고 잠자리에 들었다.

이전의 나는 게으르고 방향 없이 시간을 흘려보내던 사람이었다. 그러나 이제는 삶의 의미를 알게 되자, 하루하루가 하나님께 드리는 예배처럼 느껴졌다. 그분의 사랑을 더 알고 싶었고, 그 사랑에 나도 반응하고 싶었다.

그러던 어느 날, 옥한흠 목사님의 설교 말씀이 내 마음 깊숙이 파고들었다.

"하나님은 당신을 통해 하나님의 아들 예수님의 모습을 이 땅에 드러내길 원하십니다. 하나님의 뜻, 당신이 '작은 예수'로 살아가는 것입니다."

그 말씀이 마음 깊이 와닿았다. 하나님은 나를 단지 교회 다니는 사람으로 부르신 게 아니었다. 예수님을 닮은 사람, 예수님의 마음과 성품으로 이 세상 속에서 살아가는 사람으로 부르신 것이었다. 그 진리는 내 삶의 목표를 완전히 다시 써내려가게 했다.

그리고 더 놀라운 것은, 하나님께서 나 혼자 그 삶을 살아가라고 명령하신 것이 아니라는 사실이었다. 예수님 그분 자신이, 사랑 그 자체이신 그분이 성령을 통해 내 안에 거하시며 그 삶을 가능하게 하신다는 진리를 나는 말씀 속에서 점점 더 확신하게 되었다.

삶은 여전히 복잡했고, 세상은 여전히 나를 시험에 들게 했지만, 이제 나는 알았다. 내가 누구인지, 그리고 내가 누구에게 속해 있는지.

나는 과거의 상처에서 자유로워졌고, 세상의 기준으로 평가받을 필요도 없었다. 나는 하나님의 자녀였고, 내 안에는 '작은 예수'가 자라고 있었다.

대학을 졸업한 뒤, 나는 ROTC 장교로 임관하게 되었고, 광주 보병학교로 4개월간의 훈련을 받으러 내려가게 되었다. 모든 것이 낯설었다. 하루하루 빼곡히 짜인 훈련 일정, 몸은 지치고 환경은 고단했지만, 주님은 한 걸음 더 내게 다가오셨다.

그리고 바로 그곳, 낯선 광주에서 하나님은 나에게 또 하나의 크고 놀라운 선물을 조용히 준비하고 계셨다. 그 선물은 내 인생의 다음 장을 여는, 하나님의 섭리 속에서 가장 따뜻하고 아름다운 이야기의 시작이었다.

제4장

기적 같은 만남, 예비된 사랑

그녀와의 만남은 정말 우연처럼 보였다. 하지만 시간이 흐를수록 나는 알게 되었다. 그 만남은 우연을 가장한 하나님의 세밀한 계획과 인도하심이었다는 것을.

광주 ROTC 훈련소에서의 생활이 한 달쯤 되었을 때, 드디어 일요일에 첫 외출을 하게 되었다. 당연히 예배를 드리러 교회에 가고 싶었다.

시내에 있는 큰 교회를 찾아가야겠다고 마음먹고, 아침 일찍 외출복으로 갈아입은 후 먼저 상무대 근처의 목욕탕에 들렀다. 그런데 목욕 시간이 생각보다 많이 지체되었다. 예배 시작 시간은 가까워지고, 시내까지 나가기에는 아무리 서둘러도 늦을 수밖에 없었다. 그래서 할 수 없이 목욕탕 근처에 있던 작은 동네 교회로 발걸음을 옮겼다.

예배가 끝난 뒤, 목사님은 "오늘 처음 오신 분들은 잠깐 다과 나누고 가시면 좋겠습니다"라고 말씀하셨다. 작은 교회라서 처음 온 사람이 나 혼자일 줄 알았다. 그러나 그 자리에 또 한 사람의 중년 여성분이 오셨다. 잠깐 자기 소개를 마친 후에, 그 여성분은 반갑게 웃으며 먼저 말을 건네셨다.

"제 남편도 ROTC 출신이에요. 그래서 그런지 더 반갑네요."
내가 광주는 처음이라고 말씀드리자 뜻밖의 제안을 하셨다.
"광주 지리를 잘 모르실 텐데…우리 조카가 있는데 주일마다 같이 예배를 드린 후에 광주 시내를 안내해 드리면 어떨까요?"
전혀 예상치 못한 말이었다. 하지만 그 상황에서 굳이 마다할 이유는 없었다. 그 여성분은 아내의 이모였다. 그리고 바로 그 제안이 하나님이 준비하신 배우자와의 만남의 시작이었다.

이모님은 그날 나를 집으로 초대하셨다. 훈련소 생활을 하다 따뜻한 집밥을 대접받는 일도, 누군가의 집에 초대받는 일도 참 오랜만이었다.
식사를 마친 뒤 그분은 말했다.
"다음 주에 조카를 데리고 교회로 갈게요. 같이 예배드리고, 조카랑 인사도 나누세요."

그 다음 주, 이모님은 한 젊은 여자와 함께 교회에 오셨다. 그녀는 그때까지 교회를 한 번도 나간 적이 없던 사람이었다. 하지만 하나님은 그런 그녀를 향해 이미 사랑의 손을 내밀고 계셨다.
그날 이후, 주일마다 함께 예배를 드리고 나는 내 삶의 이야기를 들려주었다. 부모님의 이혼 이후 어린 시절부터 짙은 회색 빛을 품고 살았던 나의 인생, 열등감과 허무, 우울함 속에서 어떻게 예수님을 만나게 되었는지, 그리고 예수님을 인격적으로 만난 이후, 내 안에 부어진 하나님의 사랑으로 내가 얼마나 변화되었는지를 나누었다.
그녀는 말없이 듣고 있었다. 하지만 나는 그 눈빛 속에서 조용히 마음의 문이 열리고 있음을 느낄 수 있었다.

4개월간의 훈련 기간이 끝나고 전방 부대로 배치되어 떠나기 전까지, 나는 솔로몬 왕이 쓴 전도서 말씀을 함께 읽고 가르쳐 주었다. 내가 전도서 말씀으로 정한 이유는, 1년밖에 안 된 나의 신앙생활 중에 마음에 인상 깊게 남아 있는 말씀이기 때문이었다. 그 말씀은 단지 오래된 한 지혜자의 기록이 아니었다. 내가 살아온 지난 시간을 가장 정확히 비추어준, 어쩌면 나 자신보다도 나를 더 잘 설명해 주는 거울과 같았다.

솔로몬은 인간이 바라고 추구하는 모든 것을 다 가져본 사람이었다. 지혜와 부, 권력과 쾌락. 그 어느 것도 부족함 없이 누린 왕. 그러나 그는 노년에 이르러 이렇게 고백했다.

"헛되고 헛되며 헛되고 헛되니 모든 것이 헛되도다"(전도서 1:2).

이 말씀을 처음 읽었을 때, 마치 내 안의 빈자리를 누군가 정확히 짚어낸 것 같은 충격을 받았다. 그 허무, 그 공허, 바로 나였다. 아무리 노력해도 채워지지 않던 내 마음, 열등감과 우울, 삶에 대한 미련과 무기력. 그 모든 감정들이 이 말씀 속에 이미 다 담겨 있었던 것이다.

하지만 전도서는 단지 허무만을 말하지 않았다. 그 끝에서 솔로몬은 나를 참된 의미로 이끌어주었다. 그 누구도 죽음을 피할 수 없고, 인생의 마지막은 결국 한낱 안개처럼 사라지기에, 우리에게는 모든 허무를 채워줄 창조주 하나님이 필요하다고.

"너는 청년의 때에 너의 창조주를 기억하라"(전도서 12:1).

이 말씀은 내 영혼에 깊이 새겨진 한 문장이었다. 나는 청년의 때에 하나님을 만난 것이 너무나 감사하였다. 허무와 어둠 속에서 길을 잃고 방황하던 내게 하나님은 그렇게 다가오셨고, 빛도 없던 내 삶에 생명을 심어주셨던 것이다.
　그래서 나는 이 말씀을 그녀에게도 전하고 싶었다. 삶의 의미를 잃고 조용히 무너져가던 그 시간 속에, 진리의 말씀이 그녀에게도 빛이 되길 바랐다. 세상 무엇도 우리를 채울 수 없다는 진실, 그리고 오직 창조주 하나님만이 그 공허한 마음을 온전히 감싸줄 수 있다는 소망을 함께 나누고 싶었다.

　전도서 말씀은 그녀의 마음 문을 열고, 조용히 하나님의 빛이 스며들 수 있도록 길을 내주었다. 그리고 나는 그녀의 마음 문이 열린 것을 알고 복음을 전했고, 그녀는 기쁨의 눈물을 흘리며 예수님을 영접했다.
　나중에 그녀는 내게 조심스레 말했다. 그 시기는 삶에 미련도, 기대도 없이 하루하루를 버티며, 삶을 정리하려고 자신의 물건들을 하나씩 줄여가고 있던 때였다고.
　그런 그녀에게 하나님은 내가 만난 예수님을 전하게 하셨고, 내가 전한 복음을 통해 그녀는 다시 살아가야 할 이유를 찾게 된 것이다.
　그녀와의 만남은 사랑의 시작이기 이전에 '새 생명의 시작'이었다.
　그녀와의 만남은 결코 우연이 아니었다. 그것은 하나님의 섭리 속에 미리 예비된 만남이었다. 내가 ROTC를 하게 된 것도, 예기치 않게 그 교회를 찾게 된 것도, 평소 교회를 자주 나가지 않던 아내의 이모님이 하필 그날, 그 교회에 처음 참석하신 것도, 모두 하나님의 정교한 인도하심이었다.

제1부 부르심의 시작, 준비된 믿음

하나님은 종종 우리가 전혀 예상하지 못한 길로 이끄시지만 결국 가장 좋은 길로 인도하신다.

돌이켜보면, 하나님은 불치병 아들을 사랑으로 품을 수 있는 가정을 위해 나와 그녀, 우리 둘 모두에게 믿음과 사랑을 미리 심으시며, 우리를 천천히 준비해 가고 계셨다.

그녀는 그날 나를 만났지만 사실은 예수님을 만났고, 그분 안에서 참 빛을 만났다. 그리고 그녀의 삶은 그 순간부터 완전히 새로 쓰이기 시작했다.

이제, 그녀가 들려주는 이야기를 함께 들어보려 한다.

제5장

내 안에 빛이 들어온 날

살아가는 게 참 힘들었다.

나는 하나님을 알지 못하던 집안의 둘째로, 원치 않게 태어났다. 사랑받는 첫째 언니 뒤에 바로 임신한 엄마는 마음속 갈등 속에서 여러 번 낙태를 시도했지만 실패했고, 결국 나는 연년생으로 이 세상에 태어났다.

우리집은 시골 읍내에서도 몇십 리나 더 들어간, 깊은 산골의 작은 마을이었다. 그리고 농사로 생계를 잇는 가난한 가정이었다.

엄마는 시골에서도 큰 동네에서 손꼽히는 부잣집 딸이셨다. 하지만 가난한 아버지와의 결혼 후 삶이 많이 힘드셨던지 아버지와 자주 다투셨고, 그럴 때마다 집을 나가셨다.

어린 시절, 가난으로 인해 부모님의 싸움은 끊이질 않았고, 내가 초등학교 6학년 때 우리는 광주로 이사했다. 그곳에서 부모님은 사업을 시작하셨는데, 날로 번창하는 사업과 쌓여가는 재물에 빠져 가정과 자녀들에게는 전혀 관심을 두지 않으셨다.

나는 학교 수업이 끝난 후 텅 빈 집에 들어가는 게 싫어, 도서관에서 시간을 보내거나 친구 집에서 놀다가 최대한 늦게 들어가곤 했다.

어느 날이었다.

불 꺼진 방 안에서 저녁도 굶은 채 잠든 동생들을 바라보는데, 그 모습이 불쌍하고 마음이 아파서 내가 동생들을 돌봐야겠다는 생각이 들었다.

그때부터였다. 새벽에 일어나 동생들의 도시락을 챙기고, 학교가 끝나면 곧장 집으로 돌아와 동생들을 돌봤다. 그렇게 성인이 될 때까지, 여섯 식구의 모든 집안일이 자연스레 내 몫이 되었고, 부모님은 그런 나에게 고마워하지도 않으셨고 오히려 함부로 대하셨다.

어린 시절부터 부모님에게 방치된 채, 오직 동생들을 지켜야 한다는 책임감 하나로 버텨온 나는 육신적으로 너무 힘들었고, 부모님의 무관심과 정서적 학대 속에서 정신적으로도 기력이 소진돼 버렸다. 살아갈 의욕도, 식욕도 모두 사라졌고, 체중은 38kg까지 빠졌으며, 결국 실어증까지 겪게 되었다.

그리고 마침내, 더 이상 버틸 힘도, 살아갈 희망도 없다는 생각에 이르렀다. 죽기로 마음을 먹고, 내 물건들을 하나씩 정리해 가기 시작했다.

그런데 그렇게 힘겹게 살아가던 나를 유난히 예뻐하던 서울에 사시던 친정이모가 마침 우리집 2층으로 이사를 오게 되었다. ROTC 출신인 이모부가 대대장 훈련을 받기 위해 광주 상무대 훈련소 근처에 거처를 마련해야 했기 때문이다.

교회를 다녔던 이모는 여러 사정으로 인해 이사 온 지 몇 달이 지나도록 교회에 나가지 못하고 있었다. 그러던 어느 주일 아침, 이모는 갑자기 집 근처 동네 교회에 나가셨다. 교회에 다녀오신 이모는 돌아오시자마자 나에게 꼭 소개해 주고 싶은 남자가 있다고 하셨다.

그리고 다음 주에는 함께 교회에 가자고 하셨다. 한 번도 교회에 가본 적도 없었고 관심도 없었지만, 이모가 남자를 소개해 준다는 말에 따라나섰다.

그렇게 처음 나가게 된 교회에서, 나는 지금껏 내가 살아오며 만나본 사람들과는 다른 분위기의 형제를 만나게 되었다. 알고 보니, 그 형제가 교회에 처음 나온 날이 바로 지난주였고, 하필이면 그날은 친정이모 역시 처음으로 그 교회를 찾은 날이었다.

예배가 끝난 뒤 마련된 새가족 티타임 자리에, 그날 새로 온 사람은 이모와 그 형제 단 둘뿐이었다고 했다. 이모는 그 자리에 앉아 있는 그를 보는 순간, 문득 내 얼굴이 떠올랐다고 했다. 그 짧은 만남이 내게로 이어진 것이었다.

그 형제는 여덟 살 때 부모님이 이혼하고, 가난과 열등감에 눌려 살아왔지만, 하나님을 만난 후 변화되어 그의 얼굴에는 말로 표현할 수 없는 평안함과 빛이 있었다. 신앙생활을 시작한 지 겨우 1년 남짓 되었다고 했지만, 그의 변화된 삶의 모습은 나로 하여금 이런 마음을 품게 만들었다.

'나도 저 형제가 만난 하나님을 꼭 만나고 싶다.'

그날 이후 우리는 매주 주일마다 함께 예배를 드렸고, 형제는 나에게 전도서를 한 장씩 읽어주며 말씀을 가르쳐주었다. 그렇게 나는 생애 처음으로 성경을 보게 되었다. 그리고 전도서 1장을 읽는 순간, 첫 구절에서 얼어붙은 내 마음이 깨지는 듯한 강한 충격을 받았다.

"전도자가 이르되 헛되고 헛되며 헛되고 헛되니 모든 것이 헛되도다 해 아래에서 수고하는 모든 수고가 사람에게 무

엇이 유익한가"(전도서 1:2-3).

짧은 구절이었지만, 그 안에는 내가 평생 마음속에 품어온 말 못할 질문들이 고스란히 담겨 있었다.
'왜 이렇게 살아야 하지?'
'내가 하는 이 모든 수고는 결국 무엇을 남기지?'
'끝이 보이지 않는 이 고된 삶, 이게 정말 전부일까?'
전도서의 말씀은 내가 수없이 마음속으로 되뇌던 절망의 질문에 누군가가 직접 정답을 들려주는 것만 같았다. 하나님께서 먼저 나에게 다가와 이렇게 말씀하시는 것 같았다.
"그래, 삶은 정말 헛되게 느껴질 수 있지. 수고하고 애써도 공허하고, 잡히지 않는 바람을 좇는 것처럼 느껴질 수 있어. 하지만 그 끝에는 반드시 의미가 있어."
그 순간, 나는 더 이상 울음을 참을 수 없었다. 마음은 멈춘 듯했고, 눈물은 폭포수처럼 쏟아졌다. 그동안 내 삶을 짓누르던 무거운 바윗덩이-사랑받지 못한 상처, 지치고 무너졌던 시간들-그 모든 것이 이 말씀 앞에서 무너져내렸다.
나는 처음으로 '말씀 안에서' 위로를 받았다. 누군가가 내 인생의 무게를 알고 계시고, 그 무게를 함께 들어주고 싶어 하신다는 것을 처음으로 느꼈다.
전도서의 마지막 장에 이르러 나는 마침내 한 문장을 만났다. 그 말씀은 내 인생의 방향을 단숨에 밝혀주었다.

"일의 결국을 다 들었으니 하나님을 경외하고 그의 명령들을 지킬지어다 이것이 모든 사람의 본분이니라"(전도서 12:13).

그 말씀은 마치, 수많은 인생의 물음표들을 단 하나의 느낌표로 꿰뚫어주는 정리 같았다. 무엇이 진짜 의미 있는 삶인지, 결국 우리는 왜 존재하는지를 분명하고 단호하게 알려주는 대답이었다.

그 깨달음 앞에서 나는 더이상 방황할 이유가 없었다. 하나님을 아는 것, 그분을 사랑하며 살아가는 것, 그것만이 결국 남을 인생이라면 나는 그 길을 걷고 싶었다.

그리고 그날, 그 형제가 내게 복음을 전해주었다.
"하나님은 당신을 사랑하시고, 당신을 향한 놀라운 계획을 가지고 계세요."

부모의 사랑도 받지 못하고, 아무런 소망도 미래도 없이 죽음을 생각하며 하루하루를 버티던 시절에 그 말은 단순한 위로나 종교적 문장이 아니었다. 그건 마치, 어두운 방 안에 조용히 켜진 한 줄기 빛 같았다.

누군가가 나를 사랑하여, 내 인생을 끝까지 포기하지 않고 여전히 '계획이 있다'고 말해주는 그 한마디는 내 안에 무너진 자존감과 식어버린 생명력을 다시 흔들어 깨우는 힘이 있었다.

하지만 그는 곧 덧붙였다.
"그런데 우리는 죄로 인해 하나님과 단절되어 있어요. 그분의 사랑과 계획을 누리지 못하고 살아가는 이유가 그것입니다."

그 말은 내 삶의 현실과 너무도 닮아 있었다. 하나님이 계신다면, 왜 나는 이렇게 외롭고 텅 빈 길을 헤매고 있었을까? 그 물음에 대한 해답이 '단절'이라는 단어 안에 담겨 있었다.

그리고 그는 마지막으로 조용히 물었다.
"이 예수님을 당신의 삶에 모셔 들이길 원하세요?"

나는 머뭇거리지 않았다. 그날, 나는 조용히 눈을 감고 예수님을 내 마음의 주인으로, 내 인생의 구주로 받아들였다.
그 순간, 내 안의 깊은 어둠 한가운데 따뜻한 햇살처럼 스며드는 평안이 찾아왔다. '하나님이 나를 사랑하신다'는 그 진리는 메마른 내 마음에 조용히 내려앉아 내 존재 전체를 감싸 안았다.
그리고 나의 삶은 조용히, 그러나 분명하게 달라지기 시작했다.
그전까지의 나는 로봇처럼 하루를 버텨내는 반복 속에 갇혀 있었다. 가엾은 동생들을 돌봐야 한다는 책임감 하나만으로 감정 없이, 기계적으로 집안일을 해냈다.

내면은 깊고 짙은 어둠으로 가득 차 있었기에 내가 있는 공간은 언제나 캄캄한 흑백처럼 느껴졌다. 아무 색도, 아무 온기도 없는 삶. 그런데 예수님을 영접하자 그 마음에 참 빛 되신 예수님이 들어오셨다. 내 안에 가득하던 어둠은 그 빛 앞에서 순식간에 밀려나고, 그 자리에 따스한 빛이 가득 채워졌다.
흑백 같던 삶은 햇빛 찬란한 총천연색으로 바뀌었다. 회색빛 하늘 위에 드리웠던 구름은 걷히고 맑고 푸른 하늘이 눈앞에 펼쳐졌다. 길가의 나무들이 바람에 흔들릴 때면 그 잎사귀들이 마치 기쁜 노랫가락처럼 들렸다.

그때 나는 내가 그동안 얼마나 생기를 잃고 살아왔는지를 비로소 깨달았다.
마치 소금에 절여져 무기력하게 숨죽이고 있던 배추에 다시 생명의 물줄기가 스며들 듯 내 영혼에도 생명이 불어넣어졌고, 나는 다시 숨을 쉬기 시작했다.

예수님을 영접한 후에도 삶의 외적인 환경은 전혀 바뀌지 않았다. 부모님은 여전히 나를 함부로 대하셨고, 자식들에게는 여전히 무관심하셨다. 여섯 가족을 돌보는 책임도 여전히 내 몫이었다.
하지만 달라진 것은 바로 나였다. 이전 같았으면 원망하고 쓰러졌을 그 자리에서 나는 기도하게 되었고, 감사할 수 없는 상황 속에서도 감사라는 단어가 마음 깊은 곳에서 차오르기 시작했다.

어린 나이에 감당하기엔 여전히 쉽지 않고 고단한 삶이었지만, 마음이 달라지니 나는 어느새 행복으로 미소 짓는 얼굴을 갖게 되었다.
그리고 그 변화된 마음으로 나는 다시 가족을 품기 시작했다. 억지로가 아니라 기쁨으로, 의무가 아니라 사랑으로.

예수님이 내 안에 오신 그날, 내 인생은 다시 쓰이기 시작했다. 나는 그렇게 빛 가운데로 걸어 나가기 시작했다. 그 빛은 결국 우리 둘의 삶을 만나게 했고, 전혀 다른 두 여정은 하나의 길로 이어지게 되었다.

이제는, 내게 '하나님의 사람'으로 다가온 그의 시선으로, 우리가 함께 걷게 된 여정을 들려드리고자 한다.

제6장

사라진 편지, 돌이킨 마음

4개월간 광주에서의 훈련을 마친 뒤 나는 전방 부대로 배치되었다. 그 이후에도 그녀와의 만남은 조심스럽게 이어졌다.

예수님을 인격적으로 만난 이후, 나는 삶의 모든 중요한 선택 앞에서 하나님의 뜻을 먼저 묻고 인도하심을 따르기로 결심했다.

특히 평생을 함께할 배우자를 결정하는 일은 내 인생에서 가장 중요한 선택 중 하나였기에 무엇보다 기도로 준비해야겠다고 다짐했다. 그래서 믿음을 갖게 된 이후, 대학 4학년 내내 배우자를 위해 기도해 왔다.

그녀와의 관계에서도 감정에만 끌려 서두르고 싶지 않았다. 그녀가 정말 하나님께서 내게 허락하신 배우자인지, 그분의 인도하심 속에서 분별하고 싶었다.

우리는 어떤 약속도 하지 않은 채, 군 복무 기간 동안 서로가 하나님께서 주신 사람인지 각자의 자리에서 기도하자고 했다. 그리고 우리는 편지로 믿음의 교제를 계속해 나갔다.

매일의 말씀 묵상, 기도 가운데 받은 은혜, 삶의 이야기들을 담아 서로에게 보냈다. 직접 만날 수 없었던 시간 속에서 '신앙'이라는 보이지 않는 연결고리로, 서로의 마음이 하나 되어가는 과정이었다. 그 시간은 신앙의 중심을 지키며 조심스럽게 서로를 알아가는 시간이었다.

하지만 소대장으로 보낸 2년의 시간이 지나고 전역을 앞두게 되었을 무렵, 고된 훈련과 거친 환경 속에서 조금씩 무뎌지던 내 믿음은 결국 중심을 잃기 시작했다. 마음도 함께 흔들렸고 문득 이런 생각들이 서서히 고개를 들었다.

'정말 이 사람이 내 인생의 짝일까?'
'혹시 더 좋은 조건의 배우자를 만날 수도 있는 건 아닐까?'

그녀는 참으로 순수했고, 진실했다. 그러나 내 안에서는 어린 믿음과 미숙한 욕심이 서서히 자라나서 나도 모르게 방향을 잃게 만들었다.

게다가 그 당시의 나는 하나님의 뜻을 분별하고 그분의 음성에 귀 기울이는 훈련이 아직 충분히 되어 있지 않은 상태였다. 우리 둘은 모두 스물다섯 살. 내 주변 사람들은 입을 모아 말했다.

"결혼을 결정하기엔 아직 이르지 않니?"

나 또한 혼란과 욕심 속에서 결국 헤어지자는 결정을 내리고 그녀에게 이별을 통보하는 마지막 편지를 쓰기로 마음먹었다.

그리고 편지를 쓰기 전, 이런 기도를 드렸다.

"나보다 나를 더 잘 아시고 나의 미래까지도 아시는 하나님, 이 결정이 잘못된 선택이라면 막아주세요. 하나님의 뜻을 따르기를 원합니다."

그렇게 편지를 써서 휴가 나가는 선임 하사에게 그것을 부쳐 달라고 부탁했다. 그 후 나는 홀가분한 마음으로 전역을 한 후 취직 준비를 하고 있었다.

그러던 어느 날, 광주에 있던 그녀에게서 뜻밖에 만나자는 전화가 걸려왔다.

믿음으로 만난 사이였기에, 비록 나는 이미 헤어졌다고 생각하고 있었지만 그녀와의 마지막 만남이 서로에게 좋은 기억으로 남기를 바라는 마음으로 서울로 올라온 그녀를 만나기로 했다.

하지만 느낌이 이상했다. 대화를 하는 동안 그녀의 말투도, 표정도, 태도도 헤어진 사람처럼 느껴지지 않았다. 망설이다가 나는 조심스럽게 물었다.

"혹시…내가 마지막으로 보낸 편지 받았어요?"

그녀는 의아한 표정으로 되물었다.

"무슨 편지요?"

그 순간 나는 당황했다. 그 편지는 분명히 전해졌어야 했다. 그런데 그녀는 받지 못했다.

바로 그때, 내가 기도 중에 드렸던 말이 떠올랐다.

"하나님, 이 결정이 잘못된 선택이라면 막아주세요."

그녀의 얼굴을 마주보고서는 그 편지에 담았던 이별의 말을 차마 다시 꺼낼 용기가 나지 않았다. 그래서 조용히 그녀의 말을 듣고만 있었다. 그녀는 계속해서 말을 이어갔다.

"2년 동안 계속 기도했어요. 정말 나의 배우자인지 하나님께 물으면서요. 그러던 중에 이런 생각이 들었어요. '혹시 그 사람이 군대에서 사고가 나서 장애인이 되어 돌아온다면…나는 그래도 결혼할 수 있을까?'"

군인인 이모부를 통해 군대에서 일어나는 사고와 부상 이야기를 들으며 그녀는 실제로 그런 상황이 생길 수 있겠다는 생각에 기도했다는 것이다. 나는 조심스럽게 물었다.

"그래서…어떻게 결정했나요?"

그녀는 한 치의 망설임도 없이 대답했다.

"사고로 장애인이 된다고 해도 결혼할 마음으로 기다리고 있었어요."

그 말을 듣는 순간, 이기적이고 계산적이었던 내 마음이 그녀의 순수한 고백 앞에 너무나 부끄러웠다.

그런 나를 향해 하나님은 말씀하시는 것만 같았다.

"내가 너에게 허락한, 보석 같은 사람을 왜 몰라보느냐?"

그 말씀 앞에서 더는 주저할 수 없었다. 나는 그 자리에서 그녀의 두 손을 마주 잡은 채 말했다.

"우리…결혼합시다."

나는 흔들렸지만 하나님은 뜻을 이루셨다. 그리고 그녀의 변함없는 기다림과 그 마음 깊숙이 자리한 순전한 사랑을 통해 내 마음을 새롭게 하셨다.

하나님은 잘못된 결정을 했다면 막아달라는 나의 기도를 들으시고 편지가 전달되는 것을 막아버리신 것이다. 지금 돌아보면, 모두 하나님의 섬세하고 선하신 인도하심이었다.

내가 기도했던 대로 하나님은 내 뜻이 아닌, 주님의 뜻이 이루어지도록 우리를 이끌어주셨고, 우리를 서로를 위한 평생의 선물로 준비하셨다.

그렇게 우리는 결혼을 결정하게 되었다. 그 결정은 단지 사랑의 약속을 넘어 우리의 삶 전체를 하나님께 맡겨드리는 새로운 시작이었다.

그리고 그때부터 하나님은 우리가 믿음으로 세운 이 가정을 어떻게 책임지시는지를 실제로 보여주시기 시작하셨다.

제7장
열린 문, 사명의 자리

결혼을 결정한 후, 이제는 현실적인 삶을 준비해야 했다. 경제적으로 그 누구의 도움도 기대할 수 없는 상황이라서 우리 힘으로 모든 것을 감당해야 했다.

하지만 하나님이 시작하신 길이라면 하나님이 책임지실 것이라는 믿음도 생겼다. 그 믿음의 여정을 하나님은 놀랍도록 세밀하게 인도해 주셨다. 결혼을 결정한 우리에게 하나님은 곧 실제적인 응답을 보여주셨다. 은행 취업이라는 길이 열리기 시작한 것이다.

그해, ROTC 전역자들만을 위한 특별 채용이 한일은행에서 진행되었다. 나는 바로 원서를 접수했고, 필기시험을 치르게 되었다.

하지만 시험지를 받아 든 순간, 눈앞이 캄캄해졌다. 다섯 문항 중 하나를 선택해 논설문 형태로 작성하는 방식이었는데, 모두 경영학과 경제학 관련 문제였다. 나는 어문학을 전공했고, 경영이나 경제 이론은 접해본 적이 없었다. 특히 1번부터 4번 문제는 경제학 이론 등 처음 듣는 용어들이라서 한 글자도 써내려갈 수 없었다. '이렇게 떨어지는구나…' 하는 절망감이 밀려왔다.

그때 마지막 5번 문제를 보았는데, 낯익은 문장이 눈에 들어왔다. 그리고 그 순간, 마치 하나님이 그 문제를 위해 내 기억을 저장해 두신 듯한 놀라운 일이 펼쳐졌다.

5번 문제:
"한국 경제의 문제점과 그 대응책에 대해 기술하라."

나는 내 눈을 의심했다. 전역을 앞두고 취업을 준비하며 신문 사설을 읽던 중 우연히 이 문제와 똑같은 주제의 전문가 칼럼을 본 적이 있었다. 이상하게도 그 내용이 마음에 깊이 남아 거의 암기하다시피 기억하고 있었다. 그때 읽었던 바로 그 내용이, 지금 내 앞에 시험 문제로 놓여 있었다.

나는 칼럼의 내용을 바탕으로 마치 전문가처럼 차분하게 논설문을 써내려갔다. 그리고 결과는, 합격이었다.

지금 돌이켜보면, 그 문제는 결코 우연히 출제된 것이 아니었다. 하나님께서 나를 은행이라는 길로 인도하시기 위해 먼저 그 글을 보게 하셨고, 그 내용을 마음에 새기도록 이끄신 것이었다. 하나님은 믿는 자의 길을 예비하실 때 우리의 생각을 사용하시고, 우연처럼 보이는 일상 속에서 놀랍도록 세밀하게 인도하신다.

그날 시험장에서 본 그 한 문제는 내가 책임져야 할 인생이 아니라 하나님께서 책임지겠다고 약속하신 인생의 시작을 여는 비밀의 열쇠 같았다.

나는 연수 일정이 정해지기를 기다리며 감사함으로 하루하루를 보냈다. 하나님께서 주신 합격이기에 그분이 앞길도 친히 열어주시리라는 기대와 확신이 있었다.

그런데 며칠 뒤, 전혀 예상치 못한 연락이 인사과로부터 걸려왔다.
"신체 검사 결과, 폐결핵이 나왔습니다. 법정 감염병이라 입사가 불가능합니다."

순간, 나는 아무 말도 할 수 없었다. 믿을 수가 없었다. 단 한 번도 폐결핵을 앓은 적이 없었기 때문이었다. 평소 건강에는 자신이 있었고, 그 어떤 의심스러운 증상조차 없었다. 내가 이의를 제기하자 인사과에서는 다시 흉부 사진을 확대 촬영해 주겠다고 했다. 나는 이번엔 반드시 정상이 나올 거라고 믿으며 병원으로 향했다.

하지만 결과는 같았다. 확대 촬영까지 했지만 판정은 여전히 폐결핵. 입사 불가 판정이었다. 인사과장은 이렇게 말했다.

"정말 안타깝지만, 이미 확대 촬영까지 해봤잖아요. 더 이상 방법이 없습니다. 그만 돌아가세요."

그 말을 듣고도 쉽게 발걸음을 돌릴 수 없었다. 마음은 복잡했고, 이해할 수가 없었다. 하나님께서 시험문제를 미리 알게 하시고, 그토록 분명하게 합격의 길을 열어주셨는데…. 그 인도하심이 왜 여기서 막히는 것인지, 도무지 이해할 수도 없었고, 받아들이기 어려웠다.

나는 너무나 혼란스러워서 집으로 바로 가지 않고 인사과 사무실 앞에 서서 잠시 생각에 잠겨 기도를 드렸다.

"주님…시험문제까지 알려주시고 그토록 선명하게 합격의 길을 열어주셨잖아요…그런데 정말…이렇게 끝나는 건가요?"

그렇게 몇 분이나 지났을까. 뜻밖에도 인사과장이 다시 나를 불렀다. 그리고는 마치 무언가 갑자기 떠오른 듯 조심스럽게 말했다.

"우리 은행에 폐결핵 전문가 한 분이 계세요. 지금은 휴가 중인데, 3일 후에 복귀하십니다. 기대는 하지 마시고…일단 그분께 흉부 사진을 다시 보여드리겠습니다. 연수는 내일부터 시작되지만 당신은 집에서 기다리고 계세요."

그 한마디가 다 끝났다고 생각했던 내 마음에 다시 믿음의 불씨를 지펴주었다.

나는 처음으로 금식 기도를 결심했다. 오직 주님의 뜻을 구하고자, 간절한 마음으로 주님 앞에 엎드렸다. 그 기도 중에 주님의 세미

한 음성이 내 마음 깊은 곳을 울렸다.

"너는 왜 은행에 들어가려 하느냐?"

뜻밖의 질문이었다. 하나님은 합격 여부를 묻지 않으셨다. 그분이 바라보신 것은 결과가 아니라 내 마음의 중심, 즉 '동기'였다.

나는 가만히 내 마음의 동기를 살펴보았다. 왜 그렇게 간절히 은행에 들어가고 싶었을까? 먹고 살기 위해? 안정된 삶을 위해? 사람들의 인정과 내 이름의 영광을 위해?

그 질문 앞에 마음속에 떠오르는 한 가지가 있었다. 그 모든 것을 뛰어넘는 이유, 그 무엇과도 바꿀 수 없는 내 삶의 목적과 이유.

죽을 수밖에 없었던 나를 구원하신 하나님의 사랑. 그 사랑이 너무 커서 내 인생 전체를 하나님께 드리고 싶다고 마음 깊이 결단했던 그때의 고백이 다시 생생히 떠올랐다.

그리고 그 순간, 내 가슴에 새겨져 있던 한 구절이 분명히 생각났다.

"그런즉 너희가 먹든지 마시든지 무엇을 하든지 다 하나님의 영광을 위하여 하라"(고린도전서 10:31).

나는 고백했다.

"하나님, 저는 오직 하나님의 영광을 위해 은행에 들어가고 싶습니다."

그 고백을 올려드리는 순간, 하나님께서 내 중심을 아시고 기뻐 받으시는 듯했다.

그러나 곧이어 또 하나의 질문이 들려왔다.

"그럼에도 불구하고 떨어지면 어떻게 하겠니?"

이번에는 선뜻 대답이 나오지 않았다. 은행에 합격하길 얼마나 간절히 바랐던가. 이 길 외에 다른 길이 열릴 가능성이 그다지 크지 않다는 현실도 잘 알고 있었다.

하지만 생각해 보니, 시험문제를 미리 알게 하신 하나님, 절묘한 타이밍으로 나를 이끄신 그 세밀하신 손길은 결코 단지 '은행 입사' 하나만을 위한 것이 아니었다. 전능하신 하나님은 은행이 아니어도 나를 책임지실 수 있는 분이라는 것을, 그리고 지금 이 일로 미처 몰랐던 병을 발견하게 하시고, 치료할 기회를 주신 것 또한 감사한 일이 아닐 수 없었다.

그래서 하나님께 이렇게 말씀드릴 수 있었다.

"그리 아니하실지라도…감사하겠습니다."

그 순간, 혼란스럽고 불안했던 내 마음에 설명할 수 없는 평안이 밀려왔다.

붙어도 감사, 떨어져도 감사.

결과는 이제 더 이상 내 것이 아니었다. 그리고 하나님께 그 결과를 모두 맡긴 나는, 그 3일을 평안한 마음으로 찬양하며 보낼 수 있었다. 그때 불렀던 찬양은 이 말씀으로 만든 곡이었고, 큰 감격으로 다가온 말씀이었다.

> "그를 향하여 우리가 가진 바 담대함이 이것이니 그의 뜻대로 무엇을 구하면 들으심이라 우리가 무엇이든지 구하는 바를 들으시는 줄을 안즉 우리가 그에게 구한 그것을 얻은 줄을 또한 아느니라"(요한일서 5:14-15).

그리고 마침내, 기다리던 셋째 날이 밝았다. 전화벨이 울렸고, 수화기 너머로 들려온 인사과 직원의 목소리는 밝았다.

"연수받을 준비하시고, 지금 은행으로 오세요!"

한순간 내 귀를 의심했다. 그러나 그 말은 분명했다.

폐결핵 전문의의 재판정 결과, 내 상태는 '비활동성 폐결핵'으로 확인되었고, 입사에 아무런 문제가 없다는 결정이 내려진 것이다. 큰 병원에서 오진을 한 것이다.

그 말을 듣는 순간, 감사의 눈물이 흘러나왔다. 벅차오르는 감격보다 먼저, 마음 깊은 곳에서 울려 퍼지는 하나님의 음성이 있었다.

"내가 너를 이곳에 보낸다."

나는 알고 있었다. 이것은 단지 취업이 아니었다. 단순히 직장을 얻은 것이 아니라, 하나님께서 친히 서명하신 나만을 위한 사명의 시작이었다.

혼자 뒤늦게 은행 연수원으로 향하는 길, 그 길 위에서 나는 조용히 깨달았다.

'은행은 내가 들어간 곳이 아니라, 하나님이 나를 부르신 곳이구나.'

예수님을 만나 이 땅에서 먼저 천국을 살게 하신 하나님. 이제는 그 천국을 내 삶의 현장, 일터 속에 이루어가라는 거룩한 부르심이었다.

나는 그렇게, 하나님의 나라를 품은 사람으로 은행이라는 미션필드에 파송받은 선교사가 되었다.

제2부

눈물 속에 피어난 소망

제1장
사명을 품고 시작된 일상

입행한 이후 매일 아침, 나는 단지 평범한 은행원이 아닌, 하나님께 파송된 '사명자'로 살아가기 시작했다. 그 사명은 매일 반복되는 출근길을 가슴 벅찬 소명으로 이끄는 힘이 되었다. 그 길은 사명이 이끄는 감사의 길, 기대의 길이 되었다.

은행이라는 일터는 나에게 단순한 생계 이상의 자리였고, 개인적인 야망을 이루는 곳이 아니었다. 그곳은 사랑으로 섬기고, 하나님의 나라를 일상에 실현해 가는 삶의 현장이었다.

영동지점으로 처음 출근할 때 하나님은 내 마음에 두 가지 말씀을 깊이 새겨주셨다.

"무슨 일을 하든지 마음을 다하여 주께 하듯 하고 사람에게 하듯 하지 말라"(골로새서 3:23).

"너희 모든 일을 사랑으로 행하라"(고린도전서 16:14).

이 말씀들은 나의 은행 생활 전반에 방향이 되어 주었다. 나는 사소한 업무 하나에도 정성과 진심을 담으려 애썼고, 작은 친절 하나, 말 한마디에도 하나님의 사랑이 스며들기를 바랐다. 고객 한 사람을 대하는 태도, 동료를 바라보는 시선에도 그리스도의 향기가 드러나기를 간절히 소망했다.

직장이라는 공간은 경쟁과 실적의 장소이기도 했지만 내게는 '사람을 소중히 여기며 사랑하고 섬기는 삶'을 훈련받는 장이었다. 어떤 날은 지치고 힘든 순간도 있었지만 그럴 때마다 나는 이 사실을 기억하며 힘을 내었다.

'이 사명은 단순한 일이 아니라 내 인생의 부르심이며, 이곳은 복음으로 변화되어야 할 나의 사역지다.'

그래서 더욱 기도하며 내가 받은 사랑을 흘려보내는 삶을 살아가고자 했다. 말보다 삶으로 복음의 선한 영향력을 끼치기를 간절히 바랐다.

하나님 나라를 구하며 사명을 따라 살아갈 때, 하나님께서는 나의 경력까지도 친히 관리해 주셨다. 영동지점에서의 시간을 마친 후 외환업무부로 발령받았을 때만 해도 그곳에서의 업무 경험이 훗날 내가 외환 교수로 발령을 받는 데 결정적인 이력이 될 줄은 전혀 예상하지 못했다.

그리고 29살이 되던 1989년 초, 외환업무부에서 근무하던 어느 날, 내 마음 깊은 곳에 "제자를 삼으라"는 하나님의 말씀이 선명하게 울렸다. 예수님의 마지막 유언과도 같은 '지상명령'(Great Commission)이었다.

단지 좋은 신앙인으로 살아가는 것에 머무르지 말고, 내 주변에 있는 한 사람의 가치가 얼마나 귀하고 소중한지를 알고, 그 사람이 예수 안에서 새롭게 세워질 때까지 진심으로 사랑하고 섬기며 '영적 부모'로 살아가라고 하셨다.

누군가 한 사람을 예수님의 사랑 안으로 이끌고, 그와 함께 예수님을 닮아가며, 이 땅에서 천국을 누리고 나누는 삶. 하나님은 그 삶을 바로 내 일터에서부터 시작하길 원하셨다. 그래서 평생 하나님 나라를 일터에 이루어가기 위해 제자를 삼는 일에 헌신할 것을 결단하였다.

그때 옥한흠 목사님의 '제자도의 세 가지 요소'는 내 마음에 깊이 새겨진 제자의 청사진이 되었다.

"예수님께 대한 '전적인 인격적 위탁'이 없이는 제자도가 존재할 수 없고, '증인'의 요소가 없으면 그 궁극적인 비전을 상실하게 되며, 섬기는 '종'의 요소가 따르지 않으면 제자도의 맛을 잃어버리고 만다."

그리고 예수님이 12명의 제자를 선택하시고, 그중에 특히 베드로, 요한, 야고보에게 더욱 집중하셨던 것처럼, 나에게도 내가 속한 부서에서 그런 제자를 주시기를 간절히 기도드렸다.

기도 중에 하나님은 몇 명의 자매들을 붙여주셨고, 그들을 대상으로 매주 저녁 로마서 성경공부를 하며 제자 삼는 일을 시작하였다.

그때의 일기이다.

> 자매 한 사람 한 사람을 위해 기도하며 그들의 기쁨과 아픔에 동참하고, 말씀으로 양육하며 제자 삼는 이 일이 얼마나 귀하고 가치 있는가를 깨닫게 됩니다.
> 단순한 지식 전달이 아닌 그 영혼이 주 안에서 완전한 자로 세워지고 그리스도의 장성한 분량까지 자라도록 돕고 사랑으로 섬기

게 하소서.

그리고 그해 산업은행에 다니던 최 대리님을 만나게 되었는데, 그 대리님을 통해 우리 은행뿐만 아니라 금융기관에 정의와 사랑이 흐르는 하나님의 나라가 이루어지도록 복음으로 변화시키는 비전을 품게 되었다.

그 일을 위해 명동에서 금융기관 성경공부 모임을 함께 시작하였고, 그해 9월에 나는 CCC(대학생 선교회)에서 3개월간 직장인을 대상으로 하는 NLTC(새생명훈련)를 통해 전도 양육 훈련을 받았다.

훈련 중에 하나님께서 내게 사도행전 18장으로 말씀하셨다.

"두려워하지 말며 침묵하지 말고 말하라…이는 이 성중에 내 백성이 많음이라"(사도행전 18:9-10).

이 말씀은 깊은 울림으로 다가왔다. 유대인들의 박해 위협에 직면해 있는 바울에게 주님이 친히 찾아오셔서, 이 성중에 내 백성이 많으니 두려워 말고 담대히 복음을 전하라 하신 것처럼, 내게도 그렇게 말씀하시는 듯했다.

그러나 직장의 현실은 조심스러웠다.

복음을 전해 진심으로 예수님을 믿게 되면 어떤 환경에서도 평안을 누리며 참된 만족과 행복을 얻게 되지만, 상대방의 마음을 얻기도 전에 전하는 복음은 종종 불편함이나 오해로 되돌아오기도 했다. 그래서 때로는 인내가 필요했고, 성령의 인도하심에 민감해야 했다.

나는 내가 먼저 마음을 열고, 기도하며 진심을 담아 사랑의 마음으로 동료들을 대하려고 노력했다. 일대일로 자주 식사 자리를 갖고, 그들의 삶의 이야기를 귀 기울여 들어주었다. 그렇게 마음을 다해 다가가자, 관계의 문이 조금씩 열리기 시작했다.

그 후 내가 속한 부서에서 10여 명의 동료들이 예수님을 영접하는 은혜를 누리게 되었다. 그리고 그중 한 형제가 조용히 내게 말했다.
"계장님을 통해 하나님을 만나지 않았다면…저는 아마 우울증으로 이미 죽었을 거예요."
그 말 앞에서 나는 주님의 말씀을 떠올렸다.
"이 성중에 내 백성이 많음이라."
주님은 이미 그들을 사랑으로 기다리고 계셨고, 나는 단지 그 사랑의 작은 통로가 되었을 뿐이었다.

그리고 일터 선교사로서의 사명을 위해 업무에 있어서 주님 주시는 지혜로 성실함과 탁월함을 추구했다. 무엇보다도 주님만 의지함으로 항상 감사하는 마음과 평안을 누리며 성령의 인도함을 받는 것이 중요했다.
서무 기획 파트 부부장으로 근무하던 어느 날, 나와 점심 약속을 한 직원에게 갑자기 급한 일정이 생겨 약속 한 시간 전쯤 점심 약속이 취소되었다. 갑작스러운 약속 취소에 하나님께 여쭈어보았다.
"그러면 오늘 누구하고 점심을 먹을까요?"
한 여직원이 생각났다.
그 여직원은 수입파트 S 대리였는데 그날이 금요일이었고, 퇴사 후 해외 어학연수를 계획하고 있어서 그날이 은행에서 근무하는 마지막 날이었다.

마지막 은행 근무 날인데 당연히 점심 약속이 있겠다 싶었지만, 주님 주신 생각인 것 같아 순종하는 마음으로 전화를 해보았다. 그

랬더니 전혀 뜻밖에 점심 약속이 없다고 했고, 내가 점심을 사주겠다고 한 후 함께 식사를 했다. 주님이 생각나게 하신 여직원임을 확신할 수가 있었다.

점심을 함께 먹으며 "혼자 해외 어학연수 가는데 기분이 어떠냐"고 물어보았더니 많이 걱정이 된다고 하였다. 그러면서 내가 묻지도 않은 말을 하는 것이었다.

"그런데 부부장님은 항상 얼굴이 평안해 보이세요."

그 말을 듣는 순간 예비된 영혼이기에 오늘 주님께서 특별히 만나게 하신 것이라는 생각이 들었다.

"내가 왜 항상 평안한지 알려줄까?" 하였더니 흔쾌히 알려달라고 하였고, 점심 식사 후 복음을 전하였다. 그 직원은 예수님을 기쁘게 영접한 후 "은행 마지막날 부부장님께 너무 귀한 선물을 받았습니다!" 하며 고마워했다. 해외 나가면 신앙생활을 열심히 하겠다고 약속하였는데, 그 후 평안한 마음으로 열심히 교회를 다니고 있다고 연락을 주었다.

이 일을 통해 성령이 빌립을 인도하여 에티오피아 간다게 내시를 구원하신 것처럼, 항상 깨어 있어 평안을 누리며 성령의 인도를 받는 것이 얼마나 중요한가를 깨닫게 되었다.

그리고 30대 초, 금융기관뿐 아니라 각 직장에 하나님의 나라를 이루어가기 위해, 나는 외환업무부에서 함께 공부했던 이은남 자매님과 함께 S 지역에 성경공부 모임을 새롭게 만들었다. 그때 나에게 주신 말씀은 시편 46편 10절 말씀이었다.

"너희는 가만히 있어 내가 하나님 됨을 알지어다."

하나님께서 모든 것을 이루어가시겠다는 음성이었다.
그때 썼던 일기이다.

> 오직 잠잠히 주님만 바라보는 것이 나의 능력이요,
> 오직 주 안에 거하는 것이 힘입니다.
> 주님께 나의 시간, 나의 물질, 나의 젊음, 나의 생명을 드립니다.
> 오직 주님만을 위해 소모되게 하소서.
> 이 질그릇은 깨어지고 부서져서
> 오직 보배 되신 예수님만 드러나시고,
> 주님의 향기만이 나게 하소서.
> 오직 그리스도 예수의 마음으로 모든 이를 사랑하고 섬기며,
> 사랑의 동기 외에는 말하지 않게 하시고,
> 오직 주님만 찬송하는 입술 되게 하소서.

그 후 각 직장에서 말씀을 사모하는 사람들이 참여하게 되어, 월요일 저녁에는 다같이 모여서 순 별로 성경공부를 하고, 금요일 저녁에는 우리집에 10여 명의 순장들이 모여 순장모임을 하였다. 이 모임이 지금의 BBB(직장인 성경공부 모임)가 되었다.

또 하나님의 섭리는, 우리은행의 다음 세대를 세워 영적인 세대 계승을 이루기 위한 준비 속에 이미 흘러가고 있었다.

한일은행과 상업은행의 합병 이후 처음 도입된 PB제도, 그 교육을 위해 선발된 열 명의 강사 중 한 사람으로 하나님은 나를 들어 사용하셨다. 그때의 경험은 훗날 외환교수로 부르시는 하나님의 정교한 인도와 또 하나의 결정적인 경력이 되었다. 지금 생각해 보면, 하나님은 나보다 나를 더 잘 아시는 '경력 매니저'셨다.

그분의 손에 내 인생을 맡긴다는 것이 얼마나 놀라운 축복인지, 나는 점점 더 깊이 깨달아갔다.

그리고 40대 초반, 마침내 외환교수로 발령받았을 때 나는 비로소 깨달았다. 하나님께서 어떻게 미리 씨를 뿌리시고 때가 되면 열매 맺게 하시는지를.

그 자리에서 하나님은 신입행원들을 '제자'로 품게 하셨다. 말씀을 사모하는 신입행원들과 매주 토요일 오전에 만나 말씀을 나누고 기도하며, 주중에 일대일 멘토링도 하며 그들을 영적으로 세우는 사역이 시작되었다. 우리은행의 꿈나무들이 젊었을 때부터 하나님 나라 사명을 갖게 되고, 일터뿐 아니라 그들의 가정에 천국을 이루어가기를 간절히 기도하였다.

그때 하나님께서 내 마음에 새기게 하신 말씀은 이러했다.

"가르치는 내용보다 더 중요한 것은 가르치는 자가 인격과 삶으로 본을 보이는 것이며, 그것이 진정한 영향력이다."

그래서 날마다 성령의 다스리심과 인도하심을 따라 예수님처럼 말하고, 예수님처럼 생각하고, 예수님처럼 행동하기를 간절히 사모하게 되었다.

하나님은 단지 사명을 주시는 분이 아니라 그 사명을 넉넉히 감당할 길도 예비하시고 그 사명을 함께 이루어가는 분이셨다.

이처럼 나의 직장생활은 하나님이 부르신 곳에서 하나님의 나라를 이루어가는 거룩한 여정이었다. 사명은 내 삶의 방향이 되었고, 일상은 하나님께서 함께 걸으시는 성소가 되었다.

돌아보면 바벨론 같은 직장에서 다니엘과 같은 선한 영향력을 끼치기 위해서는 무엇보다도 주님과의 교제를 목숨같이 소중히 여기는 결단이 필요했다. 주님과의 친밀한 매일의 교제에서 경험되는 십자가의 은혜와 사랑을 통해, 늘 영적 생동감을 유지해야 했다. 또한 나 자신이 성령의 충만한 능력으로 주님의 임재를 경험하며 살아갈 때, 예수님의 사랑과 평안과 기쁨을 주변 사람들에게 흘려보낼 수 있었다.

하나님은 직장에서만이 아니라 내 삶 전체를 통해, 특히 무엇보다도 가정에 하나님 나라를 이루어가길 원하셨다. 가정은 내게 주어진 가장 소중한 사역지였다. 부부로, 부모로, 하나님의 사랑을 흘려보내는 자리가 바로 가정이었다.

입행한 지 4개월이 지난 12월, 나는 하나님이 짝지어주신 배우자와 결혼했다. 믿음으로 하나 되어 걷기 시작한 그 여정엔 기쁨과 감사가 가득했다.

매일 아침, 출근 전에 마주 앉아 말씀을 읽고 하루를 하나님께 맡기며 기도했다. 그 시간들은 우리의 중심을 흔들림 없이 붙드는 힘이 되었다.

아내는 단지 가정의 살림을 돌보는 사람 그 이상이었다. 성경에서 말하는 '돕는 배필-에제르'. 시편 46편 1절에 등장하는 바로 그 단어, "하나님은 환난 중에 만날 큰 도움(에제르)이시라"에서 쓰인 그 표현처럼, 아내는 나의 사명과 삶 속에서 기도와 사랑으로 하나님의 도움처럼 존재해 주었다.

지점 업무 마감 시간, 솜씨 좋은 아내는 때로 직원들을 위해 김밥과 따뜻한 국물을 직접 만들어 지점으로 가져오기도 했다. 그 섬김은 직장 동료들의 마음에도 따뜻한 울림을 주었다. 그런 작은 사랑의 헌신이 우리 가정이 하나님 나라의 작은 모형이 되게 했다.

결혼 후 시간이 지났고 사랑하는 첫아들이 태어났다.

우리는 태어난 아들의 이름을 놓고 기도했다. 그리고 마음에 품게 된 이름, '정함'.

고린도후서 4장 7절, "우리가 이 보배를 질그릇에 가졌으니…" 예수님이라는 보배를 마음에 품은 질그릇 같은 인생. 하나님께 마음을 정한 '깨끗한 질그릇', 그 이름처럼 정결하고 바르게 하나님께 쓰임받는 자가 되기를 기도하며 아들을 품었다.

그 시절, 모든 것이 아름다웠다. 앞으로 어떤 일이 닥칠지 우리는 알지 못했지만 그저 지금 주어진 오늘에 감사하며, 주님이 주신 아내와 주님이 주신 아들로 인해 우리는 천국을 살고 있었다.

그렇게 하나님의 부르심에 순종하며 시작한 삶은 가정과 일터 모두에 천국의 향기를 퍼뜨리며 은혜롭게 피어나고 있었다.

그 시작점에, 아내는 어떤 마음으로 함께 서 있었을까?

이제, 아내의 시선으로 바라본 그날들의 이야기를 들어보려 한다.

제2장

다섯 살, 무너짐이 시작된 날

경제적으로 넉넉하지 않았던 우리의 신혼집은 연탄불을 갈아야 하는 반지하에서 시작되었다. 여름 장마철에는 방바닥이 눅눅했고, 창문이 없어서 환기도 할 수 없었으며, 날씨가 좋은 날에도 햇빛이 들지 않는 방안은 한낮에도 어두운 작은 방 두 칸짜리 집이었다.

하지만 믿음 좋고 신실한 남편과의 결혼생활은 날마다 꿈을 꾸는 것처럼 행복했고, 반지하 신혼집은 내게 천국 같았다. 천하를 다 가진 것처럼 마음은 부요했고, 그곳에서 우리는 첫아들을 품었고, 예쁜 딸도 3년 터울로 태어났다.

새벽이면 남편의 기도소리에 눈을 떴고, 함께 말씀을 묵상하고 나누곤 했는데, 특별히 시편의 말씀이 오래도록 기억에 남는다.

> "주께서 내 마음에 두신 기쁨은 그들의 곡식과 새 포도주가 풍성할 때보다 더하니이다 내가 평안히 눕고 자기도 하리니 나를 안전히 살게 하시는 이는 오직 여호와이시니이다"
> (시편 4:7-8).

그 무엇 하나 특별하지 않은 그 아침, 우리는 알았다. 하나님이 우리 가정 가운데 기쁨을 두셨다는 것을. 우리가 가진 것은 많지 않았지만, 주님이 주신 기쁨은 곡식과 새 포도주보다 더 풍성했다. 그 기쁨이 우리 삶과 함께 있었고, 그 평안이 우리를 지키고 있었다.

찬양 소리와 아이들의 밝은 웃음소리는 햇빛도 들지 않고 바람도 통하지 않는 그 방을 가득 채웠다. 그 소리는 마치 햇살보다 더 찬란하고 아름다운 빛처럼 집안을 밝히고, 산들바람처럼 집안의 공기를 상쾌하게 바꾸어 놓았다. 그 따뜻한 빛과 신선한 공기 속에서의 일상은, 눈부시게 행복하고 감사한 나날이었다.

그러나 사랑하는 아들이 돌이 지나 걷기 시작할 무렵부터, 엄마인 나는 아들이 또래 아이들과는 조금 다르게 걷고 있다는 것을 느낄 수 있었다. 특히 종아리 뒤쪽 근육이 유난히 단단해지고, 마치 알통이 박힌 것처럼 불룩하게 커져 있었다. 걷는 모습도 어딘가 불안정했다.

실체가 보이지 않는 어둠과 설명할 수 없는 두려움이 우리 가정을 향해 서서히 다가오고 있는 듯했다.

'더 크면 괜찮아지겠지'라는 작은 기대를 품어보았지만, 마음 한편에는 좀처럼 지워지지 않는 불안감이 자리 잡고 있었다.

나는 하루하루 자라나는 아들을 더욱 주의 깊게 관찰해 보았다. 날이 갈수록 또래 아이들은 걷는 속도가 빨라지고 뛰어다녔지만, 아들은 여전히 느렸고, 자주 넘어졌으며, 완만한 오르막길조차 힘겹게 오르곤 했다.

점점 더 깊어지는 불안감이 온몸을 휘감았고, 나는 원인을 찾기 위해 가까운 동네 병원의 신경외과와 정형외과를 찾아다녔다.

나는 아들의 상태를 자세히 설명하며, 걷는 모습이 불안정하고 자주 넘어지는 점, 그리고 종아리 근육이 이상하게 단단해 있는 것에 대해 이야기했다. 하지만 의사의 반응은 별일 아니라는 듯 무덤덤했고, 간단한 검사를 마친 뒤에는 오히려 내게 나무라듯 말했다.

"아이들은 넘어지면서 크는 겁니다. 엄마가 너무 민감하게 반응하시는 게 문제예요."

나는 의사의 말이 맞기를 간절히 바랐다. 차라리 나의 과잉 반응이 문제라면, 그게 더 나았을 것이다. 그러나 의사의 설명에도 마음속 깊은 불안을 지울 수 없었고, 안심이 되지 않았다.

아들의 몸 어딘가에 우리가 알지 못하는 큰 문제가 도사리고 있을지도 모른다는 불안감은, 마음 깊은 곳에서 짙은 그림자처럼 피어올라 온몸을 천천히 휘감아 올라왔다.

날이 갈수록 아들의 걷는 모습은 또래 아이들과는 확연히 달라 보였다. 눈으로 보기에도 분명 이상이 있었지만, 우리는 어느 병원을 찾아야 할지, 어떤 진료과를 가야 할지조차 알 수 없었다. 그저 막막함 속에서 숨 막힐 듯한 답답함만 점점 커져갔다.

그때 우리는 하나님 앞에 도우심을 구할 수밖에 없었다. 남편과 나는 도무지 알 수 없고 어디로 가야 할지도 모르는 상황 속에서, 오직 하나님만이 길을 열어주실 수 있다는 믿음으로 간절히 기도하기 시작했다.

"하나님, 분명히 아들의 몸에 무언가 이상이 있습니다. 그런데 저희는 어느 병원을, 어느 진료과를 찾아가야 할지 도무지 모르겠습니다. 주님께서 그 길을 밝히 인도해 주세요."

분명히 무언가 잘못되었음을 알았고, 날이 갈수록 상태가 나빠지는 것이 눈에 띄게 보였지만, 정작 그 원인이 무엇인지 알 수 없는 날들이 이어졌다.

그렇게 시간이 흐를수록 우리는 정체를 알 수 없는 두려움과 마주한 채, 우리의 모든 길을 인도하실 하나님만을 의지하며, 도와주실 것을 믿고 간절한 마음으로 날마다 기도했다.

그렇게 몇 년이 흘렀다.
그즈음, 기독교 신문인 〈국민일보〉가 창간되었고, 우리 가족은 구독을 신청해 매일 아침 배달된 신문을 받아보았다. 그러던 어느 날, 평소처럼 신문을 펼쳐 무심코 읽어 내려가던 중, 한 기사가 눈에 '확' 들어왔다.
불치병에 대한 연재 기사였고, '진행성 근이영양증'이라는 이름조차 생소한, 처음 들어보는 병명에 관한 내용이 신문 한 면 전체에 실려 있었다.
처음엔 너무나 낯설게만 보이던 그 단어에 시선이 멈췄고, 조심스럽게 내용을 읽기 시작했다. 그런데 몇 줄 내려가자마자 손이 떨리기 시작했고, 숨이 턱 막혀왔다.
"보행이 느려지고, 자주 넘어지며, 계단 오르기가 어려워진다…."
문장 하나하나가 마치 우리 아이의 상태를 관찰해서 그대로 써놓은 듯했다. 한 글자도 놓칠 수 없어 정신없이 읽어 내려갔고, 읽으면 읽을수록 퍼즐 조각들이 하나둘씩 맞춰져 갔다. 그 순간, 남편과 나는 단번에 아들의 정확한 병명을 알 수 있었다.

훗날 병원 입원실에서, 우리 아이와 같은 병을 앓고 있는 또 다른 아이의 부모님을 만난 적이 있었다. 그분들은 병명을 알기 위해 유명하다는 전국의 병원을 수없이 찾아다니며 몇 년을 헤맸다고 했다. 그 이야기를 들으며, 우리는 그나마 기도로 준비되어 있었고, 결국 몇 년이 지난 후 주님의 인도하심으로 병명을 비교적 수월하게 알 수 있었음이 얼마나 감사한 일인지 깨달을 수 있었다.

그리고 희미하게나마 주님께 맡기고 나아갈 때, 사랑하는 아들과 우리 가정을 지키시고 선하게 인도해 주실 것이라는 겨자씨만 한 믿음이 우리 마음 밭에 심긴 것을 느낄 수 있었다.

남편과 나는 주저하지 않고 아들을 데리고 병원을 찾았다. 이미 신문 기사로 병명을 어느 정도 확신하고 있었기에, 마음을 단단히 먹고 병원에 들어섰다.

그런데 의사의 입에서 "진행성 근이영양증입니다"라는 진단이 실제로 나오는 순간, 이미 짐작하고 있었음에도, 그 말은 마치 우리 가정에 내려진 판사의 사형선고처럼 들렸다. 앞으로 우리 가족이 걸어가야 할 험난한 길을 생각하니 숨이 멎는 듯했고, 모든 것이 현실이 아닌 것처럼 느껴져서, 무서운 악몽이라면 빨리 깨어나고만 싶었.

네 식구는 손을 꼭 잡고 병원 건물을 걸어 나왔다. 그런데 우리 가족이 손을 맞잡은 그 길 뒤로, 시커먼 어둠의 그림자와 불치병도 함께 따라오는 것 같았다. 우리를 단숨에 삼켜버릴 것만 같은 두려움의 그림자, 진행성 근이영양증이라는 이름은 어느새 우리 가족 곁에 찰싹 달라붙었고, 떼어버릴 수조차 없었다.

그날, 다섯 살 사랑스러운 아들은 그저 천진난만한 개구쟁이였다. 부모와 동생의 손을 잡고 함께 나선 온 가족 외출이 즐거웠는지, 얼굴에는 웃음이 가득했고, 동생과 장난을 치며 진행성 근육병 증상인 느린 걸음과 앞가슴을 내밀고 뒤뚱거리는 모습으로 신나게 걸어갔다.

그 모습이 너무도 안쓰럽고도 해맑아서, 바라보는 내 가슴에는 알 수 없는 통증이 밀려왔다. 차라리 웃지 않았더라면 덜 아팠을까…. 그 해맑은 미소가 더 깊은 슬픔으로 가슴을 저며왔다.

'진행성 근이영양증'이라는 병은, 근육세포의 벽을 지지하는 철골구조 같은 단백물질 '디스트로핀'이 유전자 이상으로 만들어지지 않아 근육이 점차 소실되는 병이다.
 전신 근육세포가 점점 줄어들고 없어지면 결과적으로 못 걷고, 숨도 못 쉬고, 심장이 안 뛴다.
 호흡 근육, 심장 근육이 약해져서 대부분은 호흡부전, 심부전으로 20세 초에 사망할 수 있다는 '진행성 근이영양증'.
 이 병명은 마치 아들의 가슴에 뗄 수 없는 이름표처럼 붙어버렸다.

그날, 사랑하는 아들과 딸의 손을 잡고 병원을 걸어 나오던 남편과 나는, 믿을 수 없지만 인정할 수밖에 없는 현실 앞에서 아무 말도 할 수 없었다. 말을 잃은 우리는 그저 서로의 손을 꼭 붙잡은 채, 아무 말없이 걸을 수밖에 없었다.

다음 날부터 남편과 나는 새벽마다 집 앞에 있는 동네 교회에 나갔다. 하지만 아무런 기도도 할 수 없었다. 가슴 깊숙한 곳에서 치밀어 오르는 슬픔의 통곡은, 말이 아닌 깊은 절망의 한숨과 폭포수 같은 눈물로 터져 나왔다. 숨조차 쉬기 힘든 고통, 마음을 찢는 듯한 통증이 온몸을 짓눌렀다. 눈물을 닦을 힘조차 없었다.
 나는 그렇게, 마음 깊은 곳에서 밀려 올라오는 슬픈 통증을 도저히 감당할 수 없어, 그 아픔에 비명을 지르듯 하염없이 흐느껴 울기만 했다.

햇빛보다 찬란한 기쁨의 웃음이 가득하고 아늑했던 우리의 천국 같은 반지하 작은 집. 산들바람처럼 부드럽고 신선한 공기로 가득하던, 따뜻하고 밝은 우리의 보금자리. 그러나 하루 사이에, 동전의 양면과 같이 슬픔과 한숨과 눈물로 가득 채워졌다.

언제나 봄날같이 따스하고 평화로웠던 그 행복은 흔적도 없이 물거품처럼 사라졌고, 그곳은 어느새 어둠과 불행이 덮어버린 공간이 되었다. 밤이 낮을 삼켜버린 것처럼, 집 안 가득 종일 캄캄한 한밤중으로 이어졌다.

남편과 나는 서로의 얼굴을 바라보는 것조차 힘들었다. 눈이 마주치기만 해도 터져 나오는 눈물은 장대비처럼 멈추지 않고 쏟아졌고, 마음이 무너져 내릴 것 같아 서로를 피했다. 아무런 말도 나눌 수가 없었다.

나는 남편이 출근한 뒤엔 혼자 남은 집 안에서, 슬픔 가득한 어둠 속에 갇혀 하루 종일 울었다. 울고 또 울고를 반복하다 보니 눈가가 짓무를 정도였다.

그러다 어느 날, 문득 화장대 거울 속 내 모습을 보고 소스라치게 놀랐다. 거울 속에 비친 나는 흡사 피카소의 그림 속 '우는 여자'를 닮아 있었다. 슬픔과 절망이 가득했고, 눈빛과 표정은 깊은 비애를 담고 있어서 이전과는 너무도 달라진 얼굴, 그 모습은 이전의 내가 아니었다.

평온하고 행복했던 일상 속에서, 나는 내 믿음이 참으로 좋다고 생각했다. 기쁨과 감사 그리고 평안이 넘쳐났기에, 그 믿음은 견고하다고 자부했다. 하지만 불행이 우리 집에 노크도 하지 않은 채 불쑥 들이닥친 뒤, 그 믿음은 너무도 쉽게 무너져버렸다. 마치 쓸모없어 바닥에 내던져진 종잇조각처럼, 구겨지고 초라한 보잘것없는 믿음이었다.

나를 위해 죽으시고 부활하신 예수님이 분명 내 안에 계신데, 문제 하나로 믿음이 송두리째 흔들리고 어둠의 수렁 속으로 빠져드는 나를 보며 실망감이 컸다. 눈물로 회개하며, 다시금 예전의 나로 돌아가고 싶다는 간절함이 생겼다.

그래서 결심했다. "항상 기뻐하라, 범사에 감사하라"는 말씀처럼 억지로라도 웃기로, 억지로라도 기뻐하기로.

처음엔 눈물을 흘리며 웃는 날들이 이어졌다. 눈은 울고 있는데, 입꼬리는 애써 올리고 있었고, 그 모습은 울면서 웃는 이상한 얼굴일 수밖에 없었다.

아들의 불치병을 떠올리면 도무지 웃을 수도, 기뻐할 수도, 감사할 수도 없었다. 하지만 마음을 다잡고 의지적으로 웃었고, 스스로에게 주님의 사랑을 되새기며 셀 수 없이 많은 감사의 제단을 쌓아갔다.

그리고 그때 하나님은 은혜의 단비를 내리셨다.

힘없이 시들어가던 나의 믿음의 나무는 다시금 생기를 되찾기 시작했고, 푸르고 싱그런 초록빛으로 살아났다. 주님은 나의 그 작은 결심을 궁휼히 여기셨고, 전적으로 주님의 은혜로 우리 가정은 다시 햇빛 찬란했던 시절처럼 회복되었다. 다시금 기도와 찬양으로 가득한 집에서 기쁨과 감사, 그리고 평안함을 누릴 수 있었다.

그 은혜의 계절 한가운데, 어느 날 나는 말씀을 묵상하다가 고린도후서 12장 9절 말씀 앞에 멈춰 섰다.

"나에게 이르시기를 내 은혜가 네게 족하도다 이는 내 능력이 약한 데서 온전하여짐이라 하신지라 그러므로 도리어 크게 기뻐함으로 나의 여러 약한 것들에 대하여 자랑하리니 이는 그리스도의 능력이 내게 머물게 하려 함이라."

그 말씀이 너무도 실제적으로 다가왔고, 그 감격을 담아 나는 한 편의 시를 써 내려갔다.

내가 흘리는 한 방울의 눈물은…
죄 없으신 주님께서
죄인인 나를 위하여 죽으신,
죽음보다 강한 사랑에 감격해서 흘리는 감사의 눈물입니다.

내가 흘리는 한 방울의 눈물은…
나의 고난이 너무 크다고 투정 부릴 때,
'내 은혜가 네게 족하다'는 주님의 말씀에,
지금까지 셀 수 없이 채워주신 것들을 하나씩 세어보며 흘리는 감사의 눈물입니다.

내가 흘리는 한 방울의 눈물은…
사면이 캄캄한 동굴 속에 갇혀 있을 때,
주님께서 주시는 소망의 빛을 보았기에 흘리는 감사의 눈물입니다.

내가 흘리는 한 방울의 눈물은…
주님 앞에 나아갈 때마다
내 잔이 넘치도록 부어주시는
주님의 은혜와 사랑하심에 흘리는 감사의 눈물입니다.

이 시는 내 고백이며, 이 눈물은 그 당시 나를 살게 하는 은혜의 증거였다.

그리고 고난의 시간은 끝나지 않았지만 나는 알았다. 주님의 은혜는 매일 새롭고, 그 사랑은 언제나 충분하다는 것을.

제3장

울면서도 지켜야 했던 사랑

아들이 초등학교에 입학할 시기가 되었다.

그러나 그 무렵부터 아들의 걸음은 점점 더 느려지고, 자주 넘어지기 시작했다. 우리는 학교와 가까운 곳으로 이사를 해야 했다.

그리고 사랑하는 아들이 초등학교에 입학했다. 많은 부모들이 말하듯 가슴 벅찬 설렘과 뿌듯함이 밀려와야 할 순간이었지만, 내 마음을 채운 건 말할 수 없는 먹먹함과 답답함, 그리고 물밀듯이 몰려오는 불안함이었다.

학교라는 새로운 세상에 첫발을 내디딘 아들이 잘 적응해 나갈 수 있을지, 혹시 마음과 몸이 다치지는 않을지…끝없이 이어지는 생각들이 밀려들어 마음을 가득 채웠다.

입학 첫날, 아이들은 운동장에 모여 선생님의 지시에 따라 이동해야 했는데, 잘 걷지 못하는 아들은 다른 아이들과 함께 이동하지 못하고 넘어져 버렸다. 그 바람에 아들의 반 아이들이 우왕좌왕하는 모습을 보며, 엄마인 나의 마음은 앞으로 펼쳐질 아들의 학교생활이 얼마나 험난할지 걱정과 염려로 어두워졌다. 그리고 곧 친구들과의 '다름'을 알게 될 아들을 생각하니 가슴이 저려왔다.

병원에서 알려준 대로 진행성 근육병의 진행을 조금이라도 늦출 수 있다는 운동을 매일 꾸준히 시도해 보았지만, 눈에 띄는 변화는 전혀 없었다. 오히려 하루하루 아들의 상태는 점점 더 악화되어 갔다. 배를 앞으로 내밀고 뒤뚱거리듯 걷는 모습은 점점 힘겨워 보였고, 걷다가 갑자기 주저앉듯이 풀썩 넘어지는 일도 점점 잦아졌다.

아들과 함께 날마다 가까운 등굣길을 아침 일찍 나섰지만, 아들은 수없이 넘어지기를 반복했고, 넘어질 때마다 혼자 힘으로는 일어나지 못했다. 수없이 넘어질 때마다 나는 아들의 몸을 안아 일으켜 세워야 했다. 그 일마저 점점 내게는 버거운 일이 되어갔고, 결국 지각이라도 할까 봐 아들을 업고 교실까지 데려다주는 날이 많아졌다.

아들이 초등학교에 갓 입학했을 때, 1학년 담임 선생님은 또래 아들을 둔, 눈이 크고 인상이 무척 따뜻한 여자 선생님이셨다.

입학 직후부터 운동장에서 보인 아들의 행동은 또래에 비해 많이 느렸다. 걷는 것도 서툴러 자주 넘어지곤 했다. 그로 인해 반 친구들도, 선생님도 분명히 어려움이 많았을 텐데, 선생님은 단 한 번도 힘들다는 표정조차 지으신 적이 없었다. 오히려 그 큰 눈으로 아들을 안쓰럽게 바라보시며 늘 따뜻한 미소를 지어주셨다.

그 따뜻한 미소가 지금도 눈에 선하다. 그런 선생님의 미소가 내게는 힘든 마음을 위로해 주는 한 줄기 빛처럼 느껴졌다.

아들의 담임 선생님이기에, 앞으로 학교에서 얼마나 많은 부분을 신경쓰셔야 할까를 생각하니 감사함과 함께 죄송한 마음도 들었다. 그래서 1학년 내내 내 마음을 담아 정성껏 김치를 담가 선생님께 드리곤 했다.

선생님은 나에게 감사의 쪽지를 보내주시기도 했고, 특별한 관심과 사랑으로 아들을 보살펴 주셨다. 아들이 늘 앞에 나서서 활동할 수 있도록 이끌어주셨고, 행여나 아들이 주눅 들지 않도록 따뜻하게 배려해 주셨다.

그런 선생님의 관심과 사랑 덕분에 아들은 학교생활을 즐거워했고, 활달하고 적극적인 모습으로 친구들과도 잘 어울리며 학교에 적응해 나갈 수 있었다.

돌이켜보면, 초등학교 1학년 때 만났던 그 담임 선생님의 사랑과 배려가 아들에게 큰 힘이 되었던 것 같다.

그 이후 아들은 살아 있는 동안 모든 학교생활을 즐겁게 이어갈 수 있었고, 장애로 인해 위축되지 않고 자신감을 잃지 않으며, 자신의 실력을 마음껏 발휘하는 긍정적이고 자존감 높은 아이로 자라날 수 있었다.

엄마인 나도 그 모습을 보며 조금씩 걱정을 내려놓을 수 있었고, 아들을 바라볼 때마다 그 모든 것이 감사할 뿐이었다.

그즈음, 우리가 다니던 교회 교구에 새로 부임하신 정 목사님께서 집으로 심방을 오셨다. 말로 꺼내기조차 힘들었던 아픈 마음의 짐들을 조심스레 꺼내놓자, 목사님은 내 눈물 어린 이야기들을 진심 어린 마음으로 들어주셨다. 말끝마다 고개를 끄덕이며 깊이 공감해 주시던 목사님은 아들을 위해 간절히 기도해 주셨다.

"하나님, 이 아이가 이 땅에 머무는 날들 동안, 장애로 조롱의 대상이 되지 않게 하소서. 장애를 지녔으되, 결코 그로 인해 낮춰지지 않고, 오히려 모든 사람들의 눈에 존귀한 존재로 여겨지게 하소서."

그날 이후, 나는 오래도록 그 기도를 마음에 새기며 읊조리며 살아왔다. 아들이 이 땅에서 살았던 38년 동안, 그 기도는 내 입술에서 한 번도 멈춘 적이 없었다.

아들이 초등학교 2학년이 되던 해, 언제나처럼 우리는 근육병 정기검진을 위해 병원을 찾았다. 그날 의사의 한마디는 날카로운 비수처럼 가슴을 찔렀다.
"호흡 근육의 힘이 또래 아이들의 절반 정도입니다."
그 한마디는 마치 '아들이 점점 죽어가고 있습니다'라는 선언처럼 들렸다. 순간 숨 쉬기조차 힘든 충격이 밀려왔다.
남편과 나는 간절한 마음으로 기도했다. 매일, 매순간, 간절하게. 희망이라는 끈을 놓지 않기 위해 운동도 시키고, 좋은 음식도 챙기며 할 수 있는 모든 노력을 다했다. 가능하다면 조금이라도 더디게, '진행성'이라는 그 두려운 단어가 목적지로 향해 가지 않도록 붙들어 두기 위해 애를 썼다.

하지만 시간이 지날수록 눈앞의 현실은 우리를 좌절시켰고, 어떤 희망도 품을 수 없다는 사실 앞에 넋을 놓을 수밖에 없었다.
아들을 위한 우리의 모든 노력은 병이 나아지는 것을 위함이 아니었다. 그저 지금 이 상태에서 더 악화되지 않기를 바라는 마음이 간절했다. 그런 우리의 마음을 비웃기라도 하듯, 진행성 근이영양증은 아들을 태우고 **빠른 속도**로 급강하하듯이 마이너스를 향해 치닫고 있었다.
희망이라는 단어는 우리와는 상관이 없어 보였다. 더 이상 앞으로 갈 곳이 없는 절벽에서, 깊이를 알 수 없는 낭떠러지를 향해 무너지듯 치닫는 마음을 다잡는 일은 그 자체가 고통이었다.

간절한 기도와 최선의 돌봄에도 불구하고, 호전되기는 커녕 악화의 속도가 점점 더 빨라지는 현실은…마치 이제 모든 희망을 내려놓으라는 통보와 같았다.

'진행성 근이영양증'이라는 병명.
의사들은 담담하게 말했지만, 우리 가족에게는 그 이름이 마치 '희망의 끝'을 선고하는 말처럼 들렸다. '진행성'이라는 말이 이렇게도 무섭게 느껴질 줄은 몰랐다.
시간이 흐를수록 아들의 몸은 조용히, 그러나 거침없이 무력해졌다. 그렇게 아들의 모든 근육세포는 아주 천천히, 그러나 확실하게 무너지고 있었다.
눈에 보이지 않는 전쟁이 아들의 몸속에서 매일 벌어지고 있었다. 또래 아이들이 자라며 근육이 붙고 강해지는 그 시기에 아들의 근육은 하나, 둘 조용히 사라지고 있었다.

그즈음, TV에서는 근육병을 앓는 아이들을 다룬 특집 다큐멘터리가 방영되었다. 제목을 잊을 수 없다. "무너지는 아이들."
그 '아이들' 속에 사랑하는 내 아들이 있었고, 그 '무너짐'이 바로 우리 가족의 오늘이기 때문이었다.

아들은 장난기가 많고 웃음이 끊이지 않는, 반짝이는 장난스러움이 가득 담긴 개구쟁이였다. 활달한 성격의 아들은 친구들과 어울려 노는 것을 무척이나 좋아했다. 동네 아이들과 함께 뛰놀고 싶어 했다. 하지만 현실은 아들의 마음을 따라주지 않았다. 걸음이 느리고 자주 넘어지는 아들과 함께 노는 것이 불편했던 아이들은 아들을 멀리하곤 했다.

아들보다 세 살 어린 사랑스러운 딸은 야무졌고, 오빠를 사랑하는 마음이 컸다. 오빠가 놀림을 받거나 외톨이처럼 홀로 남겨질 때면, 화가 잔뜩 난 큰 목소리로 "우리 오빠한테 그러면 내가 가만 안 둘 거야"라고 소리치곤 했다. 딸아이의 그 말에 나는 가슴이 뭉클해졌고, 아들도 그런 동생이 있어 늘 든든해하고 고마워했다.

시간이 흐를수록 아들은 동네 아이들과 더 이상 함께 놀이를 할 수 없었다. 아들 스스로 어울릴 수 없음을 알아버렸다.

아들은 구석에 쪼그려 앉아 흙을 만지작거리며 조용히 자신의 시간을 보내곤 했다. 그리고 집에서 보내는 시간이 많아졌다. 아들은 자신이 좋아하는 취미들을 하나둘 늘려갔다. 색종이 접기를 하였고, 그림을 그리거나 책을 읽으며 자신만의 시간 보내기 방법들을 넓혀갔다.

언뜻 보기엔 조용하고 평온해 보였다. 그러나 아들은 너무 어린 나이에 친구들과의 놀이를 포기하는 법을 배워야 했다. 또래 아이들이 거침없이 뛰어다니고 웃음을 터뜨리는 순간에도 아들은 그 무리에 낄 수 없었다. 뛰어들고 싶은 마음은 간절했지만 몸은 그 마음을 따라주지 않았고, 결국 조용히 한 걸음 뒤로 물러나야 했다.

그러나 그 시간 속에서 아들은 자기만의 속도와 방식으로 세상을 받아들이는 법을 배우고 있었다. 그리고 그 곁에는 언제나 여동생의 변함없는 시선이 있었고, 그 모든 시간 속에서 눈물로 씨를 뿌리듯이 부모의 간절한 기도가 함께하고 있었다.

아들의 병은 빠르게 진행되었다. 초등학교 4학년이 되던 해, 더 이상 걸을 수 없게 되었고, 결국 휠체어를 타게 되었다.

배를 앞으로 내민 채 뒤뚱거리며 불안하게 걷다가, 갑자기 주저앉듯이 넘어지는 일은 일상이었다. 날마다 무릎이 깨지고 상처가 아물기도 전에 다시 깨지고, 성한 곳이라곤 찾아보기 힘들 정도였다. 때로는 팔을 안쪽으로 접은 채 넘어져서 뼈가 부러지기도 했고, 넘어지는 아들 위로 다른 아이들까지 넘어져서 자주 팔이 부러지고 깁스를 해야 할 때가 많았다.

넘어진 아들을 일으켜 세우는 일은 건강한 아이가 넘어졌을 때 일으켜 세우는 것과 다르다. 근육이 약해져서 넘어지는 것이었기에, 아들을 일으켜 세우는 것은 힘에 부쳤다. 겨우 일으켜 세우면, 바로 그 자리에서 다시 넘어졌다. 이런 일이 계속되자 힘이 들어 나는 점점 지쳐갔다.

그나마 아들이 휠체어를 사용하게 되면서부터는 등하굣길이 한결 수월해졌다. 그즈음, 사랑하는 예쁘고 야무진 딸도 초등학생이 되었다. 나는 아들의 휠체어를 밀며 딸과 함께 등하굣길에 나섰다. 비가 오나 눈이 오나, 날씨가 좋든 궂든, 사계절의 변화 속에서 우리 셋은 한 몸처럼 움직였다.
아픈 오빠의 든든한 버팀목이 되어준 딸은, 학교가 끝나면 내 손을 꼭 잡고 아들을 데리러 다시 학교로 나섰다.

그때 아들의 교실은 3층에 있었다. 나는 먼저 교실에 올라가 아들을 등에 업어 1층까지 내려왔다. 그러고나서 휠체어를 가지러 다시 계단을 올라야 했는데, 그동안 딸은 계단 아래에서 오빠 곁에 머물며 나를 기다려주었다.
휠체어를 타게 된 이후, 아들의 학교생활은 점차 안정을 찾아갔다. 같은 반 친구들과도 잘 어울렸고, 천진한 아이들의 손길은 휠체어를 밀어주었으며, 화장실에 함께 가주기도 했다. 어린 마음으로도 서로를 돕는 따뜻한 우정이 자라나고 있었다.

그러던 어느 날, 겨울이었다.
평소처럼 수업이 끝날 무렵 아들을 데리러 학교로 갔다가 아들과 함께 휠체어를 밀며 집으로 돌아오던 길. 중간쯤 이르렀을 때, 아들이 아무런 감정도 담기지 않은 듯한 낮은 목소리로 조용히 말했다.
"엄마, 나 오늘 화장실에서 한 시간 동안 갇혀 있었어."

그 한마디에 나는 가슴이 철렁 내려앉았다. 무슨 일이 있었는지 묻자, 아들은 담담히 말했다. 쉬는 시간에 친구들이 휠체어를 밀고 화장실까지 데려다주었는데, 시작 종이 울리자 친구들이 그대로 교실로 돌아가버렸다는 것이다. 철없는 아이들이라, 시작종이 울리자 아들이 화장실 안에 있다는 사실 자체를 까맣게 잊어버린 듯했다.

추운 겨울날 화장실에 혼자 갇혀 있었을 아들. 친구들 도움이 없으면 문조차 스스로 열 수 없는 자신을 바라보며 느꼈을 절망감과 슬픔이 얼마나 깊었을까.
그 마음을 떠올리는 순간, 내 가슴은 갈갈이 찢겨 나가는 듯한 아픔으로 저려왔다. 나는 그 자리에서 주저앉아 미친 여자처럼 통곡하며 목놓아 울고 싶었다. 절망과 슬픔이 온몸을 휘감았다.
그러나 나는 엄마였다. 아들이 보는 앞에서 무너질 수는 없었다. 아들 앞에서 감정을 내색하지 않고 아무 말도 없이, 그저 휠체어를 밀며 집을 향해 걸었다.
집에 도착하고 나서야 겨우 마음을 추스르고 아들의 얼굴을 마주보았다.

"친구들이 어떻게 네가 화장실에 있는 걸 잊을 수가 있니? 그리고 수업 시간에 네가 없었는데, 담임 선생님은 그걸 몰랐다는 게 말이 되니?"

나는 그렇게 한 시간 동안 친구들과 담임 선생님으로부터 아들이 잊힌 존재로 있었다는 사실에 화가 났다. 나는 내 말을 듣고 아들이 슬프게 울 줄 알았다. 그러나 아들의 반응은 내 예상을 완전히 벗어났다.

"엄마, 그럴 수도 있지. 그런데 나는 혼자 있지 않았어. 예수님이 나랑 같이 계셨어. 그래서 춥지도 않았고, 무섭지도 않았어."

나는 누군가에게 머리를 세게 얻어맞은 듯 멍해졌다. 그리고 더 이상 아무 말도 할 수 없었다.

그 짧은 한마디 속에, 말로 설명할 수 없는 위로와 평안이 담겨 있었다. 가장 연약한 자의 입에서 흘러나온 담담한 고백이, 내 믿음을 흔들어 깨우고 있었다.

그날 이후, 하루하루 약해져 가는 근육은 마치 보이지 않는 밧줄처럼 아들의 몸을 묶어 두었다. 온몸의 근육이 점점 힘을 잃어 간 아들은 결국 혼자의 힘으로는 거의 아무것도 할 수 없게 되었다. 몸을 가누는 일조차 벅찼다. 그렇게 아들은 1급 지체장애인이 되었다.

화장실 사건이 있고 1년 후, 그날도 여느 때처럼 학교 수업이 끝날 무렵 나는 아들을 데리러 3층 교실로 올라갔다. 수업이 끝난 뒤 담임 선생님이 계시지 않은 교실은 어수선하고 시끄러웠다.

나는 천천히 아들 곁으로 다가갔다. 휠체어를 밀고 자리에서 나오려던 그 순간, 아들의 책상 위에 낙서처럼 적혀 있는 두 글자가 내 시야에 들어왔다. 아들 책상 위엔, 누군가 조각 칼로 뚜렷하고 선명하게 새겨 놓은 글씨, 그 위에 빨간 색연필로 여러 번 덧칠한 두 글자가 남아 있었다.
'병신.'
나는 내 눈을 의심했다. 내가 잘못 본 것은 아닐까 싶어, 다시 눈을 크게 떠 책상 위를 바라보았다. 그리고 두 글자를 재차 확인하고 아들을 바라보았다. 아들은 말없이 나를 쳐다보았고, 그 눈은 모든 것을 체념한 것처럼 힘이 없고 슬퍼 보였다. 아들과 나는 말 한마디 하지 않고 교실을 나섰다.

나는 그 일이 단지 철없는 아이들의 장난이라고 넘길 수가 없었다. 차라리 말다툼이었다면 마음의 상처가 덜했을까. 하지만 그 낙서는 열 마디의 말보다 더 깊고 날카롭게 아들의 마음을 찔렀을 것이다.
나는 마음속으로 슬프게 흐느껴 울면서 생각했다. 그 아이가 조각 칼을 꺼내 천천히 두 글자를 새기고, 아들의 눈에 확실히 띄도록 선명하게 빨간 색연필로 덧칠할 때, 그 앞에서 아무 말도 하지 못하고 지켜보아야만 했을 아들의 마음은 어땠을까. 수치심, 창피함, 절망, 부끄러움…. 그 모든 감정을 꾹 참고, 아무 말없이 견뎌냈을 아들의 아픔이 가슴을 찢듯 밀려왔다.
집으로 돌아오는 길, 아들과 나는 서로의 아픔을 건드리게 될까 봐 단 한마디도 할 수가 없었다.

집에 도착한 후, 나는 슬프고 아픈 마음을 가라앉히고 추스른 뒤 조심스레 먼저 입을 열었다.
"누가 쓴 거니?"
아들은 친구 이름을 말했고, 나는 유난히 아들에게 짓궂게 굴던 아이의 얼굴을 떠올렸다.

"그 아이는 어떻게 그럴 수가 있어? 진짜 나쁘네!"

사랑하는 여리고 착한 내 아들이 친구에게 아무 말도 하지 못했을 것을 알기에, 아들 대신 내가 분노의 말을 꺼내어 아들을 위로해 주고 싶었다.

그 말에 아들이 서러움에 북받쳐 울 거라고 생각했다. 그러나 아들의 대답은 나를 얼어붙게 만들었다.

"엄마는 진짜 이상하네. 왜 그런 일로 그렇게 화를 내? 그냥 사실을 말한 거잖아."

나는 당황했고, 혼란스러웠다. 아들은 처음부터 그런 생각을 했던 걸까? 아니면 처음엔 분노했지만 어쩔 수 없는 현실 앞에 모든 걸 포기하고 받아들이기로 한 걸까?

그것은 하나님이 아들에게 주신 특별한 믿음이고 은혜였으며, 사랑임을 알게 되었다. 하나님은 아들에게 불치병을 허락하셨을 뿐 아니라, 그 병을 이겨낼 수 있는 특별한 믿음의 유전자 또한 함께 심어 주셨던 것이다.

그날 이후, 나는 내 안에 뿌리내린 부정적인 생각과 세상의 기준들, 그리고 아들을 향한 모든 편견을 하나하나 내려놓아야 했다.

내 아들은 더 이상 단순히 육신의 '내 자식'이 아니었다. 그는 주님 안에서 나보다 성숙한 믿음의 형제였고, 나는 그 아이를 온전히 품기 위해 더 깊고 넓은 믿음의 그릇이 되어야 했다. 그렇지 않으면, 내 작은 그릇이 아들의 넓고 큰 그릇을 담지 못해, 앞으로 아들의 삶과 영혼이 망가질 수 있다는 불안감이 들었다.

하나님은 나에게 몸도 특별하고 차원이 다른 큰 믿음을 가진 아들을 맡기신 듯했다. 그 아들을 제대로 양육하려면 하늘의 지혜가 필요했다.

내게 그 지혜가 없으면, 아들을 잘못 양육하여 아들을 망가뜨릴지도 모른다는 두려움에, 나는 오직 하나님께 엎드렸다. 주님께서 내게 맡기신 이 귀한 영혼을 위해, 나는 더 깊은 믿음으로, 더 큰 걸음으로 주님 앞에 나아가기 시작했다.

사랑하는 딸은 어느덧 초등학교 4학년이 되었고, 아들은 중학교 입학을 앞두고 있었다. 시간은 빠르게 흘렀고, 그 빠른 시간만큼이나 아들의 몸도 점점 느려지고, 약해지고, 무너져가고 있었다.

혼자서 할 수 있는 일들이 하루하루 줄어들었고, 급기야는 숟가락을 드는 일조차 버거워 보였다. 그 모습을 지켜보는 내 마음은 식사 때마다 수없이 흔들렸다.

식사 시간이 길어지는 답답함과 안쓰러움이 밀려올 때면, 당장이라도 숟가락을 들어 대신 먹여주고 싶었다. 그러나 나는 멈췄다. 지금 내가 이 숟가락 하나를 들어준다면 학교에서도, 사회에서도 아들은 누군가의 손을 기다려야만 식사를 할 수 있는 사람이 될지도 모른다는 생각이 마음을 붙들었다. 그래서 식사만큼은 아들 혼자 스스로 해결할 때까지 지켜보기로 했다.

나는 그저 옆에서 눈물을 삼키며 마음속으로 조용히 기도했다.

엄마의 마음을 아는 듯, 아들은 배고픔을 참아가며 자기만의 방법을 찾아갔다. 숟가락을 손에 쥔 채 이리저리 시도하던 끝에, 마침내 식탁 위에 팔꿈치를 올리고 그 위에 체중을 실어 천천히 밥 한 숟가락을 입에 넣을 수 있게 되었다.

보통 사람들에겐 너무도 당연하고 아무것도 아닌 그 일상이, 아들에게는 앞으로 혼자 숟가락을 들고 밥을 먹을 수 있는 첫 시작이 되었다. 그 작은 첫 시작이 나는 눈물 나도록 감사했다. 계속해서 오른손을 사용한 덕분에, 또래 아이들의 10분의 1도 되지 않는 약한 팔과 손이지만, 그 힘이나마 유지할 수 있었던 것이다.

아들은 그 힘이 약한 팔과 손으로 컴퓨터를 사용할 수 있었고, 좋아하는 만화 그림을 그릴 수 있었으며, 비록 휘갈기듯 썼지만 글씨를 쓰고 책장을 넘기며 공부를 이어갈 수 있었다.

이제 아들은 초등학교 졸업과 중학교 입학을 눈앞에 두고 있었다. 또래 친구들의 얼굴에는 중학교 입학을 향한 설렘이 가득했지만 우리에게 '설렘'이라는 단어는 참으로 낯설고 멀기만 했다. 기쁨으로 가득 차야 할 그 시기조차 우리에겐 현실의 무게가 더 크게 다가왔다.

당시만 해도 지체 장애 학생은 자유롭게 원하는 학교를 선택해서 진학할 수 있었다. 어느 중학교를 선택해야 할지 기도하며 하나님의 인도하심을 구했다. 기도하던 중, 남편이 강남에 계단이 없는 중학교가 있다고 말했다.

남편과 함께 그 학교를 방문해 보았다. 하지만 계단은 없었으나 아들이 휠체어를 타고 다니기에는 구조가 위험해 보여 포기하고 교문을 나설 수밖에 없었다.

실망감을 안은 채 집으로 돌아가려던 중, 개포동 주공아파트 단지 안에 자리한 ○○중학교가 눈에 들어왔다. 그 순간, 우리는 서로를 바라보며 눈을 반짝였다. 그리고 입가에는 안도와 기쁨이 담긴 미소가 번졌다.

무엇에 이끌리듯, 우리는 곧장 그 학교 교문을 향해 발걸음을 옮겼다. 비록 계단이 있는 일반 중학교였지만, 이상하게도 마음 깊은 곳에서 '이곳이 바로 우리 아들이 다닐 학교'라는 확신이 찾아왔다. 주저함도 망설임도 없이 그 학교로 결정하게 된 것은, 하나님의 분명한 인도하심이었다.

우리는 곧바로 개포동 주공아파트로 이사를 결정했다. 무엇보다 학교가 아파트 단지 안에 자리하고 있다는 사실이 우리에게 큰 선물처럼 느껴졌다.

남편과 나는 오직 아들이 편하게 다닐 수 있는 중학교를 찾았었다. 육신의 부모는 장애가 있는 아들만 생각하며 아들 중심으로 모든 계획을 세우고 있었지만, 하늘 아버지께서는 딸 또한 소중히 여기시며 사랑하는 딸을 위한 놀라운 계획을 이미 세워두고 계셨다. 전혀 예상하지 못했던 일이었다. 바로 주공아파트 단지 위쪽에 딸이 다닐 수 있는 초등학교가 자리하고 있었던 것이다.

하나님의 섬세하신 손길은 거기서 멈추지 않았다.

예체능에 재능이 있던 딸은 초등학교 6학년이 되던 해, 자신의 진로를 결정했는데, 조금은 특별한 길을 선택했다. 국악, 그중에서도 해금을 전공하기로 마음먹은 것이다. 그런데 놀랍게도, 집에서 걸어서 통학이 가능한 거리에 국립국악중·고등학교가 있었다.

그 순간, 우리는 깨달았다. 하나님께서는 아들만이 아니라 딸의 앞날 또한 최선으로 예비해 두고 계셨다는 것을.

우리의 눈에는 보이지 않았던 그 세심한 계획과 배려 앞에서, 우리는 우리 가정을 지켜보고 인도해 주시는 하나님의 사랑에 그저 놀라고 감탄할 수밖에 없었다. 하나님의 인도하심은 언제나 우리의 생각을 뛰어넘었고, 그 놀라움은 깊은 감동으로 다가왔다.

그리하여 우리 가족은 그곳에서 새로운 삶을 시작하게 되었다.

우리는 ○○중학교에 아들의 입학원서를 제출하기 위해 방문했고, 교무실에서 교감 선생님을 만나게 되었다. 교감 선생님은 아들이 1급 지체장애인이라는 사실을 아시고는, 입학을 허락하는 것이 쉽지 않다고 말씀하셨다.

"아이가 만약에 학교에서 사고가 날 경우, 학교 측에 큰 문제가 될 수 있습니다."

그 말씀은 지극히 타당하고 정당했으며, 나는 학교 측의 입장을 충분히 이해할 수 있었다. 학교는 내 아들 한 명보다는 수많은 학생들의 안전이 우선이고, 그 안전에 책임을 지는 공간이기 때문이다.

만약 아들이 학교에서 사고를 당하게 된다면, 그 책임이 학교 측에 전가될 수 있기에, 학교가 그 위험을 감수할 수 없다는 현실 또한 나는 담담히 받아들일 수밖에 없었다.

그러나 아들이 중학교에 입학하지 못할 수도 있다는 생각은 전혀 해본 적이 없었기에, 교감 선생님의 반응 앞에서 당황스러웠다.

그 자리에서 나는 '하나님의 인도하심'을 구하며 마음속으로 간절하게 짧은 기도를 드렸다. 그 순간, 내 마음에 평안이 임했고, 나는 담담하고도 분명한 어조로 말했다.

"교감 선생님, 학교 측의 입장은 백 퍼센트 이해합니다. 만약 아들이 학교에서 사고를 당하더라도, 그 어떤 책임도 학교에 묻지 않겠습니다. 필요하시다면, 학교에서 원하시는 각서를 제가 직접 작성해 드리겠습니다."

내 말에 교감 선생님의 눈빛이 흔들렸고, 결국 각서를 쓰지 않고 아들의 입학이 허락되었다.

장애를 가진 자녀를 둔 엄마는 어쩔 수 없이 강해지는 것 같다. 그리고 아들의 고통 앞에서 나는 할 수만 있다면 대신 아프고 싶었다. 엄마의 눈물은 얼굴로 흐르지 않고, 그 눈물은 강물이 되어 마음 깊이 흐른다.

사랑하는 아들은 중학생이 되었고, 휠체어를 타고 학교에 다녔다. 나는 그의 손과 발이 되었고, 날마다 아들의 등교와 하교시간에 맞춰 살았다.

엄마인 나의 삶의 중심은 오직 아들 하나였다. 엄마인 내 생활은 없었지만, 아들이 학교에 갈 수 있다는 사실만으로도 감사했고, 기뻤다.

아들의 등하교를 감사와 기쁨으로 하고 있는 나를 유심히 지켜보신 교감 선생님은 아들이 입학하고 1학기쯤 지난 어느 날, 내게 두툼한 편지 한 통을 건네주셨다. 오래된 기억이라 그 내용은 또렷하지는 않지만, 붓으로 정성껏 세로로 써 내려간 편지를 읽었을 때의 깊은 감동은 지금도 내 마음에 남아 있다.

그리고 졸업식 날, 나는 그 교감 선생님의 추천으로 '장한 어머니상'을 받는 기쁨을 누렸다. 교감 선생님을 통해 이 땅에서 뜻하지 않게 '장한 어머니상'을 받았지만, 그것은 하나님이 나에게 주신 위로의 상이었음을 나는 알았다.

아들의 중학교 생활은 우리가 미처 예상하지 못했던 깊은 사랑과 따뜻한 만남으로 채워져 있었다. 그곳에는 아들을 품어주신 선생님들이 계셨고, 훗날 장례식장까지 찾아와 눈물로 작별을 고한 평생의 친구들이 기다리고 있었다.

1학년이 되던 해, 아들은 엄마처럼 따뜻하고 성품이 좋은 여자 체육 선생님을 담임으로 만나게 되었다. 엄마 같은 선생님, 그리고 선한 마음을 지닌 친구들. 그들은 거리낌 없이 아들에게 다가와 손을 내밀었고, 늘 곁에 머물며 기꺼이 도와주며, 중학교 시절의 추억들을 만들어 나갔다.

그때는 몰랐다. 그 모든 순간이 하나님의 세밀한 예비하심이라는 것을. 좋은 학교, 좋은 선생님, 따뜻한 친구들까지. 그 모든 것은 하늘로부터 내려온 응답이었다는 것을 시간이 한참 흐른 뒤에야 우리는 깨닫게 되었다.

아들의 장례식장에서 친구들에게 들은 이야기가 있다.
어느 날, 아들이 교실에 없을 때 담임 선생님이 아이들 앞에서 아들의 병에 대해 조심스럽게 이야기하시며, "많이 도와주고 사이좋게 지내라"고 말씀하셨다고 한다. 그 이야기를 들었을 때, 선생님의 사랑과 배려에 나도 모르게 감사의 눈물을 흘렸다.

남편과 나는 알 수 있었다. 그 모든 것이 결코 우연이 아니었다는 것을. 아들을 위해 향했던 ○○중학교로의 발걸음도, 그곳에서 만나게 된 선생님과 친구들도, 그 모든 과정은 하나님께서 미리 준비하시고 예비해 두신 섭리의 일부였다.
하나님 아버지는 조용히, 그러나 분명하게 우리보다 앞서서 우리 가족의 걸음을 인도하고 계셨던 것이다.

연약한 아들의 손과 발이 되어줘야 했던 나는 항상 아들이 우선이었다. 그렇게 살아야만 했다.
그러던 어느 날, 사랑하는 딸이 슬프고도 어두운 얼굴로 말했다.
"엄마 아빠는 오빠만 더 사랑하고, 나는 사랑하지 않는 것 같아."

딸의 그 말 속엔, 그동안 오빠로 인해 얼마나 가슴앓이를 해왔는지가 고스란히 담겨 있었다. 그제서 나는 아들에게만 머물렀던 시선을 딸에게로 돌릴 수 있었다.

나는 애써 침착한 목소리로 말했다.

"엄마 아빠는 너와 오빠를 똑같이 사랑해. 다만 오빠가 엄마 아빠의 도움이 더 많이 필요하다 보니, 도와주는 시간이 많았던 거야. 그래서 그렇게 느껴졌을 수도 있겠다."

장애를 가진 자녀가 있는 가정에서는 현실적으로 그 아이에게 더 많은 관심과 시간과 에너지가 쏠릴 수밖에 없다. 어쩌면 나는, 비장애인인 딸은 스스로 잘 자라주기를 바라는 마음을, 알게 모르게 마음 깊은 곳에 담아두고 있었는지도 모른다.

그동안 나는 우리 가정에서 가장 힘든 사람이 '엄마인 나'라고만 생각해 왔다. 하지만 하나님께서는, 가장 아파했던 사람이 바로 딸이었다는 사실을 마음 깊이 깨닫게 하셨다.

그제야 나는 진심으로 질문하게 되었다. 사랑하는 딸이 엄마의 사랑을 느끼고 온전히 알 수 있도록 내가 무엇을 할 수 있을까.

나는 간절히 기도하기 시작했다.

찬양과 율동을 좋아하던 딸은 교회에서 소년부 성가대 활동을 하고 있었다. 성가대는 4학년부터 6학년 아이들로 구성되어 있었고, 약 15명 정도가 함께 주일학교 예배 때 찬양을 인도했다. 그뿐만 아니라 병원 방문 찬양과 군부대 위문 공연 등, 활발한 사역도 감당하고 있었다.

그러던 어느 날, 성가대 아이들을 돌보는 총무가 필요하다는 이야기를 들었다. 나는 망설임 없이 자원했고, 그렇게 아들을 돌보는 시간을 나누어 사랑하는 딸이 속한 소년부 성가대의 총무로 섬기게 되었다. 매주 수요일 저녁이면 딸과 함께 버스를 타고 교회를 오가며, 단둘만의 시간을 보내는 소중한 추억을 차곡차곡 쌓아갔다.

그리고 중학교 졸업 후, 아들은 아파트 단지 건너편에 있는 ○○고등학교에 입학하게 되었다. 이름조차 같은 학교라서일까, 낯설기보다 익숙하고 편안한 느낌이 들었다. 중학교 입학을 위해 개포동으로 이사했던 그때만 해도 고등학교는 생각할 겨를조차 없었다. 하지만 중학교 3년은 눈 깜짝할 사이에 흘러갔고, 우리는 다시 새로운 길목에 서 있었다.

참으로 감사하게도, 휠체어를 밀고도 다닐 수 있을 만큼 가까운 거리에 고등학교가 있었다. 그리고 더욱 감사한 일은, 중학교 시절 아들의 손과 발이 되어주며 곁을 지켜주었던 따뜻한 우정의 친구들과 함께 고등학교에 진학할 수 있었다.

아들 곁에는 늘 따뜻한 마음을 지닌 친구들이 있었다. 이동 수업이 많은 학교에서 친구들의 도움이 없었다면 아들의 학교생활은 결코 쉽지 않았을 것이다. 그 아이들의 우정은 단순한 도움을 넘어, 아들이 평범한 일상을 살아갈 수 있게 해준 원동력이었다.

고등학교 1학년 때, 아들은 잊지 못할 고마운 은사님을 만났다.

보통은 학년이 올라갈수록 교실의 층수도 높아지기 마련이지만, 학교는 1학년 담임 선생님의 의견을 받아들여 아들을 위해 특별한 배려를 해주었다. 아들의 교실은 졸업하는 날까지 늘 1층에 머물렀고, 나는 덩치 큰 아들을 업고 계단을 오르내리는 수고로움에서 자유로울 수 있었다. 하교 시간마다 친구들이 돌아가며 순번을 정해두고 아들의 휠체어를 밀어 집까지 데려다주었다. 그 중심에는 1학년 때 담임 선생님이 계셨다.

선생님은 기꺼이 2학년과 3학년까지 아들의 담임을 자청하셨고, 아들과 마음이 잘 맞는 친구들이 계속 같은 반에서 함께 지낼 수 있도록 섬세하게 배려해 주셨다. 그 세심한 사랑의 배려 덕분에 아들은 익숙하고 든든한 손길 속에서 밝고 즐겁게 학창 시절을 이어갈 수 있었다.

희망보다는 걱정이, 기대보다는 두려움이 앞섰던 날들이었다. 하지만 그런 생각은 결국, 우리의 좁은 시선에서 비롯된 염려일 뿐이었다.
인간의 생각이란 얼마나 한시적이고 단편적인가를, 아들을 키우며 우리는 차츰 깨달았다. 하늘 아버지의 시선은 전혀 다르다는 것을. 하나님은 우리보다 앞서 가시며, 우리 눈에 보이지 않는 내일을 준비하시고, 가장 선한 길로 이끌어가신다. 그 섭리는 참으로 신비롭고도 놀라웠다.

장애를 가진 아들을 내 힘과 지혜만으로 돌보는 일은 언제나 벅차고, 때로는 감당하기 어려웠다. 그러나 우리의 가정은 그분의 손안에 있었고, 하나님의 다스리심 아래 있었기에 여기까지 올 수 있었음을 안다. 넘어질 때마다 다시 일어설 수 있었던 건 결코 우리의 의지가 아니라 은혜의 손길이었다. 우리의 길을 밝히시고, 인간의 짧은 예측을 넘어선 큰 그림으로 아들을 이끌어주신 그분의 사랑이, 이 모든 여정을 가능하게 했다.

이렇게 남편과 나는, 각자의 자리에서 같은 길을 걸어왔다. 나는 눈물로 기도하며 아들의 손을 놓지 않았고, 남편도 또 다른 방식으로 이 고난의 시간을 마주해 왔다.
돌이켜보면, 그 길은 언제나 혼자의 힘이 아니었다. 하나님께서는 우리가 함께 일어나 걷도록 도우셨고, 때로는 서로의 눈물을 마주보며, 더 단단해지고 깊어지게 하셨다.

　이제, 그 여정의 또 다른 장면을 남편이자 아버지의 시선으로 이어가려 한다.

제4장

방황의 끝, 기도와 말씀의 자리

사랑하는 아들 정함이가 초등학교 1학년이던 어느 날, 뒤뚱거리며 내게 다가와 물었다.

"아빠, 나는 왜 이렇게 태어났어요?"

그 말을 듣는 순간, 나는 아무 말도 할 수 없었다. 작은 그 어깨 위에 인생의 무게를 짊어지고 있는 듯한 물음 앞에서, 내 마음은 조용히 무너져 내렸다.

어린 아들에게 무엇을 어떻게 대답해 줘야 할까. 그저 마음속으로 울 수밖에 없었다. 그때 문득 떠오른 말씀이 있었다.

"이 사람이나 그 부모의 죄로 인한 것이 아니라 그에게서 하나님이 하시는 일을 나타내고자 하심이라"(요한복음 9:3).

예수님께서 날 때부터 맹인 된 자에게 하신 이 말씀은, 내게 주시는 하나님의 음성이었다. 사랑하는 아들의 존재는 어떤 실수나 죄의 결과가 아니라, 그를 통해 하나님이 하시는 일을 드러내기 위한 하나님의 특별한 계획이라는 것을 깨달았다. 그 말씀 앞에서, 나는 조용히 고개를 숙이고 기도했다.

"주님, 이 아이를 통해 하나님이 하시는 일이 나타나게 해주소서. 이 아이의 삶이 고난으로만 설명되지 않게 하소서. 하나님의 영광을 드러내는 통로가 되게 하소서."

그러나 고백처럼 살아간다는 것은 결코 쉽지 않았다.
시간이 흐르며 아들의 증상은 점점 뚜렷해졌고, 초등학교 2학년이 되던 해, 병원 검진에서 충격적인 말을 들었다. 호흡 근육의 힘이 또래 아이들의 절반 수준에 불과하다는 것이었다.
'아들이 죽어가고 있구나.'
그 생각이 내 마음을 덮치는 순간, 눈물을 멈출 수 없었다. 그리고 마음이 무너져 내렸다. 믿음이 좋다고 자부했는데…. 그렇게 무너지는 나 자신에게도 실망했다. 그저 울고 또 울 뿐이었다.
하지만 하나님은 그런 나를 혼자 두지 않으셨다. 그 무너진 마음 가운데, 주님은 말씀으로 찾아오셨다.
그당시 매주 들었던 옥한흠 목사님의 욥기 강해 설교는 내 영혼을 위로하시고 어루만지시는 하나님의 음성처럼 들렸다. 하나님이 인정하신 의인 욥조차, 모든 것을 잃고 몸에 병까지 들자 하나님을 원망하지는 않았지만 자신이 태어난 날을 저주했다. 그 말씀 앞에서 처음으로 위로를 받았다.
믿음이 깊어도, 고통 앞에 흔들릴 수 있다는 것. 하나님은 그 흔들림조차 품으시고 그 자리에서 더 깊이 함께 아파하신다는 사실. 하나님은 내게 실망하지 않으셨다. 오히려 무너진 그 자리에서 조용히 나를 붙드셨다. 말씀은 상한 마음을 싸매는 하나님의 손길이었다. 변화되지 않는 현실이지만, 내 안에서는 보이지 않게 하나님의 위로가 싹트기 시작했다.
비로소 깨달았다. 이 고난의 시간도 하나님의 손안에 있으며, 그분은 여전히 나와 함께 걸어가고 계신다는 진리를.

 하지만 고난의 시간은 나만의 몫이 아니었다. 시간이 흘러 아들이 자라며, 그 무게는 점차 그의 마음으로도 스며들고 있었다.
 아들은 중학교 3년의 시간을 지나며 신앙적으로 무너져 있었다. 친구들과 겉으로는 잘 지냈지만, 마음속은 깊은 혼란과 외로움으로 가득했다. 그 누구에게도 자신의 속마음을 털어놓지 못한 채, 방황의 시간 속을 홀로 지나가고 있었다.
 그때를 아들은 이렇게 기록했다.

 난 중학교 3년 동안 신앙적으로 매우 위축되어 있었다. 아무에게도 나에 대한 말을 하지 않았다. 그것은…나 자신이 부끄러웠기 때문이다. 난 나 혼자서 어떤 일이든 해결할 수 있을 거라 믿었다. 매일 기도를 안 해도, 매일 성경을 읽지 않아도, 매일 QT를 하지 않아도, 그리고…주일을 지키지 않아도, 주일예배를 제대로 드리지 않아도.
 나에게 기대하고 있는 아버지에게, 그리고 어머니에게는 이런 말을 할 수가 없었다. 난 나에게 기대하고 있는 아버지에게, 그리고 어머니에게 실망을 안겨줄 수는 없었다. 나는 밝게 살아야 했고, 난 하나님께 의지하여 살아야 했다. 하지만 난 중학교 3년 동안 그러지 못했다. 난…너무나 힘들게 중학교 3년간을 살아왔다. 난, 내 안에서는 끊임없는 가치관의 혼란이 밀려왔고, 때때로 그런 혼란들이 나를 너무 힘들게 했다. 난 육체적으로도 힘들었다. 하지만…그런데도! 난 나 혼자서 그 모든 것을 이기고 해결할 수 있을 거라고 생각했다.
 나에게 문제는 성적이 아니었다. 성적은 마음만 먹으면, 마음잡

제2부 눈물 속에 피어난 소망

고 공부만 하면, 신앙을 회복해서 내 마음에 평안이 찾아온다면, 순식간에 올릴 수 있는 것이었다. 나에게 문제는 성적이 아니었다. 나에게는 나 자신을 회복할 필요가 있었다.

중학교 때는 컴퓨터만을 미친듯이 했다. 하지만 그것으로도 내 마음은 차지 않았다. 오히려 그럴수록 마음속은 더욱 힘들고 혼란스러웠다.

아들의 고백은 단순한 사춘기의 투정이 아니었다. 그것은 하나님 앞에서 진실을 마주하는 고백이었고, 무너진 믿음 위에 다시금 회복을 소망하는 간절한 몸부림이었다.

중학교 3학년 때, 나는 아들과 마주 앉아 기도 노트를 꺼냈다. 그 시간 아들과 나는 단지 아버지와 아들이 아니라, 같은 하나님의 자녀로 주님 앞에 마음을 드릴 수 있었다.

저녁마다 함께 드린 기도는 아들을 위한 간절한 부르짖음이었다. 오직 주님만이, 아들을 그 깊은 혼란과 외로움 속에서 만나주시기를 간절히 구했다.

그 마음을 아들은 이렇게 기록했다.

짧은 시간이었지만 나에게는 그 시간이 너무나 행복했다. 그리고 그 시간만을 기다리기도 했었다. 때로는 귀찮기도 했지만 그래도 억지로라도 그 시간만은 기도를 하려고 노력했다. 아직은 나에 대한 부끄러움 때문에 내 속에 있는 것들을 모두 말하지는 않았지만, 내색하지는 않았지만, 지금 나는 말할 수 있다. 그 시간을 정말 기다렸다고….

그리고 아들이 고등학교에 입학할 즈음 나는 은행의 PB 교육 강사로서 연수원에서 1년 반 동안 생활해야 했기에 아들과 함께 기도하는 시간을 갖지 못했다. 그 당시에 나는 몰랐지만 아들은 다시 마음이 흔들리기 시작했다.

그때의 상황을 기록한 아들의 글이다.

> 아빠와 함께 기도하는 시간을 갖지 못하자 기다렸다는 듯이 다시 나의 마음은 흔들리기 시작했다. 중학교 3학년 때 잠시 회복했던 신앙은 다시 사라져 버렸다. 잠시나마 기도하고, 성경 보고, QT 하던 그 시간도 같이 사라져 버렸다. 그리고 처음과 같이 내 마음은 다시 힘들어졌다. 그다음부터는 기도를 하려고 해도 기도가 나오지 않았다. 기도로 매달리고는 싶었지만 기도가 나오지 않았던 것이다.
>
> 그렇게 다시 한 번 힘들게 고등학교 입학 후 1년이 지나갔다. 어떤 일로도 내 마음은 정리되거나 회복되지 않았고, 계속해서 혼란스럽고 힘들었다. 그리고 2003년 1월 25일, 아버지는 나에게 고등부 수련회에 가라고 권했다. 그때 나는 수련회에 가고 싶지 않았다. 혼자 할 수 있는 일이 많지 않기에 교회 수련회를 갔다 와서 몹시 힘들었던 적이 있었기 때문이었다. 하지만 아버지의 말에 마지못해 수련회를 가기로 결정하게 되었다.

수련회 마지막 날, 아들은 회복된 모습으로 돌아왔다. 아들은 나에게 다시 저녁 기도를 함께하자고 했다. 그 순간 나는 하나님께 너무 감사드렸고, 아들이 다시 주님을 간절히 찾게 된 것에 대해 말할 수 없는 감동에 잠겼다.

그리고 며칠 뒤 2월 16일, 내 생일이 되던 날 아들은 내게 메일을 보내왔다.

1부터 43까지, 어느덧 43번째 생신. 이 43년 동안 나와 함께한 시간은 과연 얼마나 되었을까? 나에게는 길지만 짧은 세월이다. 나는 별로 잘 해드리지도 못했기 때문이다.

하지만 아버지는 그렇지 않다. 바쁜 직장 생활 중에서도 항상 나를 위했으며 항상 내 걱정을 하셨다. 난 그에 비하면 무엇을 했을까?

난 아버지가 나를 위했으며 항상 내 걱정을 했다는 걸 알지조차 못했다. 난 나 중심이었다. 지극히 나 중심이었다. 그것을 깨닫게 된 것은 최근 2년, 중학교 3학년 후반과 고등학교 입학 후, 그리고 2003년….

(중략)

수련회를 끝내고 교회에 도착했을 때 아버지는 그곳에 계셨다. 나는 그런 아버지가 너무 고마웠다. 나는 싫어하는 척했지만 마음속에서는 너무 고마웠다.

그리고 그날 저녁부터 나는 아버지에게 다시 저녁 기도를 하자고 했다. 그리고 꾸준히 오늘, 2월 16일, 아버지의 생일까지 저녁 기도를 해왔다. 이제는 내 차례다. 이제 아버지에게 감사할 때다.

오늘은 바로 아버지의 43번째 생신이다. 그동안 아무것도 해드리지 못해 미안한 마음이 가득했다.

아버지, 생신 축하드려요. 이제 매번 생일 챙겨드릴게요.

이 메일은 내 생애 가장 깊은 감동으로 기억된 선물 중에 하나였다. 아들이 자신 중심에서 하나님 중심으로, 부모의 사랑을 당연하게 여기던 자리에서 감사하는 자리로 옮겨졌다는 것. 그것은 단지 아들의 회복을 넘어, 하나님이 우리 가정 가운데 친히 일하고 계시다는 증거였다. 나는 내 아들을 위해, 우리 가정을 위해 더 깊은 기도의 자리로 나아가야 함을 깨달았다.

　돌아보면 영적으로 방황하던 아들을 위해 내가 할 수 있는 일은 오직 기도와 섬김, 그리고 인내뿐이었다. 더는 어떤 말도 효과가 없었다. 오히려 잔소리를 멈추고 하나님 앞에 무릎 꿇는 것이 최선이었다.

　하나님께서는 나보다 아들을 더 사랑하시는 분이셨다. 도무지 헤어날 수 없을 것 같던 깊은 수렁에서, 주님은 아들의 마음을 깊이 만져주셨다. 하나님은 이렇게, 무너진 마음을 다시 일으키시고, 메마른 영혼을 다시 걷게 하시는 분이셨다.
　그리고 두 달 뒤인 4월 14일 저녁, 아들은 내게 문자를 보냈다.

> 공부보다도 신앙이 약한 게 너무 한심해서 앞으로 아침 저녁으로 1시간씩 기도, 말씀 보는 거 확인해 줘요. 일단 그 습관부터 되어야 공부도 될 것 같아요. 그동안 너무 게을리했어요. 이제부터라도 제대로 마음먹으려고요. 컴퓨터보다 신앙을 게을리한다는 것은 말이 안 돼서….

　이 문자를 받는 순간, 나는 가슴이 벅차올랐다. 하나님께서 아들과 함께하시고 아들을 친히 이끌어가고 계시다는 감격이 나를 사로잡았다.
　고3이 되면서 아들은 나에게 더욱 놀라운 말을 했다. 일주일에 한 번씩 성경공부를 시켜달라는 것이었다. 나는 혹시 입시에 방해가 되지 않을까 물었다.
　"정함아! 이제 공부에 집중해야 할 시기인데 괜찮겠니?"
　그러자 아들은 단호하게 말했다.

"아빠, 공부가 중요해요? 신앙이 중요해요?"

나는 아들의 중심이 바로 서 있음에 감사하고 감격했다. 그래서 아들과 함께 성경공부를 시작했다.

2004년 7월 4일, 내 일기장에 이런 고백을 남겼다.

> 오늘 정함이와 함께 설교 말씀을 나누고 성경공부 교재로 양육하게 하시며 함께 기도하게 하신 주님을 찬양합니다.
> 아버지로서 정함이를 말씀으로 양육하고 섬기며 오히려 내가 주님의 마음을 조금이나마 닮아가게 하시고 참된 아버지의 사랑을 깨달아가게 하시니 감사합니다.
> 더욱 주께 하듯 정함이를 온전히 사랑하며 섬기게 하소서! 그리하여 정함이가 주님과 사랑에 빠져 그 감격으로 살게 하시고 온전한 하나님의 영광의 도구로 쓰임받게 하소서!

이 기도는 단지 나의 바람이 아니었다. 그것은 하나님께서 우리 가정을 향해 품으신 계획의 일부였고, 실제로 이루어가시는 은혜의 과정이었다.

아들은 다시 일어나기 시작했다. 아들의 몸은 여전히 불편했지만, 영혼은 점점 견고해졌고, 아들의 눈빛은 다시 빛나기 시작했다. 하나님은 그렇게 무너진 한 영혼을 회복시키시고, 그 삶을 다시 걷게 하시는 사랑의 하나님이셨다.

하나님은 영적인 회복뿐 아니라 아들의 진로와 학업도 친히 이끄셨다. 하나님은 아들에게 '근육병의 원인인 유전자'를 연구하고, 유전자 치료를 통해 질병을 극복하여 하나님께 영광을 돌리고자 하는 꿈을 주셨다.

그러나 아들은 자신의 팔조차 들어올릴 수 없을 만큼 근육의 힘이 약해져 있었고, 그래서 아들과 함께 기도하며 어떤 전공이 좋을지 하나님께 여쭈어보며 인도하심을 구했다.

그리고 하나님께서는 'Bioinformatics'(생명정보학)이라는 생소하지만 꼭 맞는 분야를 알게 하셨다.

이 전공을 위해 대학에서는 생명공학과 수학을 복수 전공해야 했다. 그런데 수능 결과는 기대와 달리 영어만 2등급, 나머지는 3, 4등급이 나왔다. 일반적으로 생명공학과는 수학 성적이 2등급 이상이어야 가능했다. 기대했던 대학들 대부분은 지원조차 할 수 없었다.

하지만 아들은 단호하게 말했다.

"아빠, 난 최선을 다했어요. 재수는 하지 않을래요."

그때 마침 한양대 공대에 생명공학과가 신설되었고, 장애인 특별전형으로 영어만 2등급이면 지원이 가능했다. 문제는 캠퍼스가 언덕 위에 있어 전동 휠체어를 사용하는 아들에게는 매우 위험해 보였기에 생각조차 하지 않은 대학이었다. 그래도 주님이 주시는 마음이 있어 아내와 함께 학교를 직접 찾아가 보기로 했다.

정문을 들어서자마자, 정면에 걸린 두 개의 현수막이 눈에 들어왔다. 하나는 '기독교 동아리 안내', 또 하나는 '장애인 도우미 모집'이었다.

순간, 온몸에 전율이 흘렀다.

우리가 가장 중요하게 생각하던 신앙과 아들의 도우미, 아들에게 가장 중요한 그 두 가지 모두에 대해 하나님께서 명확히 응답해 주신 것 같았다. 그렇게 아들은 한양대에 합격했고, IVF 동아리에서 신앙훈련을 받고, 생긴 지 얼마 안 된 장애인 센터에서 도움을 받으며 편안하게 학교생활을 시작할 수 있었다.

하지만 또 하나의 넘어야 할 벽이 있었다. 1학년 성적순으로 전공을 선택해야 했고, 그 당시 생명공학과는 공대에서 인기 전공이었기에 가능성이 낮아 보였다. 장애로 수업을 따라가기 쉽지 않았기에 눈물의 기도를 간절히 더 많이 할 수밖에 없었다.

그런데 하나님은 또 한 번 은혜를 베푸셨다. 아들은 1학기 성적에서 공대 전체 수석을 했고, 전 과목 중 단 한 과목만 A이고 나머지는 모두 A+를 받았다. 인간의 가능성 너머에서 일하시는 하나님의 손길을 절실히 경험하는 순간이었다.

방학 동안에도 아들은 성경을 깊이 묵상하며 신앙 안에 거했다. 하루에도 몇 시간씩 성경을 읽었다.

그리고 어느 날 나에게 이렇게 말했다.

"아빠, 다른 사람만 제자 삼지 말고 나를 아빠의 갑절로 제자 삼아 주세요."

그 말이 주님의 음성으로 다가왔다.

단지 자녀를 교회에 보내는 것으로 만족하지 말아야 했다.

아들은 나와 함께 성경공부를 하며 신앙의 뿌리를 깊이 내렸다. 그래서 우리는 아들을 '충일'이라 불렀다. 성령 충만한 일등, 그 이름이 아들의 별명이 되어갔다.

그렇게 아들의 회복은 기도와 말씀의 자리에서부터 시작되었다. 하나님의 말씀 앞에 무릎 꿇고, 그 말씀으로 자신을 새롭게 하며, 인생의 방향과 사명을 받아들이는 과정. 그 모든 순간마다, 하나님은 우리가 함께 말씀 앞에 서도록 이끌어주셨다.

아들의 회복은 단지 한 사람의 변화가 아니었다. 그의 무너진 믿음이 다시 세워지고 말씀과 기도로 다시 일어난 그 모든 여정은 우리 가정 전체에 하나님의 살아 계심을 새롭게 증거하는 시간이기도 했다.

하나님은 아들을 다시 붙드심으로 그를 통해 우리가 믿는 복음이 얼마나 실제적이고 능력 있는지를 보여주셨다. 그 회복의 은혜는 내가 오래전부터 품어온 또 하나의 기도의 제목을 향해 나아가고 있었다.

하나님은 여전히 일하고 계셨고, 그분의 손길은 우리의 가정을 더 깊은 은혜로 이끌고 계셨다.

제5장

죽음의 문턱, 하늘이 열리다

아들의 영적 회복과 인도하심을 보며 나는 비로소 하나님의 일하심이 얼마나 크고 세밀한지를 다시금 느끼게 되었다. 그러나 사실, 아들의 회복을 위해 인내하며 기도할 수 있었던 것은, 그보다 먼저 내게 깊은 감격을 안겨준 사건이 있었기 때문이다.

삶의 끝이라 여겨졌던 그 순간, 인간의 모든 계산이 멈춰버린 그 지점에서 하늘이 열린 사건이 있었다.

죽음 앞에 선 생명은 되살아났고, 절망 앞에 선 우리 가정에는 하늘의 손길이 임했다. 그 누구도 예상하지 못했던 기적, 그 누구도 대신할 수 없는 주님의 일하심이 우리의 기도에 응답하시는 그분의 사랑으로 드러났다.

예수님을 믿은 후, 내 마음 깊은 곳에 간절한 기도 제목 하나가 생겼다. 바로, 5남매의 장녀로서 자신의 삶을 희생하며 고단한 인생을 감당해 온 누나의 영혼 구원이었다.

누나는 부모님의 이혼 후, 네 명의 동생들을 위해 자신의 진로와 삶을 희생한 사람이었다. 대학도 포기했고, 청춘도 내려놓은 채 장녀로서의 책임을 짊어진 누나는, 누구보다 강해 보였지만 내 눈에는 늘 외롭고 지친 사람으로 보였다.

나는 누나가 내가 만난 예수님을 알게 되어 진정한 위로와 쉼을 얻기를 간절히 바랐다. 그래서 명절이나 가족 모임으로 인천에 있는 누나를 찾아갈 때마다 복음을 전하려 애썼다. 하지만 누나의 마음은 쉽게 열리지 않았다. 기독교에 대한 부정적인 인식, '착하게 살면 그만'이라는 자기 의로 인해 마음의 문을 열지 않았다. 오히려 세상의 방식으로 위안을 찾고자 애썼다.

나중에 누나는 예수님을 믿게 된 후, 사랑의교회에서 세례받기 위해 대표로 간증할 때 그 당시의 마음 상태를 이렇게 이야기했다.

> 인천의 내로라하는 집으로 시집을 갔던 저는 시댁 덕분에 부자 소리를 듣고 있었기 때문에 평생 먹고 사는 것은 걱정이 없을 것 같았습니다.
> 그러나 저는 기쁨과 만족이 없었고, 늘 불행하다고 느꼈습니다. 고통스럽던 어린 시절의 기억과 가장 노릇을 하느라 잃어버린 나의 꿈, 그리고 원하지 않았던 결혼 생활의 고통이 한꺼번에 밀려와 깊은 회의와 원망을 불러일으켰고, 우울증과 불면증에 언제나 시달려야 했습니다.
> 그러면서도 알뜰하고 남을 위해서는 아낄 줄 모르는 착한 사람이라고 주위 사람들로부터 칭찬을 듣고 있었기에 저는 인간적으로 꽤 괜찮은 사람인 줄 착각하고 살았습니다.
> 그러나 불행했던 과거를 보상이라도 받으려는 듯이 방황의 길로 한번 들어선 저의 삶은 마치 언덕을 굴러 내리는 바위같이 걷잡을 수 없었습니다.
> '술 마시고 노래하고 춤을 춰 봐도 가슴에는 하나 가득 슬픔뿐이네'라는 어느 가수의 노래처럼 하루하루를 보냈습니다.

매형이 사기를 당하게 되자 길고도 고통스러운 7년간의 소송이 시작되었다. 그 시간 동안 나는 더욱 눈물로 기도했고, 하나님께서 이 고난을 통해 누나를 주님께로 이끄실 것이라 믿고 소망했다.

그러나 내 기대와는 다르게, 누나는 점점 더 하나님과 멀어져만 갔다. 무당을 찾아 굿을 하고, 절에 가서 시주를 드리고, 박수를 정기적으로 찾아다녔다. 누나의 영혼은 점점 더 캄캄한 어둠 속으로 빠져들고 있었다.

그러던 어느 날 밤늦게, 누나가 술에 취해 전화를 걸어왔다. 전화 속 목소리가 평상시와 달랐고, 생각을 통해 말씀하시는 주님의 음성이 들려왔다.

"누나를 찾아가서 만나라."

그 음성을 놓쳤더라면, 망설였더라면, 어쩌면 영원히 누나를 잃었을지도 모른다.

다음 날인 1998년 10월 25일 주일, 아침 일찍 예배를 드린 뒤 나는 혼자 인천에 있는 누나 집을 찾아갔다. 그날, 나는 밑바닥까지 무너져버린 한 영혼과 마주했다.

후에 누나는 세례를 받으며 간증을 통해 그날의 심정을 이렇게 고백했다.

> 남편이 부하 직원의 권유로 낯선 사업에 뛰어들었다가 사기를 당하고 말았습니다.
>
> 억울하고 분한 생각에 냉정히 생각해 볼 겨를도 없이 사기꾼 잡으랴, 재판하랴 하다 보니 빚은 눈덩이처럼 불어나 몇십억의 부채를 안고 점점 나락으로 떨어져 갔습니다.
>
> 빚으로 이자를 막으면서 7년의 세월을 버티었습니다.
>
> 평생 먹고 살 걱정 없을 정도로 많았던 땅은 갑작스럽게 찾아온

IMF 여파로 인해 다 넘어갔고, 아파트도 두 채 잃었고, 23년간의 남편 퇴직금도 다 날렸습니다.

저는 매일매일 이자 날짜 맞추느라 정신이 반쯤 나간 여자처럼 살았습니다.

체면과 자존심 유지에 온 힘을 기울이며 지내던 저에게 결국 한계 상황이 왔습니다.

극한 상황까지 몰린 저는 급기야 무당을 찾아가 굿도 하고, 절에 찾아가 시주도 하고, 박수를 정기적으로 방문하는 단골이 되었습니다.

그러나 상황은 더욱 악화되었고, 급기야 세상에 대한 처절한 분노와 원망으로 미쳐버린 저는 자살을 계획하고, 혹시 살아날 치욕의 순간을 걱정하며 2차 자살 준비까지 철저히 마쳤습니다.

10월 25일, 주일이었습니다.

제 마음은 차디차게 식었고, 영혼은 이미 죽은 것이나 다름없어서 분노로 타버린 나무토막 같았습니다.

그날 셋째 동생이 이런 상황을 눈치채고 저에게 달려왔습니다.

그날, 나는 7시간 동안 누나의 이야기를 들어주었다. 마음속으로는 계속 기도를 드렸다.

"주님, 누나의 마음을 만져주시고, 무엇을 어떻게 말해야 할지 인도해 주소서."

하나님께서 누나의 마음문을 만지시는 것 같아 누나에게 말하였다.

"이제 누나가 할 수 있는 방법은 다 해보았으니, 마지막으로 내가 믿는 하나님께 모든 것을 맡겨보자. 하나님께서 길을 열어주실 거야."

그리고 누나를 위해 눈물로 기도하기 시작했다. 성령께서 강력하게 역사하시는 것이 느껴졌다. 누나는 그날의 경험을 이렇게 기록했다.

동생이 저를 붙잡고 오랫동안 눈물로 기도하며, 하나님 아버지를 부르며 간구하는 순간 제 어깨 위에서 가슴으로 뜨거운 기운이 한 줄기 바르게 통과하는 것을 느꼈습니다.

동생과 부둥켜안고 통곡하며 회개의 눈물 흘리기를 몇 시간, 이상하리만치 기쁨과 평안이 가득 차오름을 느꼈습니다. 주님을 향한 사모의 마음이 조그맣게나마 타오르며, 이때까지 전혀 알지 못했던 세계로 들어서고 있었습니다.

동생이 그날부터 열심히 가져다주는 옥한흠 목사님의 설교 테이프를 듣고, 성경을 읽고, 신앙서적을 읽어가는 동안 저는 변하기 시작했습니다.

전혀 보이지 않던 길도 보였습니다.

살아 계셔서 역사하시는 하나님 아버지께서 제 눈을 뜨게 하셨고, 귀를 열어 듣게 하셨으며, 부활의 영광과 십자가의 사랑도 알게 해주셨습니다. 그 사랑이 너무 커 '나 같은 죄인 살리신 주 은혜 놀라워' 하면서 혼자서 울고, 춤추며 찬송하기도 했습니다.

한때 한 치 앞도 보이지 않는 어둠 속에서 방황했던 누나는, 이제는 자신이 받은 은혜를 나누고, 누군가의 짐을 대신 짊어지는 믿음과 사랑의 사람이 되었다.

하나님은 절망 가운데서도 구원의 때를 예비하고 계셨고, 우리는 그날을 미리 알 수 없었지만 눈물로 기도하는 자의 간구는 결코 헛되지 않음을 깊이 깨닫게 되었다.

그날은 단순히 누나가 회심한 기적의 날이 아니었다. 그것은 하나님께서 오래전부터 준비하신 은혜의 완성이었고, 모든 것을 합력하여 선을 이루시는 하나님의 사랑이 드러난 날이었다.

그 이후 하나님께서는 누나와 관계되어 있던 재정적인 어려움까지도 놀라운 방법으로 해결해 주셨다.

그 당시 누나는 많은 토지를 가지고 있었지만, 소송 비용을 감당할 현금이 부족했다. 나는 매형의 부탁으로 보증을 서주거나 대출을 받아 누나를 도왔다.

그러나 그 당시 전혀 예상치 못했던 IMF 사태로 인해 부동산 거래가 중단되고, 누나의 땅은 헐값에 팔릴 수밖에 없었다. 이자율까지 급등하면서 상황은 더 이상 감당할 수 없을 만큼 어려워졌다. 내가 보증을 서고 대출받은 큰 액수의 돈은 은행에 갚아야 할 빚으로 떠넘김을 받게 되었다.

당시 나는 은행에서 대여해 준 전세자금으로 살아가고 있었고, 외벌이 월급으로는 높은 이자율을 감당하지 못하는 극심한 재정적 압박을 받게 되었다.

그러던 어느 날, 고린도후서 말씀을 묵상하던 중 바울의 고백이 내 눈에 들어왔다.

"내가 너희 영혼을 위하여 크게 기뻐하므로 재물을 사용하고 또 내 자신까지도 내어주리니 너희를 더욱 사랑할수록 나는 사랑을 덜 받겠느냐"(고린도후서 12:15).

말씀이 마음 깊숙이 파고들었다. 마치 하나님께서 직접 내게 말씀하시는 듯했다. 그 순간, 나는 '천하보다 귀한 한 영혼'을 하나님께 인도하는 일이야말로 어떤 재물보다도 귀하고 영원한 가치가 있는 일임을 깨닫고, 큰 위로를 받았다.

누나에게 복음을 전할 때 나는 이렇게 말했다.

"그 돈을 누나 대신 내가 갚아나갈 테니, 누나가 예수님만 믿으면 나는 더 바랄 것이 없어."

동생들에게 젊음과 꿈을 바쳤던 누나는 나의 그 말을 듣고, 죽으려고 했던 마음을 돌이킨 듯했다. 누나 대신 갚아야 할 돈은 그 당시 내게는 감당하기 어려운 큰 금액이었지만, 하나님께서 결코 나를 망하게 하지 않으실 것이라고 생각했다.

그러나 현실은 여전히 쉽지 않았고, 해결의 실마리는 보이지 않았다. 이자 부담을 줄이기 위해 원금을 갚는 것이 가장 확실한 방법이었지만, 그 거액을 감당할 길이 도무지 없었다. 주위를 둘러보아도 도움을 받을 만한 사람은 없었다.

IMF의 여파로 모두가 어렵던 시기였다. 그 상황에서도 몇천만 원은 갚았지만, 아직도 6천만 원이라는 거액의 빚이 남아 있었다.

하루하루 빚에 눌리며 살아가던 어느 날, BBB 성경공부모임에서 알게 된 R 형제님에게서 연락을 받았다. 만남 자리에서 그는 뜻밖에도 6천만 원이 든 봉투를 건넸고, 이는 내가 갚아야 했던 정확한 금액이었다. 그리고 그 금액은 누구에게도 알리지 않았던 액수였다.

그 형제님은 이 돈은 자기 것이 아닌, 이름을 밝히지 않은 누군가가 하나님께 받은 마음으로 나에게 전달해 달라고 해서 주는 것이라고 했다. 내가 감사의 마음을 전하며 원금을 매달 나누어 갚겠다고 하자, 그분이 원금을 갚을 필요도 없다고 말했다고 했다.

그날, 나는 단번에 6천만 원의 모든 빚을 청산했고, 빚에서 완전히 해방되었다.

정말 '하늘에서 돈이 떨어졌다'는 표현이 그렇게 실감난 날이 또 있을까. 아내와 나는 그날 밤 눈물로 감사의 기도를 드렸다. 너무도 비현실적인 일이 눈앞에서 일어났기에, 며칠 동안은 꿈을 꾸는 것만 같았다. 그 누구도 이 일을 설명할 수 없었다.

단 한 번의 도움도 청하지 않았고, 단 한마디의 하소연도 없이, 하나님께서 직접 들으시고 응답하신 사건이었다.

정말, 우리의 작은 신음에도 응답하시는 분.

하늘의 창고에서 모든 것을 공급하시는 분.

그분이 아니고서는 이 일을 설명할 수가 없었다.

이 모든 일은 하나님의 완벽한 계획 아래에서 이루어진 것이었다. 그분은 나의 불안과 두려움을 넘어서는 하늘의 은총을 베풀어주셨다. 내가 단지 '한 영혼'을 위해 손해를 감수했을 때, 하나님은 그 무엇보다 놀라운 방법으로 나를 돌보아주셨다.

그리고 누나 한 사람을 통해 딸 둘이 하나님 품으로 나아오게 되었고, 우리 가족 안에 구원의 역사를 한 걸음 한 걸음 이루어가셨다.

이제 나는 안다. 기도는 현실을 바꾸는 능력이며, 하나님은 지금도 살아 계셔서 우리의 삶 가운데 역사하신다는 것을.

절망의 끝에서 만나는 하나님은, 언제나 예상보다 더 선하시고 더 놀라우신 분이시라는 것을.

제6장

새롭게 울고, 새롭게 웃다

    사랑하는 아들이 대학 3학년 여름에 IVF 대학생 수련회에 참석하고 있었다. 그때 아들에게서 한 통의 문자가 왔다.

    아빠, 하나님 영광이 얼마나 아름다운지 경험했어요!

    그 순간을, 나는 잊을 수 없다.
    그 무렵 아들은 빠른 속도로 진행되는 근육병으로 인해 더 이상 똑바로 누워서 잘 수 없었고, 매일 밤 앉은 채로 잠을 자야만 했다. 그러나 아들이 가장 힘든 때에 하나님은 바로 그 절망의 밤을 밝히시는 영광의 빛으로 아들을 만나 주셨다.
    하나님의 영광을 본 후 아들은 기쁨의 생수의 강이 넘쳐흐르고, 하루에 3시간 이상 기도하며 넉넉히 이겨낼 힘이 하늘로부터 부어졌다.
    그리고 얼마 후, 마침 아들의 생일이었던 9월 11일, 옥한흠 목사님의 책 《안아주심》 독후감 공모전에서 아들은 우수상을 수상하게 되었다. 그것은 하나님께서 선물로 주신 또 하나의 위로였다.
    이 장에서는 22살 때 아들이 쓴 독후감을 원문 그대로 담고자 한다.

제목: 아버지 품에 안겨 새롭게 울고 새롭게 웃다

"영원하신 하나님이 네 처소가 되시니 그의 영원하신 팔이 네 아래에 있도다"(신 33:27).

옥한흠 목사님의 《안아주심》이라는 책의 제목을 보는 순간, 언젠가 목사님이 설교하셨던 '안아주심'을 들으며 받았던 은혜들이 다시 떠올랐다. 책을 읽는 동안 그 은혜들은 다시 새로운 위로와 감격이 되어 밀물처럼 내게 밀려왔다. 그것은 나를 안아주시는 하나님 아버지의 품 안에서 그 영원하신 팔로 내 눈물을 닦아주시는 위로와, 내 영혼 깊은 곳에서 솟아나는 기쁨을 주시는 감격이었다.

나는 '진행성 근이영양증'이라는 불치병을 앓고 있다. 쉽게 말하면, 온몸의 근육이 점점 힘을 잃고 굳어가는 병이다. 이 병은 스물두 해의 내 삶에서 참으로 많은 것들을 빼앗아 가고 있다.

이 병으로 인해 초등학교 4학년 무렵에는 완전히 걸을 수 없게 되었고, 혼자서는 아무것도 할 수 없는 1급 지체장애인이라는 수식어가 붙게 되었다. 그뿐 아니라 호흡 상태는 또래의 절반에도 미치지 못해서 최악의 경우, 호흡 근육마비로 인해 어느 날 갑자기 세상을 떠나게 될 수도 있다. 더욱이 조금이나마 나아질 거라는 기대조차 할 수 없다는 것이 나에게는 가장 큰 두려움이고 절망이다.

나의 가족들과 나를 알고 있는 수많은 사람들의 눈물의 기도에도 불구하고 내 병은 점점 악화되어만 간다. 날이 갈수록 약해져만 가는 몸을 가누며 살아가자면, 하루에도 셀 수 없는 아픔과 슬픔과 절망으로 인해 살아갈 소망마저 사그라진다.

그러나 이 병이 빼앗아가지 못하는 것이 하나가 있다. 그것은 바로 우리 하나님 아버지의 공평하심과 선하심을 붙잡는 믿음이다. 고통당한 자들만이 볼 수 있는 우리 주님의 얼굴을 나는 보았다.

고통 속에서 절망의 눈물을 흘릴 때, 문득 눈을 들면 나를 주목하시는 우리 주님의 눈을 볼 수가 있다. 십자가에 달리신 채로, 그 눈에는 눈물이 가득하시다.

"내 아들아, 나도 네가 당하는 고통이 얼마나 큰지 잘 알고 있단다. 나도 너와 함께 울고 있단다. 네가 고통당할 때면, 나는 창자가 끊어지는 고통을 겪는단다."

아, 그때 나는 '새롭게 우는 법'을 터득하였다. 나와 함께 고통당하시는 우리 주님과 함께 우는 법을….

도저히 우리 하나님 아버지의 공평하심과 선하심을 찬양할 수 없을 때조차도, 흐느낌으로 믿음의 찬양을 올려드릴 때면 나는 또 새롭게 눈물을 흘린다. 나는 그렇게 상한 갈대처럼 꺾이고, 꺼져 가는 심지처럼 위태롭게 살아가면서도 우리 주님과 함께 우는 법을 터득했다.

더욱 놀라운 은혜는 나의 하나님이 내 모든 절망과 고난까지도 선으로 바꾸시는 분이시라는 것을 깨달은 것이다. 이제까지는 내가 누릴 수 있는 은혜가 이것이 전부인 줄 알았다. 그저 우리 주님과 함께 우는 것으로 위로 삼는 것만으로도 감사할 수 있었다. 그러나 합력하여 선을 이루시는 하나님은 내 삶에 찾아오셔서 더 큰 은혜를 채워주시고 계셨고, 가장 선한 것을 이루어가시고 계셨다.

나는 몇 달이 지난 오늘까지도 앉아서 자고 있다. 어느덧 내 병은 누워서 잘 수 없을 만큼 진행되어 버린 것이다. 사람이 낮 동안에는 고통 가운데 시달릴지라도 잠자리에 눕게 되면 이 모든 고통을 잠시 잊고 쉴 수 있지만, 나는 이런 편안한 잠조차 누릴 수 없다. 잠자리에 들어야 하는 시간이 다가올수록 나는 두려워하고 절망해야만 했다. 더 이상은 이 고통과 싸우는 치열한 삶을 감당할 수가 없을 지경이 되었다.

그럴 때 하나님은 믿음의 끈을 붙잡을 수 있는 은혜를 주셨다. 그 은혜로 인하여 인내하면서 달려갔을 때, 내 안에 가득한 절망과 두려움보다 더 큰 성령님의 능력으로 달음박질할 수 있는 힘을 얻었다. 날마다, 날마다….

그리고 마침내 하나님은 병이 빼앗아간 것을 대신해 가장 좋은 것을 내게 주셨다. 고통당한 자들만이 볼 수 있는 우리 주님의 얼굴을 나는 보았다.

나의 영혼의 눈이 열려 하나님의 아름답고 찬란한 영광을 보게 되었다. 이토록 아름다운 영광의 하나님이 영원하신 팔로 나를 안아주고 계셨다. 그렇게 상한 갈대처럼 꺾이고, 꺼져 가는 심지처럼 위태롭던 나는 다시 세워지고, 타오를 수 있게 된 것이다.

이 순간 내가 흘렸던 모든 절망의 눈물은 완전한 기쁨과 평안으로 바뀌어 버렸다.

"내 아들아, 수고했다! 수고했어!"

우리 하나님 아버지는 내가 흘린 눈물의 수고를 기억하시고 나를 항상 안아주고 계셨다.

아, 그때 나는 '새롭게 웃는 법'을 터득하였다. 내 영혼 깊은 곳에서 솟아나는 하늘의 기쁨과 감당할 수 없는 십자가의 사랑이 내 삶을 살아가게 하는 원천이 되었다.

나는 여전히 앉아서 잔다. 하지만 오늘도 나는 아버지의 영원하신 팔에 안겨 웃을 수 있다. 놀라운 또 하나의 은혜는 이 기쁨이 끝이 아니고 시작에 불과하다는 것이다.

내 주위의 많은 사람들 역시 그들 나름의 크고 작은 고통을 안고 살아가고 있다. 나는 이들에게 결코 세상이 줄 수 없고 오직 주님만이 주실 수 있는 기쁨을 나누어 주는 삶을 살고 싶다.

이 기쁨을 나누면 나눌수록 아버지가 주시는 더 큰 기쁨을 누리게 될 것을 확신한다. 그리하여 나는 이들의 손을 잡고 함께 우리 하나님 아버지 품에 안겨 하나님 나라와 의를 위해 기쁨과 감사함으로 인내하며 달려갈 것이다.

비록 지금은 내 육신의 연약함으로 인해 내 몸이 온전치 않고 불편할지라도 내 생이 다하는 그날, 내가 저 천성의 '열두 진주문'을 지나 우리 하나님 아버지의 영광을 온전히 보며 기쁨으로 뛰노는 모습을 바라볼 때, 내 남은 삶을 하나님의 영광을 위해 온전히 불태울 수 있으리라.

아들의 독후감은 아들의 삶 그 자체였다. 눈물로 시작되어 찬양으로 끝나는, 절망 속에 핀 소망의 고백이었다.

"나는 여전히 앉아서 잔다. 하지만 오늘도 나는 아버지의 영원하신 팔에 안겨 웃을 수 있다."

이 문장 속에는 고통 가운데서도 기쁨을 잃지 않는 믿음의 비밀이 담겨 있다. 하나님은 아들의 무너져가는 육체 위에 자기 영광을 덧입히셨고, 세상이 줄 수 없는 하늘의 위로로 그의 심령을 새롭게 하셨다.

우리 가족은 그 글을 읽으며 함께 울고, 함께 웃었다. 그 기쁨은 고통의 시간이 헛되지 않았음을, 하나님의 선하신 손이 이 모든 여정을 여전히 붙들고 계심을 확신하게 했다. 사람들은 아들의 병을 보며 우리 가정이 불행하다 여겼지만, 우리는 그 고난 속에서 고난

당한 자만이 누릴 수 있는 하나님의 영광을 보았고, 오히려 더 부요한 삶을 누리고 있음을 깨달았다.

그날 이후, 아들은 자신이 받은 은혜를 이웃과 나누기 시작했다. 기쁨을 나눌수록 하나님이 더 큰 기쁨을 부어주신다는 믿음으로, 연약한 몸으로도 사람들의 손을 잡고 위로하고 격려하며, 다시 일으키는 일을 감당했다. 아들은 어느새, 눈물로 흘렸던 고백 위에 소망의 발걸음을 내딛고 있었던 것이다.

2008년에는 모 일간지에 '장애를 이긴 사람들' 편에 아들의 삶이 소개가 되기도 했다.

그렇게 아들의 영혼은 날마다 은혜의 길을 걷고 있었다. 육신의 움직임은 한계가 있어서 꼼짝없이 앉아 있지만, 그의 믿음의 발걸음은 일어나 다시 달리고 있었다. 눈에 보이는 발걸음은 멈췄을지라도, 소망의 길을 걷는 발걸음은 계속되고 있었던 것이다.

제7장
소망의 발걸음, 다시 걷다

사랑하는 아들이 수학을 복수 전공하며 긴 여정을 달려온 대학생활 6년. 졸업을 앞두고, 나와 함께 또 다른 기도의 문을 두드리기 시작했다.

아들은 오랜 시간 꿈꾸어 왔던 생명정보학, 그중에서도 인간 유전자 연구를 계속 이어가고 싶어 했다. 그러나 현실은 녹록지 않았다. 지방 소재 대학으로의 진학은 거동이 불편한 아들에게 불가능했고, 서울권 대학 가운데서는 아들이 원하는 분야를 연구하는 적합한 연구실을 찾는 것이 쉽지 않았다.

결정을 더 이상 미룰 수 없는 시점, 우리는 끝내 적합한 연구실을 찾지 못한 채 막다른 길목에 서게 되었다. 그때 아들과 나는 기도 속에서 주님의 손을 의지하며, 대안으로 한 교수님께 메일을 보내기로 했다. 서울대 미생물학 전공의 교수님. 그분께 아들의 상황과 열정, 그리고 연구에 대한 진심을 담아 보냈다. 감사하게도 교수님은 우리에게 "한번 만나보자"는 메일을 보내오셨다.

나는 아들과 함께 교수님을 찾아 뵈었다. 교수님은 아들의 이야기를 진지하게 들은 후, "나는 적합하지 않은 것 같지만, 얼마 전 미국에서 오신 백 교수님이 인간 유전자 연구를 시작하셨다"라고 하시며 흔쾌히 백대현 교수님을 연결해 주셨다.

그 만남은 하나님의 인도하심이었다. 백대현 교수님은 아들을 첫 학생으로 받아주겠다고 하시며, 졸업 전이라도 미리 연구실에 오라고 문을 열어주셨다. 더 놀라운 일은 아들이 입학한 후, 전동휠체어를 타고 다니는 아들의 출입을 편하게 하기 위해 학교 측에 요청해서 연구실 출입문을 자동문으로 바꿔주신 일이었다.

아들은 백대현 교수님과 그 연구실에 너무 만족해했다. 아니, 300% 만족한다고 했다. 아들은 매일같이 교수님을 위해 기도했고, 섬세하게 사랑의 마음으로 베푸신 교수님의 깊은 배려 속에서 하나님의 손길을 느꼈다.

아들이 그 후 6개월간 병원에 입원했을 때도, 요양을 위해 집으로 돌아왔을 때도, 교수님은 몇 번이나 아들을 직접 찾아와 격려해 주셨다. "건강이 회복되면 언제든지 다시 함께 연구하자"라며 변함없이 아들에 대한 신뢰와 사랑을 보여주심으로 우리를 감동하게 하셨다.

아들은 대학원까지 다닐 수 있도록 특별한 보살핌으로 함께해 준 부모에게 늘 고마움과 미안함을 품고 있었던 것 같다.

졸업을 앞둔 어버이날, 아들은 나와 아내에게 마음을 전하는 감동적인 편지를 써주었다. 그 당시엔 그 편지가 마지막이 될 줄 몰랐지만, 지금 돌아보니 그것은 아들이 아내와 나에게 남긴 가장 따뜻하고도 깊은 작별 인사였다.

아들은 고통 가운데서도 부모의 사랑을 기억했고, 그 사랑을 믿음으로 돌려주었다. 그 편지는 하나님께로 가는 길목에서 남긴, 진심 어린 고백이었다. 또한 아들의 마음속에 담겨 있던 깊은 사랑과 믿음, 그리고 부모에 대한 고백이 담긴, 하나님의 선물이었다.

아버지께.

제대로 표현하지 못했던 감사를 표현하고 싶어 편지를 몇 자 적어봅니다. 제가 아직 서투르고 미숙하여 다 표현하지 못해도 저의 진심은 남김없이 전달되기를 바랍니다. 감사와 사랑이 다 전달되기를 바랍니다.

저를 위한 아버지의 수고를 늦게 알게 되어 정말 죄송합니다.

우리 가족을 먹여살리기 위해 일터에서 수고하시는 것을 이제는 조금은 알게 되었습니다. 또한 저를 위한 수고도 이제는 압니다. 가장 먼저 저의 병을 알게 되어 아버지께서 얼마나 어머니와 함께 힘들어하셨을지 이제는 압니다. 아들을 하나님 앞에 내려놓기까지 긴 시간 기도의 싸움을 하셨다는 것을 이제는 압니다.

또한 오랫동안 방황하고 있던 저를 기도로 기다리시느라 정말 고생하셨지요? 지금의 저, 아직도 많이 부족하지만 많이 성숙했다고 아버지의 과찬을 받는 저로 자라나기까지 저를 위해 많은 기도해 주셔서 정말 감사합니다.

제가 신앙에 있어서 그나마 지금까지 신앙을 지켜나가며 하나님을 향한 간절함을 놓치지 않은 데에는 아버지의 역할 역시 정말 컸습니다. 어머니를 통해 하나님의 사랑을 알았다면, 아버지를 통해 신앙을 어떻게 삶으로 만들어갈 수 있는지를 배웠습니다. 아버지의 모범이 아니었다면 신앙이라는 이상이 현실이 될 수 있다는 사실을 놓쳤을지도 모릅니다. 정말 감사합니다. 그리고 이제는 아버지를 통해 하나님의 사랑 역시 배워갑니다. 저로 인해 밤잠을 깊이 들지 못하시면서도 힘든 내색 않으시는 아버지, 정말 죄송하고 감사합니다.

아버지께 이제 편해져서 너무 많은 요구를 제가 하는데도 지치지 않고 수고하시니 정말 감사합니다. 정말 제게 이런 부모님, 존경스러운 부모님이 없었다면, 이 힘한 세상에서 고난 앞에 지고 말았을지도 모릅니다. 정말 감사합니다.

제가 계속해서 신앙적으로 성숙해 가는 모습을 통해 아버지, 그리고 어머니의 은혜에 보답하고 싶습니다. 제 나름의 작은 배려와 특별히 기도로 은혜에 보답하고 싶습니다. 다 표현 못했지만 정말 죄송하고 감사하고 사랑합니다. 아버지, 사랑합니다."

어머니께.

항상 우리 가족을 위해 가장 많은 수고를 하시는 어머니께 늘 감사하는 마음이 있었습니다. 비록 쑥스러워 자주 표현하지는 못했지만, 이렇게나마 편지를 통해 조금 표현하려 합니다. 표현이 서투르고 미숙하지만 마음만은 전달되길 바랍니다.

철없던 어린 시절에는 어머니의 수고를 왜 깨닫지 못했는지 죄송스럽습니다. 특별히 저로 인해 힘에 부치도록 수고하셨음을 이제는 조금은 알게 되었습니다. 저를 돌보며, 또 아픈 아들의 상처들을 들어주며 속으로 울던 눈물을, 얕은 자녀의 마음으로 감히 다 알 수는 없겠지만 이제는 조금은 알게 되었습니다.

어머니는 늘 제게 최고의 사랑으로 넘치도록 부어주셨습니다. 어머니의 수고는 늘 제가 바라고 기대하는 것 이상이었습니다. 제가 이렇게까지 사랑받아도 되는가 싶을 만큼…. 저는 그 속에서 하나님의 사랑을 배웠습니다. 값없이 주는 은혜를 배웠습니다. 정말 감사합니다.

저를 위한 어머니의 기도도 잊지 못할 것입니다. 저를 위한 기도를 직접 들은 적은 없지만, 어머니께서 정말 저를 위해 많은 시간 무릎 꿇으셨다는 것을 압니다. 어머니의 기도는 제가 이렇게 지금껏 단 한 번도 무시당하지 않고 정말 좋은 사람만 만날 수 있게 했으며, 정말 너무 힘들어서 방황하며 눈물 흘리던 때에도 다시 제자리로 돌아오게 했습니다.

어린 시절 오랫동안 방황했던 저를 인내하며 기도로 품어주신 어머니가 없으셨다면, 지금의 저 역시도 없었을 것입니다. 정말 감사합니다.

이제는 저도 어머니를 섬기고 싶습니다. 지금까지 저를 위해 사셨으니 이제는 어머니를 위해 사실 수 있도록 부족하나마 배려해 드리고 싶습니다. 어머니께서 신앙의 전환점이라 여길 만큼 소중해하는 순장사역을 편하게 하시도록 배려하지 못했다는 점이 정말 죄송했습니다.

이제는 어머니의 괜찮다는 말씀도 한 번 더 생각하여 어머니를 배려하는 아들이 되고 싶습니다. 무엇보다 어머니의 기도를 그대로 제가 갚아드리고 싶습니다. 제가 할 수 있는 큰 일이 기도임을 잘 알기 때문입니다. 정말 감사합니다. 정말 죄송합니다. 정말 사랑합니다.

어머니, 사랑합니다.

사랑하는 아들의 고백 같은 편지를 읽었을 때, 아내와 나는 아무 말도 할 수 없었다. 말로 표현할 수 없는 감동이 가슴 깊이 밀려왔고, 뜨거운 눈물이 볼을 타고 내렸다.

아버지로서, 엄마로서 그저 품고 견뎌낸 시간들이 결코 헛되지 않았다는 것을 느끼게 해준, 하나님의 선물 같은 순간이었다. 그 편지엔, 아직도 그리움에 목이 메는 아들의 진심이 가득 담겨 있어서 사랑하는 아들이 보고 싶을 때면 꺼내 보며 눈물짓곤 한다.

이 마지막 편지는 단순한 기록이 아니라, 아들이 삶으로 드린 고백이자 사랑의 유서가 되었다. 우리는 이제야 이 편지가 단지 어버이날의 인사가 아니라, 하늘나라로 떠나는 아들이 남긴 마지막 감사의 고백이었음을 알게 되었다.

그러나 아들의 이야기가 우리 가정의 전부는 아니었다. 보이지 않는 곳에서 조용히 자신의 몫을 감당해 온 또 하나의 믿음의 열매, 바로 사랑하는 딸의 이야기가 있었다.

어릴 적부터 오빠의 장애가 사랑하는 딸에게는 일상이었다. 부모의 사랑과 관심을 받아야 되는 가장 중요한 고3 시절에도 기숙사에서 생활해야만 했다. 오빠가 다니던 대학 근처 마장동으로 이사하게 되면서 학교까지의 거리가 너무 멀어졌기 때문이었다.

이렇듯 우리 가족의 삶과 돌봄의 중심이 늘 오빠에게 집중되어 있었지만, 딸은 단 한 번도 원망하거나 서운해하지 않았다. 오히려 오빠를 향한 애정과 무한한 신뢰로 오빠를 감싸 안았고, 그 마음의 중심에는 하나님을 향한 깊고 단단한 믿음이 자리잡고 있었다.

고등학교 2학년 어느 날, 우연히 딸의 책상 위에서 보게 된 큐티 노트에는 이렇게 적혀 있었다.

> 하나님 잘 믿는 사람에게도 고통과 아픔과 시련은 온다.
> 내가 믿는 하나님은 분명 자비로운 하나님이신데 나에게 어떤 슬픔이 있나?
> 오빠가 아프다. 그래서 힘들다. 그러나 하나님을 원망하진 않는다.
> 하나님은 그래도 아직 오빠를 데려가지 않으셨다.
> 난 그것만으로 감사하다.
> 주실 수도, 가져가실 수도 있는 하나님이시니까….

근데 하나님. 하나만 들어주세요.
혹시 만약에 우리 착한 오빠 정말 데려가셔야 한다면…날 데려가주세요. 오빠 대신 나를요.
우리 오빤 할 일이 참 많습니다. 하나님 어쨌든 저는 원망 안 해요. 다 주님 뜻이에요.

나는 이 글을 처음 읽게 되었을 때 눈물이 쏟아졌고 멈출 수가 없었다. 혹시나 오빠로 인해 딸의 마음이 힘들지 않았을까 늘 염려하며 기도해 왔는데, 그 마음 한편에서 이미 부모도 알지 못한 깊은 믿음이 자라고 있었던 것이다.

하나님은 아들만 직접 돌보시고 인도하신 것이 아니셨다. 딸의 아픔, 딸의 믿음도 하나하나 기억하시고, 친히 돌보고 계셨다. 그리고 그 응답으로, 하나님은 딸에게 가장 선한 길로 인도하시며 대학 입시의 열매를 허락하셨다.

딸은 고등학교 3학년인 10월 6일, 기숙사 생활을 하면서 나에게 이렇게 문자를 보냈다.

공부하기 전에 잠언 한 장씩 읽고 있는데, 말씀이 눈에 팍팍 들어오네.
나 요즘 완전 충만이야.

그리고 기도하며 준비한 그 길 끝에서, 딸은 마음 깊이 소망하던 학교와 전공에 합격하는 기쁨을 누리게 되었다. 그것은 단순히 합격의 기쁨만이 아니었다. 더 큰 기쁨은 하나님께서 함께하시고, 그 기도를 들으셨다는 분명한 증거를 보았기 때문이었다.

사랑하는 딸은 국립 중고등학교에서 해금을 전공하며 국악의 길을 걸어왔지만, 두 번의 입시 실패를 통해 자신이 진정으로 원하는 것은 '퓨전 국악'이라는 것을 깨닫게 되었다.

그리고 모든 문이 닫힌 것처럼 보이던 그때, 하나님께서는 국악 퓨전 음악의 권위자인 K 교수님과의 기적 같은 만남의 문을 열어주셨고, 교수님의 인도로 한 달 만에 경희대 포스트모던 음악학과 해금 전공으로 수시에 합격하는 '역전의 은혜'를 누리게 되었다.

그 과정 가운데 하나님은 영어를 집중적으로 배우게 하셔서 귀를 열어주셨고, 언어의 장벽까지 허물어주셨다. 그 실력은 이후 딸이 승무원의 길로 나아가게 되는 또 하나의 열매가 되었고, 하나님께서는 그 삶의 여정 속에서도 변함없이 동행하시며 새로운 길을 열어가고 계셨다.

이처럼 하나님은 우리 가정의 고백과 눈물을 결코 잊지 않으셨고, 때가 되자 각기 다른 방식으로 풍성한 열매를 맺게 하셨다. 고통의 시간을 기도의 시간으로, 눈물의 골짜기를 은혜의 샘물로 바꾸시는 하나님. 그분은 단 한순간도 우리를 외면하지 않으시고 함께하셨다.

제3부

예수 동행, 천국을 살다

제1장

광야, 의지함을 배우다

 2011년 3월 2일, 서울대 대학원에 전액 장학금으로 합격한 아들을 위해 우리 가족은 새로운 보금자리로 이사하게 되었다. 그 집은 서울대 정문에서 가장 가까운 아파트의 1층이었다.
 아들은 전동휠체어 없이는 이동이 어려웠기에, 엘리베이터를 사용하지 않고도 자유롭게 드나들 수 있는 1층이 우리 가족에게 1순위 조건이었다. 당시 전세 대란으로 인해 아파트 전세를 구하기가 무척 어려웠고, 더욱이 아들을 위해 꼭 필요한 몇 가지 조건을 갖춘 집을 찾는 일은 거의 불가능해 보였다.
 그런데 놀랍게도, 우리가 기도하며 떠올렸던 그 조건들에 정확히 맞는 집을 하나님께서는 이미, 미리 예비해 두고 계셨다. 그분의 인도하심 아래, 우리는 말 그대로 '하나님의 예비하심'이라고 생각할 수밖에 없는 이사를 하게 되었다.
 그러나 새로운 집에서 아들의 대학원 생활의 시작은 곧 예상치 못한 고난의 문으로 들어가는 길목으로 이어졌다.
 3월 3일, 온 가족이 기쁨과 설렘으로 함께한 대학원 첫 등교. 그러나 바로 다음 날인 3월 4일, 아들은 갑작스러운 호흡 곤란으로 강남세브란스병원 응급실에 실려갔다. 폐렴이었다.
 처음에는 일주일 정도 치료를 받고 퇴원할 수 있으리라 생각했다.

그러나 아들의 상황은 쉽게 끝나지 않았고, 우리의 예상과는 전혀 달랐다. 한 달이 지나도 상태는 좀처럼 좋아지지 않았다. 입원 중 응급 상황이 발생해, 결국 아들은 기관 삽관을 한 채 중환자실로 옮겨졌다. 삽관 때문에 말을 할 수 없게 된 아들은, 힘겹게 종이에 몇 자를 적어 우리에게 건넸다.

"목말라요. 배고파요…너무 힘들어요."

무기력하게 아들의 고통을 지켜볼 수밖에 없었던 그 순간, 마음 깊은 곳에서 끓어오르던 슬픔이 마침내 터져 나왔다. 나는 심장이 찢어질 듯한 통곡을 쏟아냈다.

그리고 바로 그 순간, 내 통곡 한가운데서 문득 이런 생각이 들었다. 나를 구원하시기 위해, 하나님 아버지는 하나뿐인 아들 예수님을 십자가에 내어주셨고, 그 아들이 피 흘리며 못 박히는 모습을 지켜보셔야 했다. 하나님도, 자식을 바라보는 아버지의 마음으로, 심장이 터질 듯한 고통을 겪으셨을 것이다.

그 순간, 나는 깨달았다. 그 고통이 곧 나를 향한 하나님의 사랑이었다는 것을.

근육이 약해 팔조차 마음대로 움직일 수 없는 아들이 중환자실에서 심한 고통을 겪는 모습을 견딜 수 없어, 담당 교수님께 간절히 부탁드렸다. 그 요청이 받아들여져 우리는 일반 병실로 아들을 옮겨올 수 있었다. 중환자실을 나와 우리와 함께 있게 된 아들은 좋아했고, 조금은 나아질 거라 기대했지만 이틀 뒤 또 한 번의 위기가 닥쳤다.

가래로 가득 찬 기관지, 급격히 높아진 염증 수치, 아들은 다시 기도 삽관을 해야 했고 즉시 중환자실로 옮겨야 했지만, 그날은 자리가 없었다.

무너진 마음으로 일반 병실에서 대기하던 그 시간, 하나님은 놀라운 위로를 허락하셨다.

   4월 13일, 아내가 침대 곁에서 눈을 감고 기도하던 중, 30분간 말로 다할 수 없는 환상을 보게 되었고, 주님의 음성을 듣게 되었다.

   아내가 주님의 음성을 나와 아들에게 말해줄 때, 아들의 얼굴은 천사의 얼굴처럼, 해처럼 환히 빛나고 있었다. 성경에서 읽었던 환상을 아내를 통해 처음 경험하는 순간이었다. 그 환상을 통해 우리 가족은 하나님 아버지께서 이 모든 상황을 알고 계시고, 우리와 함께 고난의 현장 가운데 계심을 분명히 깨달았다. 그날, 하나님은 우리 가정에게 그 어떤 위로의 말보다 강력한 임재로 함께하셨다.

   다음 날 아들은 다시 중환자실로 옮겨졌고, 기관지 내시경을 세 차례나 해야 했다. 그리고 혈압이 급격히 떨어져서 강심제를 써야 했고, 폐도 오른쪽까지 나빠지는 상황에 올라간 염증수치가 떨어지지 않았다.

   결국 보름 만에 사랑하는 아들은 기관 절개 수술을 했다.

   기관 절개를 한 후 진통제로 깊이 잠든 아들의 얼굴을 바라보며, 나는 마음속으로 들려오는 하나님의 음성을 들을 수 있었다.

   "아브라함처럼, 너는 이 아이를 나에게 바칠 수 있겠느냐?"

   그 순간, 나는 깨달았다. 하나님께서 아브라함에게 이삭을 바치라고 하셨던 것처럼 나에게도 아들을 주님의 뜻에 온전히 맡기기를 원하신다는 것을. 아들은 이미 주님의 것이기에, 아들에게 감당할 만한 시험만 허락하신다는 하나님의 약속을 붙잡았다.

   나는 아들이 중환자실에서 나올 때까지 10일간 금식기도를 했다. 금식 외에는 아들을 위해 할 수 있는 일이 아무것도 없었다. 그리고 그날, 하나님께서는 시편 91편 14-15절의 말씀을 약속으로 주셨다.

"하나님이 이르시되 그가 나를 사랑한즉 내가 그를 건지리라 그가 내 이름을 안즉 내가 그를 높이리라 그가 내게 간구하리니 내가 그에게 응답하리라 그들이 환난당할 때에 내가 그와 함께하여 그를 건지고 영화롭게 하리라."

이 말씀은 단순한 위로가 아니었다. 이 말씀이 실제가 되었다.
중환자실 면회 때 아들은 평안한 모습으로 작게 미소를 띠었고, 목소리는 나오지 않았지만 "나의 반석이신 하나님" 찬양을 입모양으로 힘차게 불렀다. 나는 아들의 그 모습을 보며 눈물로 하나님께 감사드렸다. 가장 깊은 고난 속에서도, 찬양이 터져 나오는 아들을 통해 하나님께서 일하고 계심을 보았기 때문이다.

> 나의 반석이신 하나님,
> 행하신 모든 것 완전하시니
> 나의 생명 되신 하나님,
> 내게 행하신 일 찬양합니다.

그 고백은 단지 노래 가사가 아니었다. 그것은 아들의 믿음의 결단이자 이 모든 시간을 통과하며 더 깊이 깨달아간 주님에 대한 신뢰의 고백이었다. 나는 떨리는 목소리로 아들과 함께 찬양을 드렸다.
"신실하신 하나님, 실수가 없으신 좋으신 나의 주…."
그리고 내 기도를 들으셨다는 듯이 기적처럼 혈압이 안정되고 염증 수치가 잡히면서 아들은 마침내 중환자실에서 나올 수 있었다. 우리는 그날, 살아 계신 하나님의 손길을 분명히 경험했다.
중환자실에서 나오고 일반 병실로 옮겨졌을 때, 하나님께서 기적처럼 회복을 허락하셨다는 감격이 가슴 벅차게 밀려왔고, 우리는 이제 곧 퇴원하리라는 기대를 갖게 되었다.

그러나 그 감격과 기대는 오래가지 못했고, 우리는 곧 더 큰 충격 속으로 빠져들었다.

중환자실에서 막 나온 아들은 갑자기 극심한 고통에 식은땀을 흘리며 소리를 지르고 울기 시작했다. 무슨 일인지 알아내기 위해 아들의 몸을 하나하나 살펴보던 중, 맨 마지막에 혹시나 하는 마음으로 확인한 엉덩이에서 심각한 욕창을 발견했다. 계란 하나가 들어갈 만큼 크고 깊은 욕창이 무려 두 개나 있었다.

욕창이라는 단어는 그저 말로만 들었을 뿐, 평생 우리와는 무관한 일이라 여겼다. 그러나 썩어 들어간 살의 충격적인 실체를 눈앞에서 마주한 그 순간, 나와 아내는 말문을 잃고 넋이 나갔다.

잠든 아들의 얼굴을 바라보며, 우리는 병실 한편에 주저앉아 서로의 손을 잡고, 깊은 절망 속에 눈물을 흘렸다. 하나님의 인도하심 속에 걸어가고 있다고 믿었지만, 전혀 예상치 않게 다가온 현실 속 고통의 무게는 우리를 사정없이 짓눌렀다.

나는 또다시 병원에서 아들과 함께 밤을 보냈다. 중환자실에 있었던 1개월을 제외하고는 밤새 올라오는 가래를 빼주어야 했기에 5개월 동안 늘 아들 곁을 지킬 수밖에 없었다. 아침이면 아내와 교대해 은행으로 출근했고, 퇴근 후 다시 병실로 돌아와 밤을 함께 보냈다. 아내는 집에서 학교에 다니는 딸을 챙겨야 했기에, 이 교대는 우리 가족에게 주어진 또 하나의 일상이 되었다.

밤중에도 몇 번씩 일어나 가래를 빼고 아들을 돌보아야 했기에 심각한 수면 부족과 끝이 보이지 않는 현실이 나를 서서히 무너뜨리고 있었다. 심지어 운전 중 졸음이 쏟아져 생명을 위협하는 순간도 여러 번 있었다.

한 달이 지난 후 병원 측에서는 더 이상 치료할 것이 없다며 퇴원

혹은 전원(轉院)을 권유했다. 무서울 만큼 깊고 심한 욕창에는 마땅한 치료약이 없었고, 하루에 한 번 식염수로 소독해 주는 것이 전부였다. 상처는 아직도 아물지 않았고, 아들은 여전히 콧줄을 통해 음식을 받아야 하는 상태였다.

우리는 하나님의 인도하심을 따라 명지병원으로 옮기게 되었다. 전혀 계획에 없던 그 병원에, 하나님께서 아들을 위해 예비해 두신 뜻밖의 선물들이 기다리고 있으리라는 것을 그때의 우리는 미처 알지 못했다.

아들은 명지병원으로 이동하는 아침에 찬양을 불렀다.

"주 안에 있는 나에게 딴 근심 있으랴 십자가 밑에 나아가 내 짐을 풀었네…."

그 찬양 속에서, 고통을 지나 평안을 주시는 주님의 손길이 느껴졌다. 아들의 몸은 약했지만, 영혼은 더욱 견고하게 자라나고 있었다.

명지병원에서 아들의 체중을 재어보니 35kg이었다. 의료진조차 욕창 수술이 가능할지 확신할 수 없었지만, 놀랍게도 아들은 다른 어떤 환자보다도 영양 상태가 양호하다는 평가를 받았다. 우리는 속히 콧줄을 떼기만을 원했지만, 아내의 수고와 콧줄 덕분에 영양 공급이 충분히 이루어졌기에 수술이 가능했던 것이다. 우리의 바람과 생각과는 다른 하나님의 인도하심에 감사하지 않을 수 없었다.

그리고 욕창 수술 중 아내는 또 환상을 보았고, 그 환상 속에서 하나님은 아들의 손을 잡고 미소 짓고 계셨다. 그것이 우리에게는 명확한 하나님의 메시지였다.

"내가 너희와 함께 있다."

그리고 놀랍게도 욕창 수술 이후, 아들은 더 이상 꼬리뼈 통증 없이 똑바로 누워 편안히 잠들 수 있게 되었다. 수술 전에는 꼬리뼈가 너무 아파 제대로 눕지도 못하고, 앉은 채로 자거나 밤에도 여러 차례 자세를 바꿔주어야만 했다. 그런데 수술 과정에서 꼬리뼈 부위에 살이 덮이면서, 아들의 고통이 사라진 것이다!

고통스럽게만 보였던 욕창이 오히려 '선한 욕창'이 되어, 치료의 은혜와 회복의 은총을 우리에게 선물처럼 안겨주었다.

명지병원에서 콧줄을 떼고 다시 강남세브란스로 전원되기 전날, 병실에서 아들과 나는 말씀을 함께 나누었다. 그때 주님께서 고린도후서 1장 8-9절 말씀을 통해 깊이 만나주셨다.

> "심한 고난을 당하여 살 소망까지 끊어지고…이는 우리로 자기를 의지하지 말고 오직 죽은 자를 다시 살리시는 하나님만 의지하게 하심이라."

바울의 고백처럼, 우리 가족에게 주어진 고난의 이유는 오직 죽은 자를 다시 살리시는 하나님만 의지하게 하려는 것임을 깨닫게 하셨다. 그리고 돌이켜보면, 바로 그것이 예수님과 진정으로 동행하는 삶의 본질인, '전적 의존'이었다.

나는 한때 내가 꽤 신실하게 믿음을 지키며 살아가고 있다고 생각했었다. 그러나 고난 앞에서 무너지고 때로 유혹 앞에서 넘어지는 내 모습은 내가 얼마나 연약하고, 또 얼마나 하나님의 은혜 없이는 살 수 없는 존재인지를 적나라하게 드러냈다.

삶은 마치 지도가 없는 광야와 같았다. 내일 일조차 알 수 없는 이 여정에서 나는 자주 길을 잃고, 때로는 두려움에 주저앉기도 했다. 그런 상황에서 예수님은 단순한 종교적인 믿음의 대상이 아니라 진정 믿고 의지할 만한 삶의 동반자요, 안내자로 다가오셨다. 예수님은 내

일 일을 알 수 없는 광야 같은 인생에서 완전한 가이드가 되어 주기를 원하셨다.

내가 예수님과 동행해야 하는 이유는 분명했다. 그분은 모든 것을 아시며, 내가 이해할 수 없는 미래까지 꿰뚫어 보시는 전능하신 분이셨다.

그리고 그분은 언제나 최선의 길로 나를 이끄셨다.

그러므로 예수님과 동행하는 삶은 내가 앞서고 주님이 따라오시는 삶이 아니었다. 주님이 앞서 가시고, 나는 그분을 신뢰하며 따라가는 삶이어야 했다.

수많은 선택 앞에서, 무엇이 가장 최선의 길인지 분별할 수 없는 현실 속에서 예수님 없이 걷는 삶은 한 치 앞도 보이지 않는 어둠 속을 헤매는 것과 같았다. 홀로 걷는 인생은 불확실성 앞에 너무나도 취약했고, 때로 외로움과 예상치 못한 어려움 속에서 쉽게 무너질 수밖에 없었다.

그러나 예수님과 함께 걸을 때, 내 인생의 여정은 전혀 다른 빛깔을 띠기 시작했다. 확신이 생겼고, 두려움은 평안으로 바뀌었으며, 혼자 걷는 불안은 함께 걷는 위로로 변해갔다. 예수님은 내 인생의 모든 길목에서 언제나 나보다 앞서 행하셨다. 내가 걸을 수 없을 때면 나를 품에 안고 걸으셨고, 내 짐이 너무 무거울 때면 나 대신 짐을 지고 걸어가셨다. 예수님과 동행하는 삶은 단지 좋은 삶이 아니라, 참된 생명과 평안과 기쁨을 누릴 수 있는 길이었다.

그러나 그 당시 나는 예수님과 동행하는 삶을 잘 몰랐다. 나는 스스로 강한 줄 알았다. 그러나 진짜 강함은, 내 힘으로 사는 것이 아니라 하나님의 완전하신 지혜와 힘과 사랑에 자신을 맡기는 데 있다는 것을 갈수록 깨닫게 되었다.

하나님은 100의 지혜와 100의 사랑으로 나를 인도해 주길 원하시는데, 나는 고작 1도 안 되는 지혜와 힘과 사랑으로 나를 스스로 이끌려 했던 것이다.

나 자신의 제한된 지혜, 제한된 힘, 제한된 사랑으로 살아가려 했기에 자주 불안과 염려, 좌절과 두려움, 그리고 사람들과의 갈등 속에서 괴로움을 당했다. 마치 어린아이가 부모의 품에서 안심하고 자라듯, 나를 창조하신 하나님의 무한한 사랑과 완전한 지혜에 기대어 살아가는 삶이 가장 안전하고 복된 삶이었다.

죄의 본질은 하나님께 대한 의존과 순종을 거부하고 자기 뜻대로, 자기 멋대로 살고자 하나님을 떠난 것임을 깊이 깨닫게 되었다.

예수님은 나에게 분명히 말씀하셨다.

> "나는 포도나무요 너희는 가지라 그가 내 안에, 내가 그 안에 거하면 사람이 열매를 많이 맺나니 나를 떠나서는 너희가 아무것도 할 수 없음이라"(요한복음 15:5).

이 말씀은 가지가 포도나무에 붙어 있을 때에만 생명을 유지하고 열매를 맺을 수 있듯, 예수님 자체가 나의 생명이며, 모든 공급과 열매의 근원이심을 고백하게 하는 말씀이었다. 포도나무이신 예수님께 붙어 있지 않는 인생은 마치 뿌리 뽑힌 풀 한 포기와 같다. 겉으론 살아 있는 것처럼 보여도, 수분과 양분을 더 이상 공급받지 못하니 결국은 말라 비틀어지고 만다.

그렇기에 예수님과 동행하는 삶은 '주님 없이는 하루, 한 순간도 살아갈 수 없다'는 절박한 심정으로 주님만 의지하며 하루하루를 사는 삶이었다.

그 모든 훈련의 시작이 바로, 아들의 고난 가운데 주님께서 나를 포도나무와 가지의 관계처럼 전적인 의존의 삶으로 초대하신 것이었다. 예수님과 동행하는 삶은 단순히 '나와 함께 계신 예수님'을 의식하는 것을 넘어서, 매일 예수님이 이끄시는 하루하루를 사는 것이기에, 주님의 인도하심에 모든 것을 맡기는 삶이다.

내 지혜로, 내 힘으로, 내 감정으로 사는 것이 아니라 날마다 순간마다 주님의 인도하심을 신뢰하고 의탁하며 살아가는 것. 그것이 예수님과 함께 걷는 삶의 본질이었다.

나는 이때까지는 그 깊은 의미를 충분히 알지 못했다. 그러나 하나님은 알고 계셨고, 나를 준비시키고 계셨다.

내 힘으로 아무것도 할 수 없는 절망, 내 계획이 무너지고, 내 기대가 꺾이고, 내 안에 의지할 것이 하나도 남지 않는 그 자리.

그 자리가 바로 예수님과 동행하는 삶이 시작되는 자리였던 것이다.

그렇기에 이 전적 의존 없이는 참된 동행도 없음을, 나는 고난 속에서 배워가고 있었다.

그리고 마침내, 모든 것이 불가능해 보이던 상황 속에서 기적은 현실이 되었다.

강남세브란스병원에서 기관 절개 튜브를 제거한 아들은 6개월간의 길고도 험한 병원 생활을 마치고 집으로 돌아오게 되었다. 그 순간은 단순한 퇴원이 아니라, 죽음의 그늘에서 다시 생명의 자리로 옮겨진 하나님의 기적이었다.

퇴원하던 그날, 오랜 시간 병실을 지키며 겪었던 고통과 눈물의 순간들이 파노라마처럼 스쳐 지나갔고, 그 속에서 하나님의 선하신 손길을 하나하나 떠올리지 않을 수 없었다. 특히 주말에 종종 우리 부부를 위해, 정성껏 음식을 준비해 가져다주던 지점의 최 부지점장 부부 등, 그 사랑은 지금도 선명한 위로로 남아 있다.

그뿐만 아니라, 눈앞이 캄캄했던 병원비 문제 역시 하나님의 방법으로 풀어졌다. 기도와 물질로 함께한 믿음의 토요모임 제자들, 은행 기독선교회와 BBB 형제자매들, 그리고 지인들은 우리가 말하지 않아도 먼저 손을 내밀었고, 결국 주님의 보이지 않는 손길 등으로 6천만 원에 이르는 병원비가 놀랍도록 채워졌다. 그것은 단순한 도움이 아니라, 하나님의 사랑을 보여준 생생한 통로였고, 우리가 이 길을 결코 혼자 걷고 있지 않음을 증명해 주는 이정표였다.

이처럼, 우리 가족에게 고난의 공간이었던 6개월간의 병원생활은 단지 고립과 절망의 자리가 아니라, 오히려 우리를 다듬고 하나님의 사랑과 임재를 가장 깊이 체험하며, 공동체의 따뜻한 품이 얼마나 강력한지를 경험하게 된 '은혜의 훈련소'였다.

퇴원하는 그날, 나는 분명히 고백할 수밖에 없었다.

"하나님, 이 모든 시간이 고통만이 아닌 은혜였습니다."

우리는 다시 이 찬양을 함께 불렀다.

나의 반석이신 하나님
행하신 모든 것 완전하시니
신실하신 하나님
실수가 없으신 좋으신 나의 주….

그 찬양은 고난의 끝이 아닌, 동행의 삶이 시작된 고백이었다. 그때는 몰랐지만 우리 가정에 찾아온 고난은 '변장된 축복'이었다.

고난은 오직 예수님만을 의지하게 만들었고, 매 순간 '예수님이라면 어떻게 하실까?'를 묻게 했다. 그렇게 주님만을 바라보는 삶으로 나아가게 된 것이, 결국 가장 복된 길이었음을 알게 되었다.

그때 아내는 이런 시를 썼다.

광야

그곳은…
풀 한 포기, 나무 한 그루, 마실 물조차 없는
사람이 살 수 없는 불모지.

구름 한 점 없고, 뜨거운 태양의 열기로 타는 듯한 더위의 낮과, 극심한
추위가 있는 밤.
울퉁불퉁한 돌들과,
수시로 불어대는 모래바람 때문에 앞을 보고 걷기조차 힘든 거친 들판.

그리고…
어디로 가야 할지 방향감각조차 잃게 하는 끝이 보이지 않는 황량한 곳.
그곳이 광야이다.

인생을 살다 보면,
어느 날…
그 광야 한복판에 홀로 내가 서 있다.
그곳은…
춥고 배고프고 힘들고 지치는 곳.
한없이 초라하고 볼품없는 내 모습…
아무도 없는 곳에 내동댕이쳐진 혼자라는 깊은 외로움…
황량하게 불어대는 매서운 칼바람에 흐르는 눈물이 말라붙고, 더 흐를
눈물조차 메마르고…
그리고 가장 큰 고통은,
끝이 보이지 않는 황량한 그곳에서, 영원히 살아야 할 것 같은 무서

제3부 예수 동행, 천국을 살다

운 두려움의 늪 속으로 끊임없이 빠져드는 것.
정말, 끝나지 않을 것 같은 길고 긴 시간들…

그러나…
어느 날 문득 뒤돌아보니, 광야의 끝에 서 있는 나를 발견한다.

"이제야…
이제서야…
주님만 보이네요.
그래서 저를…
광야로 이끄셨군요."

그러나 그때는 알지 못했다. 새로운 싸움 앞에 다시 서게 되리라는 것을. 가래뿐 아니라 피와의 싸움, 그리고 복학을 기다리는 긴 기다림 속에서 진짜 예수님과 동행하는 삶의 훈련이 시작되고 있었다.

그 여정은 결국, 절망 속에서도 소망으로, 고통 속에서도 찬송으로 나를 조금씩, 그러나 분명히 이끌어가고 계셨다.

제2장

절망의 밤, 동행의 시작

2011년 9월 3일, 아들은 끝날 것 같지 않았던 6개월이라는 긴 병원 생활을 끝내고 드디어 그토록 그리워했던 집으로 돌아왔다.

몇 번이나 죽음과 생명의 경계선을 넘나들면서 있었던 중환자실, 기관 절개와 욕창 수술의 그 깊고도 험난한 고난의 골짜기를 지나서 마침내 찾아온 기적과도 같은 퇴원이었다.

그해, 추석을 앞두고 온 가족이 함께 집에서 얼굴을 마주보며 웃고 대화할 수 있는, 평범한 일상을 보낼 수 있다는 사실은 그 무엇과도 바꿀 수 없는 행복이었고, 크나큰 은혜처럼 느껴졌다. 집 안을 가득 채운 눈부신 햇살은 그 밝고 찬란한 햇살만큼이나 앞으로 좋은 일만 가득할 것 같았다.

죽음의 어두운 그림자로 드리워진 중환자실의 차가운 불빛 아래 누워 있지 않고, 눈부신 자연의 빛 속에서 행복하게 웃고 있는 아들의 모습을 바라보기만 해도 감사와 감격으로 눈물이 흘러내렸다.

그러나 우리 가정의 더 큰 고난은 그때부터 시작되고 있음을 나는 전혀 예상하지 못했다.

오랜 병원 생활을 마친 뒤, 나는 아들의 몸이 점점 회복되어 새 학기에는 꼭 복학하고, 공부를 좋아하던 아들이 다시 학업에 몰두

할 수 있기를 간절히 바랐다. 아들 또한 유전자 치료 연구를 통해 하나님의 영광을 드러내는 삶을 꿈꾸며, 그날을 손꼽아 기다리고 있었다.

그러나 현실은 기도하며 기대했던 것과는 너무도 달랐다.

조금씩 나오던 가래는 멈출 듯하면서도 좀처럼 멈추지 않았다. 오히려 시간이 지날수록 가래의 양은 점점 많아졌고, 호흡 근육이 약해진 아들은 스스로 기침을 제대로 할 수가 없었다. 나는 하루에도 수십 번씩 아들의 가슴을 눌러 억지로 기침을 유도해 가래를 뽑아내야 했다.

그 힘든 가래 빼내기가 끝도 없이 이어지던 어느 날, 나는 가래 속에 섞인 새빨간 피를 보았다. 가래 빼는 과정에서 기관지에 깊은 상처가 생겨 나온 피였다.

선명하고 낯선 붉은빛 앞에서, 나는 숨이 턱 막혔다.

그 순간, 내 가슴은 천 길 낭떠러지로 내몰리듯 무너져 내렸고, 내 안의 모든 기운이 빠져나간 듯 힘없이 주저앉고 말았다. 산산이 흩어지는 하얀 물보라처럼 회복의 꿈이 조각조각 부서져 사라져 가는 모습을 지켜보아야만 했다. 그 꿈이 멀어지는 만큼, 나는 점점 숨이 막혀오고, 가슴은 터질 듯 아파왔다.

그러던 어느 날, 그날은 병원 진료를 마치고 돌아오는 길이었다. 아들은 자동차 뒷좌석에서 갑자기 가래가 올라왔지만, 뱉어낼 수 없어 숨을 제대로 쉬지 못한 채 고통스러워했다. 응급 상황이었다. 몸을 눕힌 자세에서 가래를 빼내야 했지만, 좁은 자동차 안에서는 그것조차 불가능했다.

그날의 사건 이후, 나는 더 이상 병원조차 제때 데리고 갈 수 없다는 현실 앞에 무너져 내렸다. 마음속에서 또 한 번, 깊은 좌절이 몰려왔다.

결국 우리는 집 안에서만 아들을 돌볼 수밖에 없었다. 하루 24시간, 낮에도 밤에도, 가래는 쉴 틈 없이 밀려 나왔고, 나는 하루에도 수십 번씩 아들의 가슴을 눌러 기침을 유도해 가래를 빼내야만 했다.

가래를 빼다가 기관지가 자극을 받아 피가 나오기 시작하면 끈적한 피가 호흡을 막기 때문에 급히 빼주어야 했다. 아들의 가슴을 눌러 붉은 피가 입으로 나올 때면, 나는 마치 내가 아들을 죽이고 있는 듯한 아픔과 고통에 몸을 떨었다. 너무나 사랑하는 아들의 입에서 흘러나온 피는 내 가슴을 찢어놓았다.

그러던 2012년, 나는 인천 송도지점으로 발령을 받았다. 지점장으로서 영업 실적을 위해 현장을 뛰어다녀야 했지만, 아들의 상태는 나날이 악화되어 영업에 집중할 수가 없었다. 하루에도 크리넥스 티슈 한 통으로도 부족할 만큼 쏟아지는 가래는 아내 혼자 감당할 수 없는 무게였다.

무엇보다 아들의 식사 시간이 가장 힘들었다.

밥을 먹다가 가래가 차오르면 침대로 옮겨 눕혀 가슴을 눌러 가래를 빼고, 다시 식탁으로 데려와 밥을 먹이고…이 반복되는 과정으로 밥 한 끼 먹이는 데 두세 시간 넘게 걸리기도 했다. 그것을 아내 혼자서는 감당할 수 없어서, 나는 매일 점심시간마다 집으로 와서 아들의 점심을 먹인 뒤 다시 지점으로 돌아와야 했다.

실적은 곤두박질쳤고, 영업본부에서는 연일 대책을 요구하며 압박했다. 직장에서, 가정에서, 내 안의 감정에서 나는 서서히 짓눌려 갔다.

평안도, 기쁨도, 감사도, 찬양도… 하나씩, 둘씩, 내 삶에서 사라지고 있었다.

그러던 어느 날, 아들 정함이가 나를 바라보며 말했다.
"아빠, 기쁨으로 합시다."

그 한마디가 내 마음을 찔렀다. 그건 분명히 아들을 통해 주님이 들려주신 음성이었다. 바로 그때, 나는 깊은 깨달음과 마주하게 되었다.

그동안 나는 나름 예수님과 동행하며 살고 있다고 믿어 왔다. 6개월의 병원 생활 동안 중환자실의 문턱에서, 욕창 수술을 기다리던 병실에서, 무수한 밤을 지새우며 기도하던 그 시간들 속에서 나는 하나님의 살아 계심을 분명히 경험했다.

그러나 새로운 고난 앞에서 나는 너무 쉽게 무너지고 말았다. 그리고 절망의 그림자에 짓눌려 나와 함께 계시는 예수님의 존재조차 생각하지 못했다.

예수님이 내 안에 계신다는 진리. 그것을 머리로는 알고 있었지만, 가슴과 삶에서는 붙들지 못했다. 한때 믿음이 좋다고 자부했던 내가, 어찌 이렇게 무너질 수 있을까. 그 사실이 참담했다. 나는 내가 얼마나 연약한 존재인지, 뼈저리게 깨달을 수밖에 없었다.

그러나 돌이켜보면, 예수님과 동행하는 삶의 의미조차 제대로 알지 못했던 나로서는 당연한 것이었다.

나는 22살 내 인생의 절망의 끝에서 살아 계신 하나님을 만났고, 예수님의 탄생을 기점으로 BC와 AD가 구분되듯이 그 이후 회색 빛 인생이 장밋빛 인생으로 선명히 바뀌었다. 그렇기에 단지 '빨간 사과'처럼 겉으로 보기에만 기독교인이 아니라 '토마토'처럼 속까지 빨간 진짜 그리스도인이 되고 싶었다. 그래서 주일에 교회만 열심히 다니는 것이 아니라 매일 말씀과 기도생활에 힘쓰며, 삶의 현장인 가정과 일터에 하나님의 나라를 이루어가기 위해 힘썼다.

이러한 삶은 단지 나의 노력과 의지의 결단만으로는 가능하지 않다는 것을 알았기에, 나는 성령 충만을 구하며 내 안에 계신 성령 하나님을 의지하였다. 바람을 볼 수는 없지만 흔들리는 나뭇가지를 보고 바람을 아는 것처럼, 내 안에 계신 성령님을 눈으로 볼 수는 없지만 변해가는 내 삶을 통해 나는 성령님이 내 안에 거하시고 역사하심을 알게 되었다.

무엇보다도 나는 말씀을 통해 성령님께서 내 안에 계심을 분명히 확신하였다. "성령으로 아니하고는 누구든지 예수를 주시라 할 수 없느니라"라는 말씀처럼, 나는 예수님을 '주님'으로 진심으로 고백하였다.

또한 하나님을 '아버지'라 부를 수 있었고, 성령의 근심을 느끼며, 용서할 수 없을 것 같은 상황 속에서도 용서와 사랑의 마음이 생겨났다. 또한 복음을 전하고자 하는 갈망이 내 안에 있었는데, 이 모든 변화는 오직 성령의 역사로 비롯된 것이었다.

그러나 한 가지, 나에게는 중요한 깨달음이 부족했다.

나는 예수님께서 십자가에서 죽으시고 부활하신 후, 육체로는 승천하여 하나님 보좌 우편에 앉아 계시지만, 동시에 부활하신 예수님이 성령으로 내 안에 오셨다는 이 놀라운 사실을 가슴이 아닌 머리 지식으로만 알고 있었다.

예수님께서는 "내가 너희를 고아와 같이 버려두지 아니하고 너희에게로 오리라" 하신 약속대로, 오순절에 성령으로 제자들의 마음에 오셨다. 그러나 나는 성령님이 '영으로 오신 예수님'이심을 분명히 깨닫지 못했기에, 예수님이 어떤 상황에서도 나와 항상 함께 계신다는 가슴 벅찬 진리를 실제적으로 누리지 못하고 있었던 것이다.

또한 무엇보다도 예수님과 동행하는 삶을 제대로 살지 못한 결정적인 이유는 예수님을 믿는다는 참된 의미를 몰랐기 때문이었다.

예수님은 처음 12제자들을 부르실 때 '함께 살자'고 부르신 것이었다. 그리고 실제 예수님은 제자들과 3년 동안 24시간 함께 사셨다. 제자들에게 예수님이 함께 계시지 않는다는 것은 상상할 수도 없는 일이었다. 그렇기에 예수님은 부활 승천하신 후에도 성령으로 제자들 마음 안에 오셔서 변함없이 제자들과 함께 사신 것이었다.

그래서 사도 바울도 예수님이 죽으신 것은 주님이 우리와 항상 함께 살기 위함이라고 하셨다.

> "그리스도께서 우리를 위하여 죽으신 것은, 우리가 깨어 있든지 자고 있든지, 그리스도와 함께 살게 하시려는 것입니다"(데살로니가전서 5:10, 새번역).

제자들에게나 사도 바울에게나 예수님을 믿는다는 것은 '예수님과 함께 사는 것'이었다.

나는 그 중요한 사실을 그동안 모르고 있었다. 예수님을 믿는다는 것은 부부가 함께 살듯이 '내 안에 계신 예수님과 함께 사는 삶'이라는 것을. 그 결과 항상 나와 함께 계신 예수님을 무시하고 바라볼 생각조차 하지 않았다는 것을 깨닫게 되었다.

돌이켜보면, 이 깨달음이야말로 예수님과 친밀한 동행을 위한 새로운 시작이 되었다. 나의 절망은, 결국 예수님과 참된 동행을 시작하는 은혜의 디딤돌이 된 것이다.

그리고 하나님은 그 절망의 자리에서 다시 나를 부르고 계셨다.

> "나의 사랑, 내 어여쁜 자야 일어나서 함께 가자"(아가 2:10).

그때 마침, 선한목자교회 유기성 목사님의 말씀을 듣게 되었고, '예수님과 동행하는 삶'에 대해 깨닫게 된 것이다. 그리고 나도 목사님처럼 '보이지 않지만 분명히 나와 함께하시는 예수님을 보이는 분처럼 평생 바라보며 살 것'을 다짐하였다.

그렇게 2012년 8월 15일, 노트 맨 앞에 '임재연습', '기쁨의 연습', '동행훈련'이라고 적은 후, 그것을 목표 삼아 새로운 결단으로 일기를 쓰기 시작했다.

> 가래와의 씨름!
> 정함이의 말대로 "기쁨으로 합시다" 이것이 가능할까?
> 그동안 가래 양이 많아질 때마다 마음에 밀려드는 답답함!
> 언제나 멈출까? 왜 이렇게 지속될까? 과연 이 가래는 멈추기나 할까? 수많은 생각이 스쳐 지나갈 때마다 감정이 흔들린다.
> 주님이 나와 함께하시면, 주님이 나를 통해 가래를 빼신다면 어떻게 하실까?
> 주님, 나를 통해 온전히 일하시옵소서!

이렇게 나는 비록 연약하고 무너진 모습이었지만 예수님과 다시, 그리고 진짜로 동행의 첫걸음을 떼기 시작했다. 고난은 나를 무너뜨리기 위해서가 아니라, 나를 다시 일으켜 세우기 위해 주어진 길이었다.

고난은 나를 더 깊이 예수님께 의존하게 하고, 예수님과 진짜 '친밀히 동행하는 삶'을 배우게 하려는 하나님의 선하신 초대장이었다.

제3장

고난 속에서 배우는 신뢰

예수님과 동행하는 삶을 시작했지만, 환경은 변하지 않았다.

가래는 여전히 끊임없이 쏟아졌고, 새벽 2시, 3시, 아들이 가래 때문에 나를 깨우면, 나는 비몽사몽 일어나 한 시간 이상씩 가래를 빼야 했다. 아침 출근 전에도, 아들과 아내가 숨을 돌릴 수 있도록 항상 5시에 일어나 두세 시간을 가래를 빼주어야 했다. 가래를 빼주다가 출근이 늦어지는 일이 잦아질 때면, 나도 모르게 속이 상하고 마음이 무너졌다.

가래를 빼내는 일은 단순한 수고가 아니었다. 조금만 세게 가슴을 눌러도 아들의 입에서 덩어리로 쏟아져 나오는 붉은 피. 그 피를 볼 때마다 마음에 못이 박히는 듯한 고통을 느꼈다. 그토록 사랑하는 아들의 입에서, 내가 가슴을 눌러서 흘러나오는 그 피를 바라볼 때마다, 나는 견딜 수 없이 마음이 아팠고, 눈물이 솟구쳤다.

그 슬픔의 수렁은 한번 빠지면 쉽게 빠져나올 수 없는 깊은 늪과 같았다. 아들은 이런 나를 위로하며 한마디 하였다.

"너무 마음 아파하지 마세요. 피를 보지 말고 예수님을 바라보세요."

그래서 나는 더욱 애타는 심정으로 나와 함께 계시는 예수님을 의지하며 바라보려 했다. 생각을, 감정을, 시선을 상황이 아니라 주님께로 의식적으로 돌렸다. '주님이 함께 계시니 모든 것이 다 잘될 것이다!'라는 생각으로 빨리 바꾸었다. 그럼에도, 이런 상황 속에서 아들의 말대로 기쁨으로 아들을 돌보는 것은 거의 불가능해 보였다.

그러던 어느 날, 너무나 익히 잘 알고 있는 말씀을 묵상하게 되었다.

"항상 기뻐하라 쉬지 말고 기도하라 범사에 감사하라 이는 그리스도 예수 안에서 너희를 향하신 하나님의 뜻이니라"
(데살로니가전서 5:16-18).

이 말씀은 너무나 분명한 하나님의 뜻이었지만, 그동안은 '어떻게 사람이 항상 기뻐할 수 있어?'라며 그저 좋은 말씀 정도로 받아들였다. 그렇기에 가장 필요한 고난의 상황에서 생각조차 나지 않는 말씀이 되었다.

그러나 빌립보서에서 "주 안에서 항상 기뻐하라"(빌 4:4)고 말씀하신 것처럼, 우리의 힘과 노력만으로 기뻐하라는 말씀이 아님을 깨닫게 되었다.

"항상 기뻐하라"는 주님의 명령은 오히려 주님께서 우리를 항상 기뻐하는 삶으로 이끌어주시겠다는 약속이었다. 이 말씀은 나에게 부담을 지우는 말씀이 아니라, 오히려 주님이 나를 항상 행복하게 해주시겠다는 사랑의 초대장으로 다가왔다. 왜냐하면 이제 기쁨의 근원 되신 예수님이 나와 함께 계심을 확신하게 되었기 때문이다.

또한 "쉬지 말고 기도하라"는 말씀은 스스로는 결코 항상 기뻐할 수 없기에, 늘 주님만 의지하고 바라보면 나의 연약함을 아시는 주님께서 나와 항상 대화하며 쉼 없이 나를 도우시겠다는 약속이며, 주님께서 친히 기쁨과 힘이 되어주시겠다는 사랑의 부르심으로 다가왔다.

그리고 "범사에 감사하라"는 말씀은 모든 상황 속에서도 하나님은 여전히 선하시다는 진리를 믿고 품게 하시는 주님의 사랑의 속삭임이며, 감사는 기쁨으로 들어가는 문이고 가장 빠른 길이라는 것을 깨닫게 하셨다.

그래서 나는 결심했다.

"감사를 찾자."

작은 것 하나라도, 미약한 것 하나라도 감사할 것을 찾아보기로 했다.

가래가 적게 나오는 날이면, 감사했다.

가래에 피가 섞이지 않는 날이면, 감사했다.

아들과 아내가 잘 이겨내는 것만으로 감사했다.

밤에 몇 번씩 일어나도 아들을 도와줄 수 있음에 감사했다.

감사 찾기는, 나의 고단한 일상 속에서 하나님이 이곳저곳에 숨겨 놓으신 사랑의 보물을 하나씩 발견해 가는 여정과도 같았다. 하나씩 감사를 찾아갈 때마다 나는 주님의 마음에 더 가까이 다가가고, 그분이 주시려는 진짜 행복, "항상 기뻐하라"는 말씀을 조금씩 경험해 가기 시작하였다.

그러나 다시 가래가 많아지고 피가 보이면 또다시 마음이 무너져 내렸다. 하루에도 여러 번 감정은 오르락내리락 출렁거렸다.

그럼에도 지금 돌아보면 '감사 찾기'를 통해 그 당시 깊은 우울증과 힘든 감정의 수렁에 완전히 빠져들지 않은 것 같아 감사하다.

이런 감정의 파도 속에서도 주님을 바라보는 시간이 늘어나고 있었다. 그리고 예수님을 바라보면, 가래가 덜 나오는 순간 주님의 손길을 느꼈고, 감정에 함몰되지 않고 숨을 돌릴 수 있었다.

위기의 순간, 가래가 막혀 아들이 숨을 쉬지 못할 때, 주님께서 가래를 빼게 해주셔서 위기를 넘긴 것도 모두 은혜였음을 깨닫게 되었다.

"믿음의 주요 또 온전하게 하시는 이인 예수를 바라보자"
(히브리서 12:2).

나는 점점 이 말씀을 체험적으로 이해하게 되었다.

영어 성경에 표현된 말씀처럼, '24시간 예수님을 바라보라'는 유기성 목사님의 말씀이 가슴 깊이 새겨졌다.

"Fix our eyes on Jesus."(예수님께 우리의 눈을 고정하라.)

처음엔 하루에 예수님을 의식하는 시간이 손에 꼽을 만큼 적었다. 그러나 조금씩, 조금씩 예수님을 바라보는 시간이 늘어나기 시작했다. 나와 함께하시는 예수님을 믿는 것을 넘어 믿어지게 되었다. 예수님을 의식적으로 생각하는 단계에서 예수님이 자연스럽게 생각나는 단계로 넘어가기 시작했다.

나는 깨달았다. 생각도 습관이 된다는 것을.

하지만 여전히 가래는 멈추지 않았고, 피는 끊이지 않았다. 때로는 이렇게 탄식이 흘러나왔다.

"주님, 왜 이토록 오래 지켜만 보고 계십니까? 왜 이토록 긴 고난을 그냥 허락하십니까?"

감정은 쉽게 흔들리고, 낙심이 밀려왔다. 그러던 어느 날, 우연히 읽게 된 마르바 던의 글귀가 나를 일깨웠다.

> 우리의 생존을 가능하게 하는 것은 어떻게 느끼느냐가 아니라
> 무엇을 기억하느냐이다.

2년 넘게 복학을 못해 제적 통지서를 받아 든 아들의 무너진 꿈, 끊임없이 토해내는 가래와 멈추지 않는 피를 바라보며 느꼈던 모든 절망을 넘어, 나는 진리를 다시 붙들어야 했다.

느낌은 진실이 아니었다. 눈앞의 상황은 아무리 절망적이어도, 진리는 변함없었다. 예수님은 여전히 나와 함께 계셨고, 보이지 않는 곳에서 일하고 계셨다. 하나님은 여전히 넘치는 은혜와 풍성한 사랑으로 나를 돌보고 계셨다.

나는 진리에 집중하는 연습을 했다.

십자가에서 확증된 하나님의 사랑, 자신의 목숨이 다하기까지 우리를 사랑하신 예수님의 은혜를 매 순간 기억하고 믿어야 했다.

십자가는 주님이 나를 얼마나 사랑하시는지 이미 확증해 주셨다.

"우리가 아직 죄인 되었을 때에 그리스도께서 우리를 위하여 죽으심으로 하나님께서 우리에 대한 자기의 사랑을 확증하셨느니라"(로마서 5:8).

십자가!

그것은 영원히 변하지 않는 나를 향한 하나님의 사랑의 증거였다.

나는 예수님을 바라볼 때마다 십자가의 주님을 바라보았다. 느낌이 아니라, 보이는 상황이 아니라, 하나님의 변치 않는 사랑을 기억했다.

그리고 결단했다.

진리를 결론 삼고 더 이상 환경으로 하나님의 사랑을 판단하지 않고, 절대로 십자가 없이 환경을 바라보지 않겠다고.

어느 주일 날, 아들의 가래를 힘겹게 빼주고 아들과 함께 마가복음 4장 말씀을 보았다.

제자들이 배를 타고 예수님과 함께 갈릴리 바다를 건널 때 큰 광풍이 일어나서 배에 물이 가득하게 되었다. 그때 제자들의 부르짖음이 예수님께 부르짖는 바로 나의 마음이었다.

> "예수께서는 고물에서 베개를 베고 주무시더니 제자들이 깨우며 이르되 선생님이여 우리가 죽게 된 것을 돌보지 아니하시나이까"(마가복음 4:38).

지금 분명 그 예수님이 내 안에, 내 가정에 계신데 왜 이 답답한 상황을, 죽을 것만 같은 이 상황을 돌보시지 않는지!
그런데 예수님은 말씀하신다.

> "이에 제자들에게 이르시되 어찌하여 이렇게 무서워하느냐 너희가 어찌 믿음이 없느냐 하시니"(마가복음 4:40).

예수님께서 내게 원하시는 것은 '믿음'이었다.
'주님을 향한 온전한 신뢰.'
부부가 서로를 신뢰하지 못할 때 진정한 동행이 불가능한 것처럼, 함께하시는 예수님을 온전히 신뢰하는 것이 진정한 동행의 관건임을 깨닫게 하셨다.
나는 눈에 보이는 현실이 아니라, 보이지 않는 주님을 전적으로 신뢰하기로 했다. 예수님은 전능하신 창조주 하나님이심을.
차선이 아닌, 항상 최선의 사랑을 주시며, 모든 것을 합력하여 선을 이루시는 하나님을.
참새 한 마리도 하나님이 허락하지 않으시면 땅에 떨어지지 않듯이, 나의 모든 것이 절대 주권의 하나님의 손안에 있음을.

나는 상황이 무너질 때마다, 구름 뒤에 빛나는 태양처럼 주님을 바라보았다.

그리고 내 마음에 근심의 구름이 뒤덮일 때마다 주님께서는 내게 항상 요한복음 말씀을 생각나게 하셨다.

"너희는 마음에 근심하지 말라 하나님을 믿으니 또 나를 믿으라"(요한복음 14:1).

그렇게, 나는 조금씩 온전한 신뢰로 나아가고 있었다.

제4장
전적인 위탁, 그분이 돌보신다

고난은 나의 마음을 무너뜨렸지만 아이러니하게도 동시에 예수님을 더 깊이 의지하게 했다. 그리고 그 의지는 결국 '맡김'이라는 신뢰의 결단으로 이어졌다.

예수님과 동행하는 삶이란 단지 그분이 내 곁에 계시다는 사실을 인식하는 데 그치지 않았다. 그분이 나의 삶 전체를 친히 이끄시고, 돌보시며, 책임지신다는 것을 믿고 맡기는 것이었다.

믿는 만큼 맡길 수 있고, 맡기는 만큼 하나님께서 책임져 주신다. 그러나 당시 나는 내 삶의 무게를 전적으로 하나님께 맡기지 못하고 있었다. 아들의 건강은 날로 악화되었고, 호흡 근육이 약해지면서 산소포화도 정상 수치보다 낮게 나와서 어쩔 수 없이 밤에는 인공호흡기에 의존해야 했다.

그런데 밤에 인공호흡기 착용 중에는 아들이 잠이 들면, 공기가 코로 들어가지 않고 입으로 들어가 복부에 가스가 차게 된다. 그러면 나는 가래도 빼주고 배를 눌러 가스도 빼주어야 했기에 아들과 함께 잠 못 이루는 밤들이 연속되었다.

그날의 일기에는 이렇게 적혀 있다.

제3부 예수 동행, 천국을 살다

끝없는 씨름!
새벽 2시, 밤이 왜 이렇게 긴가?
아침은 언제 오나?
밤새 호흡기를 하면 가래 양이 줄지 않을까 기대했지만,
아침에 여전히 가래가 많이 나온다.
모든 수고의 기대감이 무너지고, 허탈감과 낙심이 몰려오고,
서러운 눈물이 솟아난다.

나는 탄식하며 기도드렸다.

"하나님, 아버지로서, 남편으로서, 지점장으로서 감당해야 할 짐이 너무 무겁습니다."

무엇보다 지점 실적을 책임져야 하는 지점장으로서 하루 한 번 점심시간에 집에 들러 아들을 돌보아야 하는 것 때문에, 영업에 전념하지 못하는 그 상황이 마음에 큰 짐이었다.

그리고 직원들과 자주 대화를 나누며 믿는 사람으로서 그들을 섬기고자 했지만, 지점 직원들이 나로 인해 손해를 보고 있다는 생각에 늘 미안함과 괴로운 마음뿐이었다.

그런 내 마음을 알고 있는 아들은 위로하며 격려해 주듯이 어느 날 이렇게 말했다.

"하나님께서도 아빠가 집에 와야 하는 상황을 다 이해하실 거예요. 내가 기도할게요. 아빠, 일등 할 거예요."

"정함아, 일등은 아무나 하는 게 아니란다. 중간만 해도 너무 감사하지."

은행의 모든 지점장들이 그룹에서 일등 한번 해보는 것이 가장 큰 바람이기에 영업에 올인하지만, 상대평가 방식이기에 1등을 한다

는 것은 말처럼 정말 쉽지 않았다.

그러나 아들의 말에서 '기도'라는 단어가 내 마음에 깊이 와닿았다. 그리고 그때까지 나는 실적을 위해 한 번도 기도하지 않았다는 사실을 깨달았다. 내 한계 상황에서 내 힘으로 해결하려 했고, 내 생각으로 무한한 하나님의 능력을 제한하고 있었던 것이다.

그때, 하나님께서 내 마음에 말씀하셨다.

> "너희 염려를 다 주께 맡기라 이는 그가 너희를 돌보심이라"(베드로전서 5:7).

이 말씀은 마치 주님이 직접 나에게 건네시는 음성과 같았다.
"내가 너와 함께 있고, 너의 아픔과 괴로움을 모두 알고 있단다. 너는 분명 나를 네 인생의 주인이라 고백하지 않았느냐? 그런데 지금 너는 마치 네가 주인인 것처럼 모든 짐을 혼자 지고 있구나. 나를 믿고, 나에게 다 맡기렴."

주님의 그 음성은 내 마음 깊은 곳을 터치하셨고 마음을 울렸다. 나는 바로 주님 앞에 엎드려 고백했다.
"주님, 주님이 저의 주인이십니다. 저의 가정도, 자녀도, 직장도 다 주님의 것입니다. 이제 주님께 맡깁니다. 주님이 가장이시고, 주님이 지점장이십니다."

그리고 다윗이 골리앗 앞에서 외쳤던 말씀, "전쟁은 여호와께 속한 것이라"는 선포가 내 마음에 깊이 새겨졌다.

나는 손익, 퇴직연금 등 주요 평가 항목을 놓고 기도하기 시작했고, 주님께 내 삶의 주도권을 온전히 드렸다.
"주님, 주님이 영업의 주인이시니, 주님이 일해주십시오. 오늘 누구를 만나야 할까요? 어디로 가야 할까요? 주님이 이끄시는 대로 가겠습니다."

그 이후, 나는 그저 하루하루를 예수님께 맡기며 살아갔다. 계획할 수 없는 시간, 예측할 수 없는 상황 속에서 그분이 이끄시는 대로 걸어가는 법을 배워갔고, 그 과정을 통해 '예수님과 동행하는 삶'이 무엇인지 조금씩 이해하게 되었다.

돌아보면 처음에는 '하나님을 믿는다'는 것이 그저 주일마다 교회에 나가는 것으로 충분하다고 여겼다. 그러다 말씀과 기도의 중요성을 깨닫고, 매일 정해진 시간에 말씀을 묵상하고 기도하는 습관을 갖게 되었다.

그러나 그 시간에만 하나님이 함께 계시는 듯, 출근할 때는 "예수님, 은행 다녀오겠습니다"라는 느낌으로 집을 나섰고, 주님과 함께 출근하고 주님과 함께 일한다는 생각은 전혀 하지 못했다.

예수님이 내 안에 계신다는 고백은 있었지만, 그분의 임재는 머릿속 지식에 머물러 있었을 뿐, 실제 삶 속에서는 체험되지 못하고 있었던 것이다.

그러나 이제는 달랐다.

예수님과 3년을 동행했던 제자들이 아침에 눈을 뜨는 순간부터 잠드는 시간까지, 항상 예수님께 시선을 고정하고 주님을 따른 것처럼, 부활하신 예수님이 성령으로 내 안에 계시기에 나도 매순간 주님의 인도하심을 따랐다.

그렇기에 출근길부터 주님과 함께하고, 누구를 만나든지 어디를 가든지 오직 예수님만 바라보며 주님의 인도하심을 따라 살았다.

예수님을 바라본다는 것은 예수님을 깊이 생각하는 것이다. 그것은 내 생각 속에 예수님을 주인으로 모셔 들이는 것이고, 주님께서 내 삶 가운데 역사하실 수 있는 자리를 내어드리는 것이었다.

그렇기에 생각을 통해 말씀하시는 주님의 음성에 항상 주파수를 맞추고, 주님의 음성에 순종하는 삶을 살기 시작했다. 그 이후 나의 하루하루가 새롭게 다가오고, 매일의 삶이 기대되기 시작했다.

이렇게 내 상황을 나보다 더 잘 아시는 주님께 결과를 완전히 맡기고 하루하루 주님의 인도하심을 따랐을 때, 주님이 주시는 평안이 내 안에 밀려왔다.

그 평안은 요한복음 14장 27절의 말씀이 삶 속에 실현되는 경험이었다.

"평안을 너희에게 끼치노니 곧 나의 평안을 너희에게 주노라 내가 너희에게 주는 것은 세상이 주는 것과 같지 아니하니라 너희는 마음에 근심하지도 말고 두려워하지도 말라."

그러자 놀라운 일이 벌어졌다.

한 단체를 통해 큰 금액의 퇴직연금 유치가 이루어졌고, 수백억 원 규모의 저비용성 예금을 운용하던 전혀 알지 못했던 기관에서 지점장실을 직접 찾아와 거래를 제안한 것이다. 그 결과, 모든 지점장들이 꿈에서도 원하는 그룹 1등이라는 영광을 얻게 되었다.

그날, 킨텍스에서 열린 전국 지점장 회의 시상대 위에서, 많은 지점장들의 부러움과 동료들의 박수갈채를 받으며 내 안에서는 오직 한 고백만이 터져 나왔다.

"주님이 하셨습니다! 주님만 영광 받으소서!"

시상식 날도 나는 여느 때처럼 점심시간을 이용해 아들을 돌보기 위해 집에 들렀다. 그러나 그날은 슬픔이 완전히 걷히고 기쁨의 눈물을 흘렸다. 그 눈물은 단순히 1등을 해서 흘리는 눈물이 아니라, 나의 작은 신음소리조차 들으시고 돌보아주신 주님과의 깊은 만남에서 비롯된 감사에서 나오는 기쁨의 눈물이었다.

그동안 기도에 대해 잘 알고 있다고 생각했던 나는 기도의 본질에 대해서도 새롭게 눈을 뜨게 되었다.

기도는 단지 내 문제를 하나님께 아뢰어 해결받는 수단이 아니었다. 진짜 기도는 하나님을 더 깊이 알아가고, 그분과 친밀히 교제하는 자리였다. 문제를 넘어서서 하나님 자신을 향해 나아가는 길, 그분의 마음에 닿는 통로였다.

하나님께서 기도에 응답하시는 것은, 그분이 우리를 사랑하시기 때문이다. 그 응답은 하나님의 선물이다. 하지만 하나님은 우리가 그 선물보다 그 선물을 주시는 하나님 자신을 더 사랑하길 원하신다. 마치 부모가 자녀에게 무엇을 줄 때, 그 선물보다 자신과의 관계를 더 귀히 여기듯이 말이다.

생각해 보면 하나님은 내가 구하기도 전에 내 필요를 이미 아시는 분이시다. 그럼에도 기도를 명하신 것은, 기도라는 통로를 통해 우리가 하나님을 더 깊이 알아가기를 원하시기 때문이다. 그분은 문제 해결보다 '교제'를 원하셨고, 응답보다 '동행'을 기뻐하셨다.

그 깨달음 이후, 내 기도의 초점은 점차 바뀌어갔다. 이전에는 문제가 풀리기만을 바랐지만, 이제는 그 문제 속에서 주님을 더 알고 싶었다. 아무리 힘든 상황이라도 그분과 함께 걷는 그 길 자체가 기쁨이 되었고, 그분의 임재가 나의 참된 행복이 되었다.

하나님은 알라딘의 요술램프 지니처럼 내가 원하는 대로만 일하지 않으셨지만, 결과적으로 항상 나에게 가장 좋은 길로 인도해 주셨다. 그리고 그분은 단지 문제가 없는 편안한 환경에서 누리는 일시적이고 모조품 같은 행복이 아니라, 어떤 상황에서도 누릴 수 있는 참된 행복으로 나를 점점 이끌어가고 계셨다.

얼마 지나지 않아, 하나님은 나의 수고를 기억하시는 듯 또 하나의 위로를 선물로 주셨다. 행장님의 지시로 '지점장 리더십'을 주제로 한 영상을 제작하게 되었고, 나는 그 영상의 모델로 선정되어 행내 방송을 통해 소개되었다.

그 일은 마치 하나님께서 내 모든 걸 지켜보고 계시며, '내가 너의 수고를 안다'고 말씀하시는 따뜻한 격려와도 같은 귀한 선물 같았다.

그리고 이어진 다음 해 지점 평가에서도, 비록 시상 그룹에는 들지 못했지만 내가 속한 그룹에서 다시 한 번 1등을 하게 되었다. 그 누가 보아도 하나님의 도우시는 손길이 아니고는 설명할 수 없는 일이었다. 그분이 여전히 내 삶 속에서 지속적으로 일하고 계심을 너무나 분명히 보여주는 증거였다.

돌아보면, 그 모든 시간은 주님께 나의 전부를 맡기는 훈련의 연속이었다. 내 삶의 주인이 내가 아님을 인정하고, 소유권과 결정권을 온전히 내려놓고 주님의 손에 올려드릴 때에야 비로소 내 마음에 진정한 평안이 찾아왔다.

그리고 그 이후 나는 날마다 이렇게 고백하며 살아갔다.

"주님, 오늘도 저의 주인은 제가 아니라 주님이십니다. 가정도, 자녀도, 일터도, 모두 주님의 것입니다. 주님께 맡깁니다. 말씀만 하십시오. 주님이 이끄시는 길이라면, 어떤 길도 기쁨으로 가겠습니다."

제5장

내 안에 예수님이 사신다

주님의 손으로 1등을 경험했던 송도지점에서 2년을 보낸 후, 나는 서울디지털금융센터로 인사 발령을 받았다. 3등급 지점이었던 송도에서, 1등급이자 규모가 큰 센터의 센터장으로 옮기게 된 것이었다.

나는 감사함과 동시에 주님께서 이곳에서는 어떻게 일하실지 기대하게 되었다.

송도에서의 1등이 주님의 은혜였듯, 이곳에서도 1등을 하고 싶은 바람이 있었다. 그러나 그보다 더 중요한 건 결과에 상관없이 감사하며, 오직 직원과 고객을 사랑하며 섬기는 삶이었다. 나는 '복음의 진보'에 합당한 결과를 허락해 달라고 기도했다.

그런데 부임하자마자 센터의 주요 거래처가 부도를 맞았다. 부도 패널티로 인해 상반기 내내 그룹 꼴찌에 머물렀고, 하반기를 시작하면서도 전임 지점장이 취급했던 대출 건이 부실이 되어 1년 내내 KPI 실적표의 가장 아래, '꼴찌'라는 자리에 머물러야 했다.

더군다나 아들의 상황은 계속 심해져 밥을 못 먹고 생식을 먹여야 할 때도 자주 있었고, 여전히 자다가 5번 이상 일어나서 아들을 돌보아야 하는 날도 많아졌다.

가래를 잘 빼줄 수 있도록 기침유발기를 사용하기 시작했지만, 끈적한 가래가 잘 나오지 않아 낮에도 인공호흡기를 하는 날이 잦아졌다.

가래가 잘 나오도록 거담제뿐 아니라 한약도 먹이고 항생제 치료도 여러 번 했지만 일시적일 뿐 약해진 호흡근육 탓인지 근본적으로 좋아지지는 않았다. 여전히 하루에 한 번 집에 들러 아들을 돌보아야 했기에 실적만큼은 크게 신경쓰지 않아도 될 만큼의 성적을 주셨으면 하는 바람이 있었다.

그러나 송도지점에서 기적 같은 1등을 경험했기에 분명 이런 상황을 허락하신 하나님의 선하신 뜻이 있음을 믿고 주님께 여쭈어보았다.

"주님, 이 상황 가운데서 주님의 뜻이 무엇입니까?"

내 마음에 조용히 울려오는 주님의 음성이 있었다.

"이런 상황에서도 평안을 누리고 감사할 수 있느냐? 그리고 어떤 상황에서도 직원들을 변함없이 사랑할 수 있느냐? 그래서 천국 같은 지점으로 만들 수 있겠느냐?"

은행의 지점 분위기는 일반적으로 실적에 따라 크게 좌우되곤 했다. 영업본부의 지속적인 독려와 반복되는 실적 회의 속에서 지점장들의 기분마저 성적에 따라 오르락내리락했다.

그런 분위기 속에서는 직원들을 있는 모습 그대로 존중하고 사랑하며 섬기기보다는 실적에 따라 사람을 평가하고 구분짓는 문화가 자연스럽게 자리 잡게 된다. 지점의 성과가 좋지 않을 때면 분위기는 더욱 침체되고, 직원들 사이의 온기도 메말라가곤 했다.

하나님께서 내 마음에 다시 말씀하셨다.

"1등 하는 것도 내게 영광이 되지만, 실적이 바닥을 치는 상황에서도 감사와 평안을 잃지 않고 네게 맡긴 직원들을 여전히 사랑하며 섬긴다면, 그것이야말로 나를 진정으로 영화롭게 하는 삶이란다."

하나님은 내가 지점장으로서 예수님 닮은 모습으로 본이 되기를 원하셨다. 그저 실적을 올리는 지점장 그 이상으로, 세상과 구별된 하나님의 사람으로, 직원들과 함께하는 매일의 일터를 천국처럼 따뜻한 공간으로 바꾸는 그런 지점장이 되기를 바라셨던 것이다.

그래서 나는 주님께 여쭈어보았다.

"지금 저와 같은 상황 속에서도 그렇게 할 수 있을까요?"

그때 주님은 내 마음에 갈라디아서 2장 20절 말씀을 떠올리게 하셨다.

> **"내가 그리스도와 함께 십자가에 못 박혔나니 그런즉 이제는 내가 사는 것이 아니요 오직 내 안에 그리스도께서 사시는 것이라."**

이 말씀은 예수님과의 동행을 시작할 때부터 내 마음에 깊이 새겨진 구절이었다. 하지만 예전에는 그 말씀이 무엇을 뜻하는지 정확히 알지 못했다. 왜 내가 죽어야 하는지, 그리고 내가 그리스도와 함께 십자가에 못 박혔다는 것이 무엇을 의미하는지 막연하고 추상적으로만 느껴졌었다.

한동안 그저 좋은 말씀으로 받아들였지만, 예수님과 동행하게 되면서 분명히 깨닫게 되었다. 이 말씀은 단지 지식이 아니라, 내가 진짜로 죽고, 내 안에 예수님이 사시는 삶의 실제를 말하는 것이었음을.

'내가 죽었다'는 말은 단순한 비유가 아니었다. 그 의미는, 내 안에 있던 옛사람-아담에게서 물려받은 죄의 본성, 자기 뜻대로 살고자 했던 자기중심적인 자아가 예수님과 함께 십자가에 못 박혀 죽었다는 것이었다.

나는 분명히 알고 있었다. 예수님께서 약속하신 삶은 항상 기쁨과 평안, 사랑이 흘러넘치는 삶임을. 그리고 예수님 한 분이면 충분하다는 고백을 하는 삶임을. 이것은 예수님이 내 안에 계시기에 모든 그리스도인이 당연히 누릴 수 있는 삶이었다.

그런데도 돌아보면 내 삶은 실패와 좌절의 연속이었다. 말씀대로 살고자 하는 갈망은 컸지만, 아무리 노력해도 '도무지 안 됩니다'라는 절망뿐이었다. 죄를 이기지 못하고, 거룩한 삶, 아가페적 사랑은 마치 도달할 수 없는 목표처럼 멀게만 느껴졌다.

그러던 어느 날 베드로에 관한 말씀을 보게 되었다.

예수님을 너무도 사랑했던 베드로. 그는 감옥에 가는 한이 있어도, 죽음이 기다리고 있어도 결코 주님을 부인하지 않겠노라 다짐했던 사람이었다. 그러나 막상 죽음의 위협 앞에서, 그는 자신도 모르게 세 번이나 예수님을 부인했고, 그 후 참을 수 없는 슬픔과 자책 속에 심히 통곡하고 말았다.

통곡하는 베드로의 마음이, 바로 내 마음이었다.

나도 함께 울었고, 내 마음도 함께 무너졌다.

나 역시 예수님을 너무나 사랑했다. 죄 가운데 죽을 수밖에 없던 나를 위해 자신의 생명을 아낌없이 내어주신 그분의 사랑을 분명히 알았기에, 말씀대로 거룩하게 살고, 사랑만 하며 살고 싶었다.

하지만 현실 속 내 모습은 그렇지 않았다. 자주 넘어졌고, 쉽게 흔들렸고, 결국 내 뜻과 감정, 욕심 앞에 무너지는 나 자신이 너무나 미웠고, 한심했고, 죽고 싶을 만큼 절망스러웠다.

그때 비로소 깊이 깨달았다. 내 힘으로는 결코 죄를 이길 수 없다

제3부 예수 동행, 천국을 살다

는 것을. 아무리 애써도, 내 노력만으로는 거룩해질 수 없고 예수님을 닮아갈 수 없다는 것을.

결국 답은 하나였다. 내 안에 예수님이 진정 '주님'이 되시고 '주인'이 되셔야 예수님께서 역사하실 수 있다는 것.

그런데 예수님이 내 삶의 주인 되심을 가로막고 역사하시지 못하게 하는 것은 바로 옛사람인 나의 자아였던 것이다.

사람의 이기적인 본성은 아무리 애쓰고 노력해도 변화되지 않기에, 나의 자아로는 결코 예수님이 약속하신 풍성한 삶을 살 수 없기에, 옛 사람인 나의 자아는 예수님과 함께 십자가에 못 박혀 죽고 '새사람'으로 다시 살게 하신 것이었다.

그렇기에 십자가는 예수님이 죽으신 십자가인 동시에 '내가 죽은 십자가'이며, 내가 예수님을 영접할 때 나는 이미 죽고 예수님과 함께 새사람으로 태어난 존재가 된 것이었다.

"내가 죽어야지" 하며 죽으려고 노력하는 것이 아니라 이미 죽었음을 믿음으로 받아들이고 고백할 때, 그리스도 안에서 이루어진 죽음이 실제가 되고 죄의 종 노릇 하던 자아로부터 자유하게 되는 것이었다.

그때 로마서 6장 4절 말씀의 의미를 실제적으로 깨닫게 되었다.

"우리가 그의 죽으심과 합하여 세례를 받음으로 그와 함께 장사되었나니…우리로 또한 새 생명 가운데서 행하게 하려 함이라."

그리고 알게 되었다.

내가 죽었다는 건 단순히 내가 없어진다는 뜻이 아니라, 내 안의 주인이 바뀌었다는 뜻이었다. 더 이상 내가 내 인생을 주장하지 않고, 예수님이 내 안의 주인이 되신다는 것. 그리고 그분이 내 안에서 나를 이끌어 가신다는 것.

내가 죽어야 내 안에 그리스도께서 역사하신다. 내가 붙들고 있는 것들을 내려놓아야 비로소 예수님이 내 삶을 이끌어 가신다.
나의 제한적인 지혜, 나의 부족한 능력, 나의 한계 많은 사랑이 아니라, 예수님의 지혜로, 예수님의 능력으로, 예수님의 사랑으로 살아가게 된다는 것을.
하나님께서 내게 갈라디아서 2장 20절 말씀을 생각나게 하신 것은 사도 바울의 고백처럼 '나는 죽었고 내 안에 예수님이 사신다'는 진리를 결론삼고 날마다 고백하라는 것이었다. 그러면 주님께서 내 안에서 일하시겠다는 말씀이셨다.
그래서 나는 출근할 때마다 고백하였다.
"나는 죽었습니다. 오직 내 안에 예수님께서 사십니다. 예수님은 나의 생명이시고 주인이시고 전부이십니다."
이렇게 믿음으로 고백했을 때, 비로소 '예수님이 나를 통해 역사하시는 것'을 경험하게 되었다.
로마서 15장 18절 말씀이 조금씩 이해가 되기 시작했다.

"그리스도께서…나를 통하여 역사하신 것 외에는 내가 감히 말하지 아니하노라."

하나님께서 원하시는 삶은 나의 노력과 열심으로 살지 말고, 오직 주님의 의지로 행하고, 주님의 감정으로 느끼고, 나의 지식과 경험에 의존하지 말고 매 순간 주님께 묻는 자세로 살라는 것이었다.

그래서 나는 '예수님께서 나를 통해 센터장으로 일하시면 어떻게 될까?' 기대하며 믿음의 실험을 시작했다.

때마침 읽게 된 달라스 윌라드의 한 구절이 나를 격려해 주었다.

예수의 제자는 예수로부터 내 삶을 사는 법을 배우되,
그분이 나라면 내 자리에서 어떻게 사실지를 배우는 것이다.

그때부터 나는 모든 일에 앞서 주님께 묻기 시작했다. 그리고 주님께서 주시는 마음이라고 느껴지면, 망설임 없이 온전히 순종했다.

가장 먼저 주님께서 주신 마음은, 기도하라는 것이었다. 그래서 나는 매일 아침, 직원 한 사람 한 사람의 이름을 부르며 기도하기 시작했다.

기도하는 가운데, 그들의 마음이 느껴졌다. 누구보다 칭찬받고 싶고, 격려받고 싶고, 인정받고 싶고, 사랑받고 싶어 하는 연약한 마음들. 그 안에 감춰진 외로움과 갈급함이 전해졌다.

그들을 위해 진심으로 축복하고, 잘되기를 바라는 마음이 내 안에서 불길처럼 일어났다. 그렇게 나는 매일 기도의 자리에서, 사랑의 시선으로 직원들을 다시 바라보게 되었다.

그리고 나는 직원들을 단순히 지점 실적을 올리기 위한 수단이 아닌, 하나님께서 자신의 형상을 따라 지으신 소중한 한 인격체로 바라보게 되었다. 각각의 직원들을 있는 모습 그대로 품고, 작은 변화에도 진심으로 칭찬하며, 따뜻한 격려로 그들의 마음에 자신감을 심어주었다.

나는 그때 업무를 마치고 은행에서 나설 때면, 다시 '집으로 출근한다'는 마음으로 발걸음을 옮겼다. 집에는 하루 종일 돌봄이 필요한 아들이 기다리고 있었기 때문이다.

밤에도 몇 번씩 일어나 아들을 돌보아야 했기에 따로 시간을 내어 기도하는 일은 쉽지 않았다. 그래서 아침 식사 시간에도 눈을 뜬 채로 조용히 기도했고, 출근길 차 안에서도 하나님께 마음을 올려드렸다.

하루의 모든 순간이 주님을 의지하는 기도의 시간이 되었다. 기도로 호흡하며 "쉬지 말고 기도하라"는 말씀의 의미가 무엇인지 이해가 되었다.

출근 후에는 책상에 앉자마자 명함첩을 꺼내 들었다. 그리고 주요 고객 한 사람 한 사람의 이름을 바라보며, 그들의 일터 위에 하나님의 평안과 축복이 가득하기를 기도했다.

틈이 날 때마다 직원들의 이야기에 귀를 기울였다. 속마음을 털어놓을 수 있도록 조용히 들어주고, 그들의 고민과 아픔에 함께 마음을 나누었다.

작은 일상도 놓치지 않으려 했다. 직원들의 생일을 기억하고, 결혼 기념일을 챙겨주었다.

전 직원 회의 전에는 반드시 주님께 물었다.

"주님, 이 시간 무슨 말을 어떻게 할까요? 내 안에 주님의 마음을 주시고 주님의 생각으로 주님께서 내 입술을 사용하셔서 친히 말씀하소서."

회의에서 나는 이렇게 말하기도 했다.

"업체 부도 때문에 누군가는 이 자리에서 꼴찌를 해야 한다면, 예수님을 믿는 내가 대신할 수 있게 되어 감사합니다. 나는 믿음이 있어 실적과 상관없이 행복할 수 있는데, 센터장으로서 여러분에게는 더 좋은 성적 주지 못해 미안한 마음이에요."

"지금 우리에게 중요한 건 '자기 자신과의 싸움'입니다. 최종 결과가 어떻든, 각자 맡은 자리에서 최선을 다한다면 그것이 바로 우리 모두의 1등입니다. 즐겁게 일합시다."

놀랍게도 하나님은 내 마음에 실적과 상관없는 자유함과 평안을 부어주셨다. 나는 모든 결과를 하나님께 온전히 맡기고, 하루하루 주님이 주시는 마음을 따라 순종하며 걷는 일만 하면 되었다.

그리고 이번에도 믿음의 기업으로부터 거액의 퇴직연금이 들어오게 해주셨다.

한 해가 지나고 갑자기 안양 비산동지점으로 인사 발령이 났다. 일반적으로 한 점포에서 2년간 근무하였기에 나도 직원들도 놀랐다. 좌천된 듯한 기분이 들어, 나는 지난 1년 동안 주님 보시기에 부족한 점이 있었는지 스스로 돌아보았다.

그러던 중, 직원들이 아쉬운 마음을 담아 함께 찍은 사진을 액자로 만들어 각자의 마음을 글로 적어 내게 선물해 주었다. 그 액자에는 이런 글들이 정성스럽게 적혀 있었다.

"사랑이 무엇인지 많은 것을 깨닫게 되었습니다."
"마음이 부자인 사람은 항상 행복하다는 것을 깨닫게 해주셨습니다."
"마음이 정말 따뜻한 분으로 평생 기억하겠습니다."
"항상 어려움을 극복하는 방법을 알려주시어 감사합니다."
"저에게 최고의 지점을 만들어 주셔서 감사합니다. 또한 최고의 센터장님으로 기억할게요."
"은행에 처음 입행하여 센터장님을 만난 게 저에겐 행운이었습니다."
"일을 시작할 때 앞서던 걱정을 한번에 날려주신 센터장님! 항상 신경써 주시고 배려해 주셔서 너무 감사합니다. 정말 많은 걸 배우고 많은 걸 받았습니다."

"점포에서 센터장님과 함께한 짧고 진했던 1년…절대 잊지 못할 것입니다. 늘 말씀해 주셨던 천국이란 곳을 바라보고 기도하게 해주셔서 감사합니다."

직원들이 써준 글들을 읽으며, 마치 하나님께서 내게 '수고했다'고 말씀해 주시며 격려해 주시는 것만 같았다. 더군다나 하반기 최종 성적은 꼴찌인 D가 아니라 놀랍게도 B-가 되어 직원들은 1등을 한 것처럼 기뻐하였다.

그리고 직원들과 마지막 회식을 끝내고 집에 돌아왔을 때, 두 명의 여직원으로부터 엽서가 도착해 있었다.

한 명은 이곳에서 예수님을 믿고 교회를 다니기 시작한 직원이었다. 그 직원은 이렇게 적었다.

> …센터장님과 이야기를 나누다 보면 저는 예수님과 이야기를 나누는 기분이 들고, 한 번도 느껴보지 못한 예수님의 존재에 대해 생각을 하게 되고, 그분을 믿고 싶은 마음을 들게 해주셨습니다. 그 은혜를 절대 저버리지 않고 진짜 크리스천이 되어보려 합니다. 천국은 감히 상상으로도 느껴보지 못했지만, 천국이란 곳은 센터장님과 함께했던 1년처럼 행복한 곳이라 믿습니다….

또 한 명의 직원은 가정의 어려움을 안고 있었지만, 상담을 통해 교회를 다니게 된 직원이었다. 엽서에는 이렇게 적혀 있었다.

> 나의 돌아가신 아빠 대신으로 존경하고 따르기에 자식이 즐겁게 챙겨주었다고 생각해 주시고 받아주세요.

그리고 내가 입고 있던 양복과 동일한 치수의 고급 양복을 보내 왔다.

그 순간 나는 고백했다.

"이 모든 것, 주님이 하셨습니다."

그리고 안양 비산동 지점으로의 발령도 주님의 계획 가운데 복음의 진보를 위한 파송이었다는 것을 나중에 알게 되었다. 천하보다 귀한 한 영혼을 주님의 품으로 인도하기 위한 사랑의 여정이었다.

비산동 지점에 부임한 뒤, 나는 VIP 고객 한 분을 몇 차례 만나 식사를 함께하게 되었다. 몇 번 만난 후에 사장님은 자연스레 만날 때마다 2~3시간씩 자신의 마음속 깊은 아픔과 어려움을 털어놓으셨다. 나 역시 아픔과 어려움이 있기에 고객님의 이야기에 더 깊이 공감하며 경청할 수 있었다.

사장님은 나와의 만남을 기다리며 늘 설레는 마음을 갖게 되었다고 하셨다. 아내의 갱년기 우울증이 오래 지속되며 가정은 한계 상황에 다다랐고, 마음이 무너져 내리는 날들이었다.

어느 날, 사장님은 내 앞에서 고백하셨다. "단 하루라도 평안을 누려봤으면 좋겠어요. 정말 죽고 싶을 지경이에요."

그때 나는 처음으로 우리 가정의 상황을 이야기했다. 그러자 사장님은 놀란 표정으로 물으셨다.

"아니, 어떻게 그런 상황에서 이렇게 평안할 수 있으세요?"

사실 처음 사장님을 만났을 땐 무신론자였다. "인간은 결국 고깃덩이 아닌가요? 죽으면 끝인데 하나님이 어디 계십니까?"라고 말씀하셨던 분이었다. 하지만 만남이 이어질수록 그분의 마음 문이 서서히 열리는 것을 느낄 수 있었다.

내가 조심스레 여쭈어보았다.
"정말 저처럼 평안을 누리고 싶으세요?"
그분은 분명히 "그렇습니다"라고 대답하셨다.
나는 주님의 인도하심을 따라 복음을 전했다.
"하나님은 사장님에게 평안만이 아니라 영원한 생명, 천국을 선물로 주길 원하십니다. 그리고 그 천국을 이 땅에서도 누리며 살기를 원하십니다. 그러기 위해서는 예수님을 진심으로 마음의 주님으로 영접하셔야 합니다."

사장님은 기쁜 마음으로 예수님을 마음에 영접하셨다. 그리고 내가 선물로 드린 신약성경을 한 달도 안 되어 다 읽으셨고 나에게 이렇게 말씀하셨다.
"요즘 성경을 머리맡에 두고 잠을 잡니다. 처음으로 마음의 평안을 누리게 되었습니다."
그 후 사장님은 주님과의 약속이라며 30년간 피우던 담배를 끊으셨다. 그리고 이전에는 "나 같은 사람이라야 천국에 간다면 가야죠"라던 분이 이제는 "나는 지옥에 갈 수밖에 없었던 죄인이었습니다"라고 고백하셨다.

그리고 다시 1년 만에 갑자기 내가 서초영업본부 수석감리역으로 발령을 받고 지점을 떠나게 되었을 때, 사장님은 사랑이 담긴 선물과 함께 감사의 문자를 보내주셨다.

마음이 힘들고 어려울 때 예수님을 알게 되어 제가 지금까지 살 수 있었습니다. 최고의 선물을 받았습니다. 예수님을 알게 해주셔서 얼마나 좋고 감사한지 모릅니다. 지점장님을 안양으로 보내심은 저를 위해 보내주신 하나님의 선물입니다.

그 순간 나는 깨달았다. 주님께서 잃어버린 한 마리 양을 찾아 사마리아 우물가의 여인을 찾아가셨듯, 나를 비산동지점으로 보내셔서 삶에 지친 한 영혼을 주님의 품으로 인도하신 것이었다. 모든 것이 주님의 은혜였다. 나는 통로일 뿐 모든 것은 주님이 하셨음을 고백할 수밖에 없었다.

제6장
눈물로 드린 감사, 노래가 되다

2014년 1월 1일, 내 일기는 이렇게 시작하였다.

새해를 눈물로 시작한다.
이렇게 멈추지 않고 여전히 많이 나오는 가래로 인해 이제 밥도
제대로 먹이지 못하게 되니 슬픔과 탄식이 밀려온다.

아무리 기도해도 응답되지 않는 것 같고, 변하지 않은 힘든 현실을 안고 또 한 해를 맞이한다는 생각에 내 마음이 무너졌다.

1년 후 안양 비산동지점으로 발령받았던 때 아들의 상태가 더 심해져서 하루종일 침대에 누워 있어야 했다. 애써 저녁 한 끼 정도만 밥을 먹일 수 있었다.

아들의 가래를 빼줄 때마다 피가 나지 않기를 간절히 바라지만, 상처가 자극되어 자주 붉은 피가 가래에 섞여 나왔다. 그런 날이면 거의 하루종일 피가래를 빼게 되고 너무 마음이 아파 '차라리 내 생명을 거두어 가시고 아들의 가래를 멈추게 해달라'고 절박한 마음으로 기도를 드렸다.

저녁 무렵, 하나님께서는 피 흘리며 고통 속에 죽어가는 아들 예수님을 나의 구원을 위해 바라보셔야만 했던 그 마음, 심장이 터질

듯한 아버지의 사랑을 내 마음에 부어주셨다. 그 사랑이 내 깊은 슬픔을 어루만졌고, 하나님은 그렇게 나를 위로하셨다.

그러나 정작 누구보다 힘들었을 사랑하는 아들을 생각하니 마음이 아려왔고, 나는 그 안타까운 마음을 안고 조용히 주님께 여쭈어 보았다.

"주님, 이 상황을 통해 제가 무엇을 더 깨닫기를 원하시나요?"

주님께서는 내 마음에 갈라디아서 말씀을 통해 분명하게 응답하셨다.

> "나의 자녀들아 너희 속에 그리스도의 형상을 이루기까지 다시 너희를 위하여 해산하는 수고를 하노니"(갈라디아서 4:19).

아들을 향한 하나님 아버지의 마음은, 이 땅에서의 편안함이나 성공이 아니라 무엇과도 바꿀 수 없는 예수님의 형상을 이루는 것이 가장 본질적이고 소중한 일임을 깨닫게 하셨다. 주님은 아버지 된 나에게 말씀하셨다. 비록 힘들고 고통스럽지만, 다시 한 번 해산의 수고를 감당해 달라고.

헨리 나우엔은 이렇게 말했다.

> 우리는 지금 세상에 존재하고 있는 '살아 있는 작은 예수'라고 말할 수 있어야 한다. 진정한 구원은 우리가 예수님을 닮아가는 것이다.

아들이 예수님을 온전히 닮아가기 위해 반드시 지나야 할 과정이기에, 그 고통마저 해산의 열매를 소망하며 기쁨으로 감당하라고 하시는 주님의 음성이었다. 그리고 하나님께서는 아들뿐 아니라 나에게도 이 고난의 여정이 예수님의 형상을 이루어가는 시간이 되고 있음을 깨닫게 하셨다.

내가 아무리 노력해도 아인슈타인이 될 수 없는 것처럼, 나 스스로 예수님을 닮아가고 예수님처럼 살아가는 것은 불가능한 일이다. 그러나 아인슈타인의 재능이 내 속에 들어온다면 가능한 것처럼, 예수님의 영이신 성령이 내 안에 계시기에 예수님을 닮아갈 수 있게 된 것이다.

'나는 죽고 예수님께서 내 안에 사신다'는 복음의 진리를, 하나님은 고난의 시간을 통해 내 마음 깊이 깨닫게 하셨다. 그 고난의 여정 속에서, 나와 아들을 예수님의 형상으로 조금씩 빚어가고 계심을 알게 되었다.

나는 스스로 질문을 해보았다.

"나는 아내에게 '예수님 닮은 남편'으로 인정받고 있는가? 나는 자녀들에게 '예수님 닮은 아빠'로 불리고 있는가? 나는 직원들에게 '예수님 닮은 지점장'으로 여겨지고 있는가?"

자주 나 스스로에게 물어야 할 질문이고, 내가 품어야 할 목표라는 생각이 들었다. 그래서 매일 아침마다 내 안에 예수님의 사랑과 자비와 겸손의 마음을 부어주셔서 나를 통해 예수님이 가장과 지점장으로 친히 일하시도록 나의 몸과 마음, 생각과 입술을 주님께 드렸다.

그리고 아들도 내게 말하였다.

"아빠, 믿음의 본을 보여주세요. 예수님을 본받기 전에 아빠를 본받을 거예요."

아들의 말을 들으며 사도 바울이 한 말씀이 생각이 났다.

"내가 그리스도를 본받는 자가 된 것같이 너희는 나를 본받는 자가 되라"(고린도전서 11:1).

자녀에게 인격과 삶으로 본보기가 되어 주는 것이 가장 좋은 부모의 역할일 것이다. 하나님께서는 아들에게 말과 행실과 사랑과 믿음과 정결함에 있어서 "나를 본받는 자가 되라"고 말할 수 있어야 내 믿음이 참된 믿음이라는 분명한 마음을 주셨다. 내가 아들한테도 인정받지 못한다면, 불꽃같은 눈으로 나의 모든 마음과 생각, 말과 행동을 지켜보시는 하나님 앞에서 어떻게 인정받을 수 있을까?

나는 간절히 기도했다.

"주님, 내가 뼛속까지 회개하여 악은 모든 모양이라도 버리고, 100프로 거룩함으로 정금같이 변화되어 주님과 더욱 친밀히 동행하게 하소서. 하나님 아버지의 사랑으로 이 고난을 넉넉히 이겨내게 하시고, 현재의 고난이 장차 나타날 영광과 족히 비교할 수 없음을 늘 기억하여 감사를 잃지 않게 하소서."

그리고 피가래 앞에서 내 마음이 물결치는 파도처럼 흔들리고 감정의 변화가 보이면 그런 나를 보고 아들이 내게 말하였다.

"아빠, 이제는 가래와 피를 뛰어넘으셔야죠. 그리고 엄마, 아빠만 잘 감당하시면 저는 감당할 수 있어요. 저를 이삭처럼 하나님께 바쳐야 해요."

그때 아들의 말이 주님의 음성으로 다가왔다.

아브라함이 도저히 이해할 수 없는 상황에서 이삭을 바치는 말할 수 없는 고뇌를 통해 무조건적인 신뢰를 배운 것처럼, 하나님께서는 나에게도 사랑하는 아들을 바치기를 원하시는 것 같았다. 너무나 사랑하는 이삭임에도 불구하고 '주신 선물'보다 '선물을 주신 하나님'을 더 사랑하고 경외하였기에 아브라함은 이삭을 바칠 수 있었다.

　나를 너무나 사랑하셔서 십자가의 죽음으로 자기 아들을 내어주신 하나님 아버지에 대한 신뢰와 사랑이 서서히 깊어져 갈 때에야 비로소 나도 아들을 바칠 수 있는 순종으로 나아갈 수 있게 되었다.

　"이 땅에 살 동안 내게 잠시 맡겨주신 보석 같은 선물, 정함이를 하나님께 바칩니다. 이대로 사용하시든, 고쳐서 사용하시든, 하나님의 영광과 복음의 진보를 위해 마음대로 사용하시옵소서!"

　우리의 머리털까지 다 세시며, 참새 한 마리도 하나님 아버지께서 허락하지 아니하시면 땅에 떨어지지 않게 하시는 절대 주권의 하나님, "하나님을 사랑하는 자에게는 모든 것이 합력하여 선을 이루신다"고 약속하신 하나님을 온전히 신뢰함으로, 힘든 상황이 닥칠 때마다 매순간 이 고백을 드릴 때 감당할 수 있게 해주셨다.

　그리고 응답의 결과에 초점을 맞추지 않고, 로마서 8장 32절 말씀과 '허락하신 모든 상황이 최선'임을 믿고, 나보다 아들을 더 사랑하시고 아들에게 가장 좋은 것으로 주실 주님을 매순간 바라보았다.

"자기 아들을 아끼지 아니하시고 우리 모든 사람을 위하여 내주신 이가 어찌 그 아들과 함께 모든 것을 우리에게 주시지 아니하겠느냐"(로마서 8:32).

예수님은 십자가 죽음을 앞두고 이렇게 기도하셨다.

"아빠 아버지여 아버지께는 모든 것이 가능하오니 이 잔을 내게서 옮기시옵소서 그러나 나의 원대로 마시옵고 아버지의 원대로 하옵소서"(마가복음 14:36).

예수님의 자발적인 죽음이 아버지를 향한 절대 신뢰에 대한 최상의 표현인 것처럼, 나 또한 기도 응답의 결과에 상관없이 아들의 건강과 생명과 미래뿐 아니라 내 삶 전부를 조건 없이 감사함으로 하나님께 전적으로 위탁할 때, 그것이 하나님께 대한 '온전한 신뢰'임을 깨닫게 하셨다.

그리고 그 결과 모든 염려와 두려움에서 완전히 벗어나 환경에 상관없이 진정한 자유함과 평안과 감사를 누리며, 천국을 이 땅에서도 누릴 수 있게 되었다.

2015년 4월 13일 일기이다.

> 부활절을 보내면서 혹시나 기대했던 치료의 기적은 일어나지 않았다.
> 그러나 부활하신 예수님께서는 오늘도 내 안에 살아 계셔서, 성령으로 내 마음을 하나님의 사랑으로 가득 채우시고 현재의 고난을 뛰어넘는 감사와 평안을 누리게 해주심이 기적이라는 생각이 들었다.
> 내 안에 살아 계시는 예수님을 바라보며 주님을 온전히 신뢰함으로 때때로 밀려오는 염려들을 매순간 주님께 맡길 때, 물 위를 걷는 베드로처럼 환경을 초월하는 천국을 내 마음과 가정에 충만히 경험하게 해주셨다.

그 이후 하나님을 온전히 신뢰하는 자는 삶의 모든 것을 당연한 것으로 여기지 않고 삶의 전부가 은혜임을 알고 감사하는 자임을 깨닫게 되었다.

또한 우리 삶에 일어나는 좋은 일들뿐만 아니라 기쁨의 순간과 슬픔의 순간, 성공과 실패 등 삶 전체를 감사로 받아들이는 것이 진정한 감사임을 고난 중에 깨닫게 되었다.

상황만을 바라볼 때는 도저히 감사할 수 없지만, 24시간 예수님을 바라보면서 상황을 바라보는 내 생각과 관점이 바뀌게 되어, 점차 모든 상황에서 감사의 제사를 드리게 되었다.

"감사로 제사를 드리는 자가 나(하나님)를 영화롭게 하나니"(시 50:23)라는 말씀으로 쓴 감사 일기이다.

1. 40일간 가래가 막혀 호흡곤란이 되었던 것을 생각하면, 가래가 잘 나와주는 것도 감사.
2. 비록 35킬로의 몸무게이고 가래가 하루종일 나오는 상황에서도, 기적같이 저녁 한 끼 밥이라도 먹게 해주시니 감사.
3. 사랑하는 아들의 피가래를 보면서, 나를 위해 아들 예수님의 피를 흘리게 하신 하나님 아버지의 사랑과 구원의 감격을 더욱 깨닫게 하시고, 이삭처럼 아들의 생명과 건강을 주님께 맡겨 드릴 수 있게 하신 은혜 감사.
4. 이 고난을 통해 정함이가 더욱 거룩해지고 주님과 친밀히 동행하며 무엇보다 가장 힘들어 할 아들이 감사와 찬양이 넘치고 넉넉히 감당할 은혜 부어주신 것 감사.
5. 욥의 아내가 믿음이 무너졌을 때 가장 힘들었을 욥처럼, 한때 사람의 힘으로 도저히 감당치 못해 힘들어 하던 아내가 이제 기도의 힘으로 감당하게 하시고, 천국의 가정 되게 하신 것이 얼마나 감사한지.
6. 가래가 멈추지 않더라도, 그리 아니하실지라도 이 고난을 통해 아들이 서울대 대학원 재입학보다 더 영광스러운 천국에서 예수님께 생명의 면류관을 받게 하실 소망 주신 것에 무한 감사

드리나이다.

무엇보다 감사한 것은 고난을 통해 아들에 대한 긍휼과 사랑이 점점 더 깊어진다는 것이었다.
어릴 적, 부모님의 이혼으로 아버지는 우리를 남겨두고 떠나셨고, 그로 인해 나는 아버지의 사랑이 무엇인지 제대로 알지 못한 채 자라야 했다. 그런 내게 희생적이고 온전한 사랑은 너무 낯설고 어려운 것이었다. 결국 이기적인 본성을 가진 나는, 사랑하는 아들을 향해서도 참된 아버지의 사랑을 온전히 흘려보내지 못하고 있었다.
그런데 이제는 아들이 이렇게 말했다.
"예전에는 아빠를 언제든 마음대로 시키기가 부담스러웠는데, 이제는 마음 편하게 밤낮 언제든 수시로 시킬 수 있어서 좋다."
그리고 내 생일에는 이런 문자를 보냈다.

> 아빠! 사랑하는 아빠 아들 정함이에요. 날마다 저 돌보시느라 애쓰시는 거 저도 알고, 하나님도 아시는 거 아시죠?
> 아빠로 인해 아버지의 사랑을 더 깊이 알게 되어 감사해요!
> 무엇보다 아빠와 함께하여 귀한 믿음을 전수받아 가장 감사해요!
> 아빠가 사시는 동안 함께 하나님을 섬기며 더 존경받는 아빠 되길 기도할게요! 생신 축하드리고 사랑합니다!

29세가 된 아들은 이제 35킬로 남짓한 병든 몸으로 인공호흡기에 의지한 채, 거의 하루종일 침대에 누워 지내야 했다. 밤에는 열 번도 넘게 깨어 아들을 돌보아야 하는 날들이 이어지지만, 그럼에도 아들이 내 곁에 함께 있다는 사실만으로도 나는 깊은 감사와 벅찬 사랑을 느꼈다.

그리고 그 순간 문득 마음 깊이 깨닫게 되었다.
'아, 이런 사랑이야말로 정상적인 아버지의 사랑이었구나.'

또한 나는 "오직 사랑으로 서로 종 노릇 하라"(갈 5:13)는 말씀 앞에 철저히 순종하기로 결단했다. 가정에서든 일터에서든 모든 것을 주님께 온전히 맡기고, 평생 사랑만 하며 살아가리라 다짐하며 간절히 기도드렸다.
"주님, 오늘도 내 안에 살아 계셔서 나를 통해 일하소서. 내 생각, 내 감정, 내 눈이 아닌 예수님의 긍휼의 마음과 시선으로 이 하루를 살게 하소서."

그렇게 눈물로 드렸던 감사가 노래가 되었다.
아들이 호흡이 곤란하여 하루종일 인공호흡기를 하고 침대에만 누워 있어야만 했던 때 일기이다.

예수동행일기(2016. 5. 27)

새벽에 일어나자마자 아들 가래를 빼면서 감사와 찬양이 내 입에서 흘러나오며 행복감이 밀려온다. 한때 '감당하기 쉽지 않다'고 탄식하기도 했던 고난의 한복판인데, '사는 것이 왜 이렇게 행복할까' 생각해 보았다. 무엇보다도 24시간 주님을 바라보며 예수님과 동행하게 되면서, 오늘 하루도 나와 내 가정의 왕 되신 주님, 아들의 건강과 생명, 그리고 내 가정과 삶 전부를 책임져 주시는 주님이 나와 하루종일 함께하여 주신다는 사실이 든든한 확신으로 가슴 벅차게 다가오기 때문이다.
지난 5년 동안 하루종일 끊임없이 반복되는 '의미 없어 보이는 가래 빼기'조차도 주님 바라보며 순종함으로 나아갈 때, '또 무엇을 하든지 말에나 일에나 다 주 예수의 이름으로 하고 그를 힘입어 하나님 아버지께 감사하라'(골 3:17)는 말씀이 경험되게 하심도 감사하다. 그리고 오늘도 내 인생의 마지막 날 같은 소중한 하루를 선물로 주시고, 하나님의 자녀로, 예수님 안에서 하나님의 의가 되어 천국을 누리며 거룩한 삶을 살게 하심도 얼마나 감사한지!

아침 일찍 비즈니스 클래스 교육에 가는 딸을 회사까지 차로 데려다주면서, 1등하겠다며 일주일 내내 거의 밤새 공부하고 피곤하여 차에서 잠을 자는 딸을 보며, 이번 한 주간 동안 데려다줄 수 있어 감사하였고, 주님 보시기에 좋은 결과 주시기를 기도하였다.

영업본부로 출근하면서 은행을 위해, 특히 하나님 나라가 은행과 민족 가운데 이루어지기를 기도하며, 생명보다 귀한 천국복음 전파의 사명과 제자 삼으라는 주님의 지상명령을 주신 것에 깊은 감사를 드렸다.

점심에는 아들의 건강을 위해 호흡기에 좋다는 배즙까지 보내온 은행의 충성된 제자인 정 차장이 점심 대접을 하겠다고 하여, 같이 근무하는 심 차장과 함께 이태리 레스토랑에서 맛있는 식사와 은혜로운 교제를 나누었다. 직장에 하나님 나라를 이루기 위한 믿음의 공동체가 있음에 너무 감사하였고, 남은 삶도 제자들이 예수님과 24시간 행복한 동행을 하며 살아 있는 작은 예수로 살아갈 수 있도록 기도와 사랑의 섬김으로 헌신할 마음 주셔서 감사하였다.

집에 와서는 너무나 사랑스러운 아들과 하루의 삶을 나누면서 행복한 시간을 보내었다. 30살 된 아들 정함이는 호흡근육이 약해져 코마스크 호흡기를 하면서 하루종일 침대에 누워 있기에,

말씀을 듣고 찬양을 하며 치유기도와 중보기도를 하고 있는데, 오늘은 머리부터 발끝까지 전기가 흐르는 듯 뜨거워지며 성령의 역사가 느껴졌고, 기쁨의 생수가 충만히 넘쳐 흘렀다고 하였다.

병마와의 길고 긴 영적 전쟁을 하는 과정이기에, 아들의 눈을 열어주셔서 영적인 세계를 보게 하시고, 우리의 영적 싸움이 얼마나 실제적인가를 깨닫게 하셔서 더욱 깨어 기도하게 하시니 참으로 감사한 하루였다.

그리고 저녁에는 회사에서 딸이 돌아왔는데, 하나님께서는 장애인 오빠의 오랜 병간호로 자칫 상처받을 수 있는 딸에게 1등으로 수료하게 하시어, 뿌린 대로 거두는 은혜를 누리게 해주셔서 또한 감사하셨다.

내 안에 왕으로 임하신 주 예수님을 바라볼수록, 예수님 한 분만으로 주어지는 감사함으로, 눈뜨는 순간부터 잠드는 순간까지 더욱 행복을 누리게 하시니 오직 주님께 감사와 찬양을 올려드린다.

진리는 우리가 하나님 손안에서 완벽하게 안전하다는 것이다.
예수님과 함께라면, 고난을 넘어 이 땅에서도 천국을 누리는 삶이 가능하다는 것을 깨닫는다.

제7장
그날들, 아들은 천국을 살았다

사람들은 말한다. 고난은 누구에게나 찾아온다고. 하지만 그 고난 속에서 천국을 살아낸 사람은 많지 않다.

아들의 고통은 상상보다 깊었다. 숨쉬는 것조차 버거운 날들이 이어졌다. 그런데 그 속에서, 나는 믿기 힘든 일들을 하나씩 경험했다.

예수님과의 동행은 어느 날 갑자기 시작된 것이 아니었다. 절망의 밤을 지나며, 아주 작고 조용하게 찾아오셨다. 눈물로 하루를 버티던 시간 속에서, 아들은 어느새 예수님을 바라보고 있었다. 고통은 끝나지 않았지만, 아들의 마음 안에는 확실한 평안이 자리 잡기 시작했다.

그리고 그때 확실히 깨달았다. 천국은 죽음 뒤에만 있는 게 아니라, 예수님과 함께할 때 지금 여기에도 임한다는 것을.

2011년, 아들 정함이는 25살이었다. 서울대 대학원에 입학한 그해 3월부터 6개월 동안은 죽음의 깊은 골짜기를 지나던 시간이었다.

폐렴이 좀처럼 낫지 않아 결국 패혈증까지 진행되었고, 그로 인해 두 차례나 중환자실에 들어갔다 나와야 했다. 몸무게는 35킬로그램까지 급격히 줄었고, 중환자실 증후군인 섬망으로 인한 혼란과 극심한 불안, 죽음에 대한 두려움까지 겹쳐 아들은 정신적으로도, 육체적으로도 너무나 힘든 시간을 보내야 했다.

그때 아들에게 힘이 되었던 말씀은 이사야 41장 10절이었다.

"두려워하지 말라 내가 너와 함께함이라 놀라지 말라 나는 네 하나님이 됨이라 내가 너를 굳세게 하리라 참으로 너를 도와주리라 참으로 나의 의로운 오른손으로 너를 붙들리라."

그러나 그 당시만 해도 아들은 예수님이 항상 함께하신다는 믿음이 실제가 되지 못했기에 미래에 대한 염려와 죽음에 대한 두려움으로부터 완전히 벗어나지 못했다.

예수님과 동행하며 예수님이 함께하심이 믿어지면 염려와 두려움이 다 사라진다. 다윗은 하나님께서 자신과 함께하시는 것이 분명히 믿어졌기에 시편 23편에서 이렇게 고백하였다.

"내가 사망의 음침한 골짜기로 다닐지라도 해를 두려워하지 않을 것은 주께서 나와 함께하심이라"(시편 23:4).

동일하게 창조주 하나님이신 예수님이 나와 항상 함께하신다는 것이 분명히 믿어지면 다윗의 고백이 나의 고백이 되는 것이다. 그러나 그때까지만 해도 아들은 예수님과 동행하는 삶을 제대로 알지 못했기에 이 고백이 되지 못했다.

아들은 6개월간의 죽음의 고비를 넘긴 끝에 마침내 퇴원하게 되었다. 이후 밥도 잘 먹고, 조금씩 기운을 되찾아가며 회복의 기쁨을 누렸다. 2012년 새 학기에 복학하기 위해 공부도 시작했고, 감사와 행복이 가득한 나날을 보내게 되었다.

그러나 약간씩 나오던 가래는 1년이 지난 2012년 9월에도 계속 나오더니 11월에는 가래를 빼는 과정에 기관지 상처로 인해 피가 보이기 시작하였다. 기관지 상처로 인해 가래 양이 더 많아지면서 아들의 일상의 삶에 불편함이 더욱 가중되었다.

밥을 먹다가 가래가 올라오면 호흡곤란이 와서 급히 침대로 옮겨 가래를 빼줘야 했고, 그렇게 몇 차례 반복되면 밥은 이미 식어버렸다. 때로는 포기하고 끼니를 거르기도 했다. 화장실에서도 마찬가지였다. 대변을 보다가도 가래 때문에 급히 옮겨야 했고, 목욕 중에도 그랬다. 씻기다 말고 젖은 몸 그대로 안아 침대로 옮겨야 했다.

아들은 이런 상황에서도 하나님께 원망하지 않았다.

나와 아들은 퇴원 후 1년이 되어가는 2012년 8월, 유기성 목사님의 말씀을 통해 예수님과 동행하는 삶을 시작하였기에 믿음의 대화를 자주 하였다.

그리고 아들은 '가래가 끝날 것 같지 않은 두려움'을 때로 느끼면서도 오히려 내가 힘들어하면 끝까지 잘 이겨내자고 용기를 주었고, 원망하면 마귀에게 지는 것이라고 하였다.

그러다가 2013년 6월, 아들이 나에게 갑자기 질문을 하였다. 자신의 연약함을 알아도 있는 그대로 사랑하냐고.

아들에게 어떠한 모습이라도 진심으로 사랑한다고 말하였더니 눈물을 흘리며 나에게 고백을 하였다. 퇴원 이후 은밀한 죄에서 자유할 줄 알았는데 무너졌고, 6월에 또 유혹이 와서 힘들었다는 것이다.

예수님과 동행하면 은밀한 죄가 사라진다. 아무리 유혹이 강해도 사람이 옆에서 지켜보면 죄 된 행동을 하지 않을 것이다. 더군다나 나와 함께 계시는 예수님이 지켜보신다는 것을 안다면 결코 은밀한 죄를 짓지 않게 된다.

은밀한 죄의 문제는 예수님이 나와 함께 계신다는 것을 믿지 못하거나 믿더라도 머릿속 지식일 뿐 실제가 되지 않았기 때문이다.

아들도 그때까지 예수님이 함께 계신다는 믿음이 실제가 되지 못했던 것이다. 믿는 것과 믿어지는 것은 달랐다.

아들은 그날 결단했다. 하나님 앞에서 다시 거룩하게 살겠다고, 그리고 그 결단의 증표로, 일기를 쓰기 시작했다.

6월 29일, 그 첫 일기의 제목은 바로 "결단"이었다.

> 하나님 앞에서 다시 한 번 거룩의 결단을 했다. 순결하고 거룩한 하나님의 중보기도자로 바로 서겠다고. 퇴원 이후 있었던 죄악의 습관을 아빠에게 솔직히 고백하고 영적 자유함을 얻었다.
> 다시금 가볍고 자유로운 마음이다….

아들은 죄를 숨기지 않았다. 오히려 죄를 빛 가운데 드러내고, 나에게 고백하며 자유를 얻었다. 그리고 그 자유의 기쁨은, 예수님과의 동행을 향한 첫걸음이 되었다.

> 홀로 있는 그 시간이 하나님 앞에서 고독과 침묵의 시간이 되도록 애쓸 것이다. 날마다 내 곁에 계신 예수님을 기억하며 주님과 동행할 것이다.

> 오늘은 홀로 있을 때 하늘에 계신 우리 아버지를 묵상해 보았다. 내 입술로 고백했을 때 하나님께서 곁에 계신 것 같은, 마음이 떨리는 듯한 인상을 받았다. 아직은 하루 중에 주님을 많이 의식하고 생각하지 못했지만 앞으로는 많이 하게 될 것이다.

아들은 얼마나 주님을 잊고 사는지를 솔직히 인정하면서도, "앞으로는 예수님을 더 많이 생각하게 될 것"이라는 소망을 품었다.

그리고 7월 1일, 아들은 이렇게 기록하였다.

> 하나님 앞에서 결단한 것들을 내 힘으로 지켜가는 것은 불가능하다는 사실을 다시금 깨닫고 있다. 늘 하나님 아버지를, 주님을 생각하지 않는 한 거룩을 지켜갈 수 없다.
> 나 홀로 있는 그 시간이 정말 거룩해지기를 원한다….

아들은 일기를 통해 매일의 내면을 점검했다. 주님과 동행하기로 한 그 결단은 하루아침에 완성되는 것이 아니라, 매일의 돌아봄과 회개의 여정임을 알아갔다.

> 이 일기를 쓸 때면 내가 하루 동안 예수님을 얼마나 생각하지 않는지 발견한다. 앞으로는 내 생각 속에 예수님이 가득하길 바란다.

그 첫 결단 이후, 아들의 내면은 조용하지만 확실하게 성장해 갔다. 고난 속에서도 주님을 더 의식했고, 병 가운데서도 주님을 더 사랑하게 되었다. 아들의 일기들은 결국 죽음을 눈앞에 둔 마지막 순간까지도 천국을 노래하는 순결한 믿음의 고백서가 되었다.

아들의 일기는 단순한 기록이 아니었다. 자신의 삶 전체를 예수님 앞에 놓고 들여다보는 거울이었다. 그것은 하나님 앞에 자신의 영혼을 매일 들여다보는 도구였고, 주님과 동행하기로 결단한 이후의 '영적 항해일지'였다. 병상 위에서, 고통 가운데서, 때로는 침묵 가운데서 자신을 돌아보고 또 돌아보았다.

그다음 날 아들에게서 또다시 피 섞인 가래가 나왔다. 아물었던 기관지 상처가 다시 자극이 되었던 것이다. 그러나 아들은 낙심 대신 주님의 십자가를 떠올렸다.

오늘 또 가래에서 피가 섞여 나온다. 한동안 잘 관리해서 피가 안 보였는데 또다시 힘든 시기가 시작된 것이다. 피가 빨리 멈추길 바란다.

주님의 보혈을 생각해 본다. 죄와 피 흘리기까지 싸우겠다고 다시 결심을 해본다. 내 죄 때문에 피 흘려 돌아가신 주님을 기억한다. 이 고난의 시기가 거룩에 유익이 되기를.

어떻게 하면 이 속에서 주님을 더 생각할 수 있을까. 아직 주님과 동행한다고 하기엔 많이 부족하다. 그렇지만 나의 노력을 아시는 주님께서 나를 기다리시고 도와주실 거라 믿는다.

아들의 고통은 그대로였지만, 고통을 대하는 태도는 달라졌다. 주님의 보혈을 떠올리며 자신의 고난을 거룩으로 승화시키려는 이 고백은, 아들의 영혼이 얼마나 깊어졌는지를 보여준다.

예수님과 동행하는 삶은, 모든 문제가 사라진 삶이 아니었다. 오히려 고난의 한복판에서 예수님을 바라보는 눈이 열리고, 주님의 사랑과 은혜를 더 선명하게 체험하는 삶이었다. 아들은 그 삶을, 병상 위에서, 피와 가래 사이에서도 살아냈다.

2015년 2월, 아들이 29살이 되던 해였다.

몸 상태는 점점 약해졌고, 숨 쉬는 것도 힘들어 하루종일 침대에 누워 인공호흡기에 의지해야 했다. 음식을 제대로 먹일 수가 없어 생식을 주로 먹였고, 저녁 한 끼는 침대 위에서 조금씩 떠먹여줄 수밖에 없었다. 몸무게는 35킬로그램 정도까지 줄었고, 하루를 버티는 것조차 기적처럼 느껴지는 날들이었다.

그런데도 아들은 그 고난 한가운데서 예수님을 더 깊이 만나고 있었다. 고통이 깊어진 만큼, 은혜도 더 넓고 깊어졌다.

스스로 일기를 쓸 수 없었던 어느 날, 아들이 내게 말했다.
"아빠, 내가 부르는 대로 받아 적어주세요."
아들이 불러주는 고백을 받아 적으며 나는 고통과 절망 너머에 있는 하늘의 영광을 느낄 수 있었다.
그 고백은 단순한 일기 이상의 것이었다. 절망의 바닥에서 쏘아 올린 생명의 외침이었고, 어둠 속에서도 빛을 놓지 않으려는 믿음의 선언이었다.

> 어둠이 깊어질수록 별은 더 눈부시기 마련이다. 고난이 커질 때 하나님의 작은 은혜도 더 크게 다가온다. 이전에 당연하다고 느꼈던 위로가 새롭게 다가온다.
> 내일 하루는 어떻게 보내나 지쳐서 잠이 들지만, 아침 햇살이 밝아오듯이 눈을 뜨면 또 하루를 살아갈 소망이 부어진다. 하루하루 힘겨운 순간이 있지만, 꼭 해야 할 것들은 하게 하신다.
> 이 고난조차 하나님의 손안에 있음을 본다. 그렇게 하루하루를 버티는 은혜를 넘어서서, 이제는 넉넉히 이겨내는 은혜를 주신다.

아들의 고백은, 믿음이란 무엇인가를 보여주었다.
고난은 인간의 연약함을 드러내지만, 믿음은 그 연약함을 뚫고 솟아나는 하늘의 빛이라는 것을.
믿음이란 상황이 좋아져서 평안한 것이 아니라, 상황과 상관없이 평안을 누리는 것이며, 소망이란 미래가 보이기 때문에 갖는 것이 아니라, 절망 속에서도 하나님을 바라보는 눈이 있기 때문에 흔들리지 않는다는 것을 아들은 보여주었다.
아들의 고백은 단지 고통을 견뎌낸 기록이 아니었다.
그 안에는 이 세상을 뛰어넘는 소망, 죽음의 그림자 속에서도 살아 계신 하나님을 붙드는 믿음이 담겨 있었다.

고통 앞에서 흔들리는 모든 영혼에게 아들의 이 고백은 말없이 속삭인다.

"예수님 안에 있는 은혜는 절망 속에서도 빛을 발한다."

세상은 '은밀한 죄'라 부르는 것들에 대해 관대하고, 심지어는 "이 정도는 인간이라면 다 그렇지"라며 스스로를 위로하고 넘어가게 한다. 아들 또한 한때는 그런 자기 합리화 속에서 버티며 살아가려 했었다.

그러나 이제는 달라졌다.

아들이 예수님과 동행하며 함께 계시는 예수님을 실제로 믿고 바라보게 되면서, 더 이상 죄의 유혹이 들어설 자리가 없어졌다고 고백했다.

> 내가 받은 구원, 너무나 당연히 여겨왔던 구원조차도 새롭게 다가온다.
> 나 같은 죄인을 용서해 주신 것만이 아니라, 거룩한 새사람 만들어주시겠다는 구원의 약속이 너무나 감사하다. 죄를 용서해 주실 뿐만 아니라, 죄가 생각조차 나지 않는 은혜가 있다.
> 이전에는 살다 보면 '이 정도는 무너질 수 있지' 하고 자신을 스스로 위로하며 살아왔지만, 하나님께로서 난 자는 죄를 짓지 않게 된다는 요한일서 5장 18절 말씀이 새롭게 다가온다.

아들의 고백은 단순히 죄책감에서 벗어났다는 말이 아니었다. 죄가 들어설 자리가 없어질 만큼 예수님으로 마음이 가득 찼다는 고

제3부 예수 동행, 천국을 살다

백이었다.

'죄를 짓지 않는 것'은 스스로의 의지로 되는 일이 아니었다. 거룩은 애쓴다고 해서 가능한 것이 아니었다. 아들이 말한 것처럼, 이제는 죄가 아예 생각조차 나지 않는 것, 그것이 바로 예수님과 친밀히 동행하는 이에게 주시는 하늘의 은혜였다.

아들의 고백 앞에서 구원이란 단지 지옥의 심판에서 건짐 받는 것이 아니라, 이 땅에서 거룩한 삶으로 빚어져 가는 전인적인 변화임을 다시금 깊이 깨닫게 되었다.

> "하나님께로부터 난 자는 다 범죄하지 아니하는 줄을 우리가 아노라 하나님께로부터 나신 자가 그를 지키시매 악한 자가 그를 만지지도 못하느니라"(요한일서 5:18).

이 말씀이 아들의 삶 속에서 증명되고 있었다. 그리고 그 진리는 지금도 여전히 살아 숨 쉬고 있다.

또한 하루하루, 인공호흡기를 통해 들이쉬는 공기조차 아들에겐 더 이상 단순한 생명의 유지만이 아니었다. 아들은 그 공기 하나하나를 통해 예수님을 떠올렸고, 예수님을 바라보았다.

> 호흡기로 공기가 들어올 때마다 예수님을 생각해 본다.
> 예수님을 바라보는 기쁨이 나를 거룩하게 하고,
> 고난을 넉넉히 이기는 힘을 준다.
> 예수님이 정말 내 안에 계신다.
> 주님이 날마다 부어주시는 은혜를 부인할 수가 없다.

고통이 깊어질수록 아들의 고백은 더 투명해졌고, 호흡 하나하나에 담긴 믿음은 그 무엇과도 바꿀 수 없는 생명의 고백이었다.

아들은 더 이상 육신의 연약함에 눌려 있지 않았다. 절망이나 한숨이 그를 지배하지 않았다.

예수님을 바라보는 기쁨이 그의 거룩함이 되었고, 주님의 임재가 그의 숨결을 감싸 안고 있었다.

그렇게 아들은 더 이상 인공호흡기에 의존해 살아가는 존재가 아니었다.

그는 예수님의 생명으로 숨 쉬고, 그분의 은혜로 사는 영적 생명의 사람이었다.

'숨 쉬듯, 자연스럽게 예수님을 생각하며 그분 안에서 거룩함과 능력을 누리는 삶.'

아들의 육체는 점점 약해졌지만, 그의 영은 누구보다 강하게, 밝게 빛나고 있었다.

호흡기 하나에 의지한 삶일지라도, 그 안에 예수님이 계셨기에 아들은 천국을 살아내고 있었다.

2015년 3월, 육체의 고통이 짙어지고 일상의 시간이 더디게 흘러가던 그때, 아들의 영혼은 점점 더 복음의 정수를 마주하고 있었다. 고난의 깊은 골짜기에서 만난 복음은 이전과 달랐다. 아들은 이렇게 고백했다.

> 예전에는 복음에 대한 감격이 내 안에 넘쳐나지 않았던 것 같다. 어느 날은 기쁨이 넘쳐나다가도 또 어느 날은 절망에 빠지곤 했다. 어느 날은 주님이 한없이 크게 보이다가도 또 어느 날은 문제가 한없이 커보였다. 신앙에 대한 열심만큼 감격이 있지는 못했다.

신앙을 가진 이들이라면 쉽게 공감할 수 있는 솔직한 고백이었다. 하나님을 믿는다는 이유만으로 언제나 기쁨이 넘치고 흔들림 없는 삶이 보장되는 것은 아니다. 어떤 날은 말씀 앞에 눈물이 흐르지만, 또 어떤 날은 세상의 문제 앞에 작아지고 마는 연약한 모습이 우리 모두 안에 있다.

아들도 그랬다. 예수님을 믿는다고 살아왔지만, 그의 믿음은 어느 날은 높이 솟고, 또 어느 날은 바닥을 쳤다. 그러나 고난 중에 예수님과 동행하게 되면서 아들의 내면에 깊은 변화가 일어났다.

> 그러나 지금은 다르다. 복음이 날마다 감격스럽다.
> 내일이라도 갑작스럽게 주님의 심판대 앞에 설 수가 있는데, 거기서 나를 담대하게 해줄 복음이 감격스럽다.

아들에게 복음은 더 이상 머리로만 아는 진리가 아니었다. 삶과 죽음의 경계 위에서, 아들은 실제로 복음이 주는 소망을 경험했다. 내일이 아니라, 오늘 주님의 심판대 앞에 설 수 있다는 사실이 막연한 개념이 아닌, 실감 나는 현실로 다가왔기 때문이다.

> 오늘이 내 인생의 마지막처럼 사는 것을 막연하게 생각했는데, 요즘 겪는 고난으로 인하여 오히려 실감나게 느껴진다. 오늘이 내 인생의 마지막이라고 생각하면, 바라볼 분은 예수님밖에 없다.

그 고백은 절망의 언어가 아니었다. 오히려, 삶의 진짜 본질을 붙든 사람만이 할 수 있는 믿음의 외침이었다. 아들은 알게 되었다. 고난이 깊어질수록 오직 예수님만이 바라볼 분이라는 사실을.

예수님을 바라보지 않으면, 고난의 무게에 짓눌리고 죄의 유혹에 흔들린다. 하지만 예수님을 바라보면 천국의 소망 외에는 생각나지 않는다.

너무나 선명한 진실이었다. 누구도 고난을 피할 수 없는 이 땅에서, 예수님을 바라보는 사람은 그 고난의 무게에도 짓눌리지 않는다. 천국을 향한 분명한 소망이 마음에 자리 잡기 때문이다.
아들은 그 소망을 붙들고, 비록 몸으로는 복음을 전하지 못할지라도, 마음으로 전도대상자들을 품고 기도했다.

나에게 구원을 주시는 복음에 감격한다.
그리고 이 복음을 전하고 싶다.
지금은 직접 전할 수 없으니 전도대상자들을 놓고 중보기도한다.

아들이 전할 수 있는 유일한 복음 전도의 통로는 기도였다. 그럼에도 아들은 포기하지 않았다. 복음의 감격이 너무도 커서, 자신만 간직할 수 없었기 때문이다.
그리고 그 구원의 감격을 이렇게 고백했다.

예전에는 구원받는 것을 당연한 것으로 여겼다. 십자가의 은혜를 너무 가볍게 여겼다. 내가 정말 지옥 갈 죄인이라는 것을 뼈저리게 느끼지는 못했었다.
죄 하나만으로도 지옥에 갈 수밖에 없는데. 머리로는 분명히 알고 있었지만, 요즘에야 뼈저리게 다가온다.
나를 지옥에서 천국으로 옮기신 그 복음만으로도 감사하다.

아들의 이 고백 앞에서, 나는 스스로에게 물어보았다. '나는 구원을 당연하게 여기며 살아가고 있지는 않았는가?' '십자가를 가볍게 여기며, 오늘 하루를 내 뜻대로 살아가고 있지는 않았는가?'

아들의 고난은 단지 고통의 시간으로 끝나지 않았다. 그 시간 속에서 복음은 살아 움직였고, 천국은 아들의 영혼 안에 실재로 임했다.

복음이 나를 넉넉히 이기게 한다. 천국을 지금 이 고난 가운데에서도 누리게 해 주심에 감사할 따름이다.

천국은 먼 훗날의 약속이 아니었다. 예수님을 바라보는 지금 이 순간, 고난의 한복판에서도 누릴 수 있는 살아 있는 현실이었다.

2015년 4월, 아들의 고난은 더 거세게 몰아쳤고, 아들의 몸은 점점 더 쇠약해졌으며, 눈에 보이는 상황은 분명 절망을 말하고 있었다.

믿음은 현실을 부정하는 것이 아니었다.

아들은 누구보다도 냉철하게 자기 현실을 바라보았다.

그러나 아들은 그 깊은 고난 속에서, 오히려 더 선명하게 하나님의 손길을 느낄 수 있었다.

그 고난이 깊어질수록 믿음의 눈은 더 크게 떠졌다. 아들은 그렇게 고백했다. 상황만 놓고 보면 누구라도 낙심하고 좌절할 수밖에 없었다. 객관적으로 보아도 너무나 심란한 현실. 그런데 아들은 그 상황 속에서 오히려 하나님을 더 의지하게 되었다고 했다.

고난이 더 커지지만 믿음의 눈은 더 크게 떠진다. 객관적으로 누가 보더라도 너무나 심란한 상황인데, 오히려 더 하나님을 의지하게 된다. 정말 말로 설명할 수 없는 주님의 강권적인 은혜이다.

이 고백은 단지 신앙적인 표현이 아니었다. 그저 긍정적인 마인드도 아니었다. 도무지 감당할 수 없는 고난 속에서, 자기 힘으로는 도저히 견딜 수 없는 날들 속에서, 설명할 수 없는 은혜가 실제로 임했던 것이다.

아들은 한때 이 상황을 이겨내기 위해 기도하며 몸부림쳤다고 했다. 이길 수 있는 힘을 달라고, 버틸 수 있는 용기를 달라고. 하지만 결국 알게 되었다. 능력을 위로부터 끌어내야 할 것이 아니라, 이미 내 안에 계신 예수님을 바라보는 것이 진짜 힘이라는 사실을.

> 예전에는 스스로 내 상황을 이겨보려고 발버둥쳤다.
> 이 상황을 이길 힘을 달라고 기도했다.
> 그러다가 깨달았다.
> 이미 내 안에 계신 예수님께서 그 힘을 주시는 분이라는 것을!
> 위로부터 또 다른 능력을 구할 것이 아니라,
> 내 눈을 열어 내 안에 계신 주님을 바라보는 것이 중요했다.

삶의 중심이 바뀌었다. 문제를 해결하는 것이 목표가 아니라, 주님을 바라보는 것이 목표가 되었다. 그렇게 아들은 삶을 재해석해 갔다.

아들은 더 이상 문제의 크기를 보지 않았다. 예수님이 지금 이 순간에도 함께 계시다는 사실이 그 어떤 외적 상황보다도 강력한 진리가 되었다.

폭풍을 잠잠케 하시는 주님, 기적을 일으키시는 주님. 그러나 그보다 더 놀라운 진리는, 그런 예수님이 바로 '내 안에' 살아 계시다는 것이었다.

폭풍을 잠잠케 하시고 모든 기적을 행하실 뿐 아니라, 나를 위해 생명까지 내어주신 바로 그 예수님이, 오늘도 내 안에 부활하심으로 살아 계시다는 그 사실이 바로 능력이다.

이 믿음은 아들을 고난 속에서 넘어지지 않게 하였고, 아들을 든든히 붙잡아주었다. 병이 낫지 않아도 괜찮았다. 아들의 눈은 이 땅이 아니라, 마지막 날 부활의 영광을 향해 있었다.

설령 이 땅에서 병이 낫지 않는다고 하여도, 마지막 날에 나도 예수님과 같은 몸으로 부활할 것을 소망하면, 이겨낼 힘이 생긴다.

그 소망은 단지 저 멀리의 미래만을 바라보는 것이 아니었다. 아들은 그 부활의 능력이 오늘도, 매일의 일상에서도 경험된다고 했다. 하루하루 육신은 쇠약해졌지만, 아들의 영혼은 날마다 주님께 더 가까워지고 있었다.

또한 그것은 마지막 날뿐 아니라, 매일의 일상에서도 경험된다.
육신은 쇠약해 가지만 영혼은 날로 날로 주님께 가까워진다.
또 필요하시다면 내 육신도 회복시키실 것이다.

그렇다고 아들은 기적을 조건으로 믿음을 붙잡은 것이 아니었다.
병이 나아야만 하나님을 찬양하는 것이 아니라, 설령 병이 낫지 않는다 해도, 이미 자기 안에 살아 계신 예수님이 계시기에 충분했다.
아들은 결과를 자신이 쥐고 있지 않았다. 어떤 은혜를 주시든, 어떤 길로 인도하시든, 모든 결과를 주님께 맡기고 있었다.

고쳐주시는 은혜를 주시든, 바울처럼 고쳐주시지 않는 은혜를
베풀어주시든, 나에게 가장 좋은 것을 주실 예수님께 모든 결과
를 다 맡기고….

그리고 아들은 자신의 갈망을 이렇게 표현했다.

주님의 깨끗한 질그릇(정함)으로 철저히 준비되고 싶다.

아들은 자신의 삶이 하나님의 손에 들린 그릇이라면, 병든 몸으
로도 주님께 깨끗하게 드려지길 바랐던 것이다. 아픔이 사라지는 것
을 넘어서, 자신의 존재 전체가 하나님께 쓰임받길 간절히 바랐다.
아들의 삶은 말한다.
진짜 능력은 고난이 없는 데 있는 것이 아니라, 고난 속에서도 주
님을 바라보는 눈에 있다는 것을.
그리고 그 눈을 가진 자는, 고난 속에서도 천국을 누린다는 것을.
아들의 고백은 고난을 당한 자의 신음이 아니라, 승리한 자의 찬
송이었다.

2015년 7월, 아들이 남긴 마지막 일기.
그 고백이 아들의 마지막이 될 줄은 아무도 몰랐다.
나는 그날, 아들의 말이 조금 더 특별하게 느껴졌었다. 하지만 그
게 마지막이라는 걸 알았다면….
아들은 이렇게 시작했다.

요즘 고난 속에서 내가 살아야 할 이유를 많이 생각해 보게 된다.

아들은 4년 전, 중환자실을 오가며 생사의 경계를 넘나들던 시절을 떠올렸다. 그때도 죽음은 너무 가까이 있었지만, 하나님은 아들을 다시 살려내셨다. 그 구원의 순간을 잊지 않았던 아들은 그 이후의 모든 삶을 '하나님께 받은 선물'로 여겼다. 그리고 그 시간을 이렇게 말했다.

하나님께서는 중환자실을 오가며 6개월 병원생활하던 4년 전에
나를 데리고 가실 수 있었지만, 기적처럼 나를 살려주셨다.

기적. 그 기적은 단지 생명을 이어준 것에 그치지 않았다. 하루하루 숨 쉬는 삶 속에서 아들은 자신 안에 살아 계신 예수님을 바라보며 살았다.
주님은 아들에게 고난을 이길 힘만 주신 게 아니라, 고난을 통해 오히려 더 깊은 사명을 심어주셨다.

그리고 내 안에 계신 예수님을 24시간 바라보게 하시고 지금의
고난을 넉넉히 이기게 하셨다.
생각해 볼수록 내가 살아야 할 이유는 '복음 전파의 사명'이다.

복음.
그것은 아들에게 생명이었다.
아무리 아파도, 아무리 숨이 막혀도 복음을 전할 수 있다면 그 고난은 감당할 만한 것이었다.
오히려 아들은 고난조차도 '최선'이라고 믿었다.

주님께서 내게 허락하신 모든 고난이 최선임을 또한 믿는다. 고

난의 시기를 지날수록 더욱 사명에 목숨을 걸어야겠다는 마음
을 주신다.

아들은 이 고백을 진심으로 말하고 있었다.
이 땅의 삶이 주님과 함께하는 저 하늘보다 좋을 수는 없다는 것을 누구보다 잘 알았던 아들은, 그래도 남겨진 사명이 있기에 하루를 더 살고자 했다.
바울의 고백처럼, 아들은 누구보다 하늘을 사모했다. 천국에 대한 확신은 이미 아들의 중심을 완전히 붙들고 있었다. 그러나 아들은 이 땅에 붙잡힌 것이 아니라, 복음을 위해 남겨졌다는 사명의 감격 속에 머물렀다.

바울의 고백처럼, 나만 생각하면 이 땅을 떠나 주님 계신 곳에
함께 머무는 것이 좋겠지만, 주님은 아직 나를 통해 하실 일이 있
으신 것 같다.

아들은 살고 싶었다. 단지 생명 연장을 위해서가 아니라, 복음 때문에.
아들에게 병은 문제가 되지 않았다.

정말로 내가 이 땅에 살아 있을 이유 '복음의 사명'을 위해, 비록
여전히 근육병으로 살지라도 남은 생을 불태우고 싶다.

'남은 생을 불태우고 싶다.'
아들은 자기 인생이 어떻게 되든 상관없이 '복음을 위한 순교'까지 소망했다.

아들은 '진행성 근육병'이라는 단어로 자기 인생을 정의하지 않았다. 아들의 인생은 '복음의 사명자'로 불타오르고 있었다.

주님께서 가라고 하시면 어디든 가고 싶다.
복음을 위해 허락하신다면 어디에서든 순교의 제물로 바쳐지는
영광을 누리기를 소망한다.

아들의 마지막 일기는, 절망이 아니라 사명으로 가득 차 있었다.
그 고백은 조용히 묻는다.
나는 왜 살아가는가? 내가 붙잡고 있는 삶의 이유는 무엇인가?
아들은 병든 몸으로 우리 모두보다 더 분명한 이유를 붙잡고 살았다.
고난 속에서도 하나님이 여전히 선하시다는 믿음, 복음은 고난을 능히 이기게 한다는 고백, 그리고 살아 있다면 복음을 전하기 위해 살아야 한다는 사명.
아들의 마지막 고백은 절망이 아닌 사명이었고, 탄식이 아닌 소망이었다. 아들은 병든 육신 안에서 천국의 영광을 매일 누리며 살았다. 우리 눈에는 병상이었지만, 아들의 눈에는 사명이었고, 예수님의 임재였다.
육체는 쇠약해졌지만 아들의 영혼은 날마다 더 밝게 빛났다.
그날들, 그 고통의 시간들 속에서, 아들은 누구보다 분명히, 이 땅에서 천국을 살고 있었다.

제4부

천국을 남기고, 천국에 가다

제1장

갈망의 고백, 더 깊어진 동행

　2015년 7월, 아들이 의식을 잃기 전 마지막 일기를 남겼다.
　그 일기에는 고난 속에서도 흔들리지 않는 아들의 믿음과 사명이 담겨 있었다. 그리고 1년 뒤, 아들은 갑작스럽게 의식을 잃었다.
　하지만 그 사이, 아들은 이미 천국을 맛보며 예수님과 깊은 동행을 누렸다. 그 평안과 기쁨은 어떤 어려움도 넘어서는 힘이 되었다.

　두 달 뒤인 9월, 아들은 예수님과 더욱 깊은 친밀함을 갈망하며 우리 가족에게 선한목자교회로 교회를 옮기자고 했다. 그리하여 우리는 유기성 목사님의 말씀을 통해 더욱 예수 동행의 삶으로 나아가게 되었다.
　하지만 아들의 병세는 시간이 갈수록 더 깊어졌다. 퇴원한 지 4년이 지나면서 호흡 근육은 약해지고, 가래도 훨씬 자주, 더 많이 생기기 시작했다. 이제는 잠시도 앉아 있을 수 없어 식사조차 힘들어졌고, 침대에 누운 채로 생식을 한 끼 먹이는 데 네 시간이 걸릴 때도 있었다. 아들을 돌보는 일상의 무게는 점점 더 무거워졌다.
　그런 어려움 속에서도 아들은 예수님과 친밀히 동행하며 남은 시간을 견뎌나갔다.
　그즈음 어느 날, 아들이 나를 똑바로 바라보며 말했다.

"아빠, 저도 욥처럼 하나님의 자랑거리가 되고 싶어요. 그러니까 아빠도 꼭 잘 이겨내세요."

그 말을 듣는 순간 나는 가슴이 벅차 숨을 삼켰다. 욥처럼, 모든 것을 잃고도 하나님을 원망하지 않았던 그 인물처럼, 아들은 자신이 겪는 고난 한가운데서도 하나님의 자랑이 되기를 진심으로 바라고 있었다.

그 고백은 단순한 위로나 격려가 아니었다. 아버지에게 건네는 굳은 믿음의 메시지였고, 하늘을 향한 사명 선언이었다. 아들은 더 이상 약하거나 불쌍한 존재가 아니라, 고난 속에서도 스스로 자신의 삶을 주님께 맡기고 당당히 그 의미를 선포하고 있었다.

그다음 날 아침, 주 예수님은 내게 설명할 수 없는 특별한 은혜로 다가오셨다. 출근하기 전, 아들의 가래를 빼주고 식사를 돕는 두 시간 동안-지극히 평범하고 반복되는 돌봄의 시간 속에서-주님께서 내 안에, 내 곁에 분명히 함께하고 계심을 강하게 느꼈다.

마치 제자들과 함께 땅을 걸으셨던 그 예수님이, 지금 내 일상 속에서도 똑같이 동행해 주신다는 확신이 마음 깊은 곳에서 밀려왔다. 아버지로서 병든 아들을 돌보는 시간에도, 지점장으로서 직장에서 동료와 고객을 섬기는 순간에도, 주님은 단 한순간도 나를 홀로 두지 않으셨다.

그 사실 앞에서 나도 모르게 눈물이 흘렀다. 그러자 시편 23편, 다윗의 고백이 마음 깊이에서 울려 퍼졌다.

> "내가 사망의 음침한 골짜기를 다닐지라도 해를 두려워하지 않을 것은 주께서 나와 함께하심이라."

그 말씀은 더 이상 누군가의 고백이 아니라, 이제는 너무나도 분명한 나의 고백이 되었다. 어둠과 고난이 짙게 드리운 길을 걷고 있어도, 주님이 함께 계시다는 이 사실 하나로 나는 이겨낼 수 있었고, 다시 걸어갈 힘을 얻었다.

그리고 어느 날, 나는 아들과 깊은 대화를 나누었다. 대학원에 입학했던 5년 전과 지금을 비교하며, 무엇이 변했는지 아들에게 물어보았다. 아들은 다섯 가지를 말했다.

1. 죄를 미워하게 되었고, 이제는 죄의 생각조차 넉넉히 이길 수 있게 되었다는 것
2. 지금처럼 힘든 상황에서도 감사와 찬양이 끊이지 않게 되어 복음의 능력을 실감하게 되었다는 것
3. 자신이 지옥에 갈 수밖에 없는 죄인임을 뼈저리게 깨달았고, 원수까지도 사랑할 수 있는 마음을 주셨다는 것
4. 평생 복음대로 살고 담대하게 전하고 싶은 마음이 생겼다는 것
5. 24시간 예수님을 바라보는 훈련을 통해 주님과 인격적으로 친밀하게 동행하게 되었다는 것

그리고 함께하시는 예수님에 대한 신뢰가 더욱 깊어지면서 앞으로 자신의 미래가 어떻게 될지 알 수 없지만, 주님께서 자신을 통해 일하실 것이 너무 기대가 되고, 하나님께 영광이 되며 복음의 진보가 될 것을 확신하게 되었다는 것이다.

주님께서 말씀을 통해 삶을 바라보는 나의 패러다임을 바꾸어주시자, 슬픔과 고통은 점차 사라지고 감사와 찬양이 그 자리를 채우기 시작했다. 상황은 달라지지 않았지만, 마음은 완전히 새로워졌다.

그리고 설 연휴가 시작되던 2016년 초, 《예수님처럼》이라는 책을 읽다가 프랭크 루박 선교사님의 일기 한 구절이 가슴 깊이 다가왔다.

항상 그분의 생각으로 생각할 수 있을까? 하나님이 언제나 내 마음에 거하실 수 있도록 내 생각의 흐름 속에 시시각각 주님을 다시 불러들일 수 있을까? 내 남은 인생을 이 질문의 답을 찾는 실험으로 삼으리라.

그 글을 읽고 눈물이 났다. 유기성 목사님의 설교를 통해 아들과 함께 시작했던 '24시간 예수님을 바라보는 연습'이 얼마나 귀한지 다시금 깨달았다. 만약 그 훈련이 없었다면, 이 고난을 어떻게 견뎠을까.
그러나 주님은 그동안의 연습에 안주하지 말고, 더욱 철저히 예수 동행의 삶으로 나아갈 것을 마음 깊이 도전하셨다.
24시간 인공호흡기를 하는 아들은 숨을 들이마실 때마다 예수님을 부르고 싶다고 했다. 그 고백 앞에서, 나는 프랭크 루박 선교사님의 '1분 게임'을 아들과 함께 시작하기로 결단했다.
선교사님은 '1분 게임'을 이렇게 말씀하셨다.

1분 게임은 1분당 1초는 하나님을 생각하라는 것이다. 습관 형성의 법칙처럼, 자전거를 배울 때처럼, 처음에는 어색하고 잘 안 될 것이지만 계속 시도하면 조금씩 쉬워지고 나중에는 거의 자동적으로 주님을 기억하고 생각하게 될 것이다. '게임'이라고 부르는 이유는 매우 유쾌하고 신나는 영성훈련이 될 것이기 때문이다. '1분 게임'은 강제적인 의무가 아니다. 우리는 새로운 자유를 연습하는 것이지, 새로운 속박을 연습하는 게 아니다. 더 풍요롭고 더 만족한 삶을 추구하는 사람이 아니라면 이 게임을 할 필요가 없다. 이것은 과분한 특권이다.

우리가 그리스도에 대해 더 많이 생각하지 않는다면 우리는 결코 그리스도처럼 될 수 없다. 하나님과 함께 시간을 보내는 것보다 신나고 즐거운 일이 없다. 하나님과 함께하는 시간은 매순간이 새로운 시작이다. 우리 앞에는 오직 무한한 기대감밖에 없어야 한다. 오로지 시선을 예수님께 고정하고 시계에 고정하지 말라.

그래서 아들과 함께 매 1분마다 마음 속으로 예수님을 부르거나, 짧은 기도로 주님을 의식하기로 했다.

"예수님, 사랑합니다." "예수님, 의지합니다." "주님, 나를 다스리소서." "주님, 나를 통해 일하소서."

또한 생각나는 사람들을 위해서도 그 즉시 기도하기로 했다. 예수님께서 말씀하신 요한복음 5장 19절-"아들이 아버지께서 하시는 일을 보지 않고는 아무것도 스스로 할 수 없나니"-그 말씀을 늘 묵상하며, 예수님처럼 살고자 다짐했다.

예수님을 닮아가고, 예수님처럼 사는 것이 하나님의 뜻임을 알기에, 매 순간 나의 생각과 말과 행동이 주님을 기쁘시게 하는 것인지 끊임없이 물었다. 그리고 예수님을 항상 생각 속에 모시고 주님의 인도함을 받아 말하고 행동하기 위해 예수님께 시선을 집중하였다.

시간이 흐를수록 내 내면에는 놀라운 변화가 일어났다. 마치 자성이 없는 환경에서 나침반의 바늘이 늘 정북을 가리키듯, 내 생각의 방향도 자연스럽게 예수님을 향하게 되는 거룩한 습관이 자리잡기 시작했다. 주님을 바라보는 것이 의식적인 노력이 아니라, 내 영의 자연스러운 흐름이 된 것이다.

나는 그것이 오직 주님의 은혜라는 것을 안다. 그리고 바로 이 거룩한 습관이, 고난을 넉넉히 이기게 하신 주님의 인도하심임을 깨닫는다.

어느 날, 아들과 함께 주일 설교를 나눈 후 내가 물었다.

"정함아, 너는 정말 예수님만을 갈망하니?"

그러자 아들은 분명히 말했다.

"아빠, 제 상황에서 어떻게 예수님 한 분만 갈망하지 않을 수 있겠어요? 그러니까 가래가 나오는 저를 불쌍히 여기지 마시고, 자신의 실상을 몰라 주님만을 갈망하지 않는 사람들을 불쌍히 여기세요."

그 말 앞에 나는 할말을 잃었다. 아들은 이미 영혼 깊이 예수님만을 향하고 있었다.

2016년 4월, 아들은 이렇게 말했다.

"아빠, 일상의 삶이 감사로 밀려와요!"

24시간 인공호흡기에 의지하며 누워 있어야 하고, 하루종일 끊임없이 나오는 가래와 싸워야 하는 상황 속에서도 아들은 감사했다. 30년간 근육병으로 고통을 겪어온 아들이, 어떻게 이렇게 감사와 찬양으로 충만할 수 있을까.

나는 아들과 다시 대화를 나누어 보았다. 아들은 말했다. 자기 스스로 생각해 봐도 이성으로는 설명할 수 없는 은혜가 자신 안에 부어지고 있는 것 같다고. 그 말에 나는 고개를 끄덕였다. 그리고 우리는 함께 확인했다. 이 모든 감사와 기쁨의 원천은 바로 24시간 예수님을 바라보는 삶에서 비롯된 것이었다.

"내가 여호와를 항상 내 앞에 모심이여 그가 나의 오른쪽에 계시므로 내가 흔들리지 아니하리로다…주께서 생명의 길을 내게 보이시리니 주의 앞에는 충만한 기쁨이 있고 주의 오른쪽에는 영원한 즐거움이 있나이다"(시편 16:8, 11).

이 말씀처럼, 아들은 고난의 한가운데서도 생명의 길을 걷고 있었다. 그 길은 주님이 함께 걸어주시는, 흔들리지 않는 동행의 길이었다. 충만한 기쁨과 영원한 즐거움이 있는 길이었다.

5월에는 아들이 잘 알고 있는 형이 집에 왔는데, 아들은 그 형에게 예수님을 전했다. 그 형은 아들에게 "이런 상황에서 감사와 찬양이 넘치는 네 믿음이 부럽다"라고 말하였다. 그러자 아들은 이렇게 말했다.

"이렇게 인공호흡기하고 누워 있는 것 외에는 나와 같이 되기를 원해요."

그리고 나는 그 당시 "예수님과 함께하는 고난은 축복"이라는 유기성 목사님의 말씀을 듣게 되었다. 그래서 네 가지의 믿음의 실험을 시작하였다.

첫째, 주 예수님께서 함께하시니 주님 주시는 힘과 지혜로, 아들 정함이를 돌보는 상황이 어떠하든, 신나고 즐겁게, 기쁨과 온전한 사랑으로 섬기는 것이다. 특히, "잘하였도다 착하고 충성된 종아 네가 작은 일에 충성하였으매"라고 말씀하신, 주 예수님의 칭찬의 음성에 귀 기울이고 아들 돌보는 것이 특권임을 기억하는 것이다.

둘째, 아들의 상황은 24시간 인공호흡기를 할 수밖에 없는 절망적인 상황으로 변해가고 있지만, 아무것도 염려하지 말고 '하나님을 사랑하는 자에게는 모든 것이 합력하여 선을 이룬다'는 약속의 말씀을 붙잡고, 지금 '허락하신 상황이 최선'임을 믿기에 낙심하지 않고 감사와 찬양으로 고난의 시기를 보내는 것이다.

셋째, 이제 아들의 치료에 집중하기보다 24시간 예수님을 바라보고 '매순간 주님과 끊임없이 대화하며, 주님의 뜻에 철저히 순종하는 예수님과의 친밀한 동행'에 집중함으로 병의 상태와 관계없이 자유함을 누리는 것이다.

넷째, 아들이 하나님의 영광과 찬송이 되며, 복음의 도구로 쓰임받을 때까지 결코 포기하지 않고 "네가 믿으면 하나님의 영광을 보리라"는 말씀을 붙잡고 끝까지 기도하는 것이다.

그로부터 얼마 지나지 않은 6월, 서른 살이 된 아들은 갑작스레 의식을 잃고, 또 다른 차원의 깊은 고난 속으로 들어가게 되었다.

그러나 하나님께서는 그 고난 속에서도 아들의 믿음의 고백과 우리의 눈물의 기도를 외면하지 않으셨다. 믿음의 실험은 결코 헛되지 않았고, 하나님은 그분의 방식으로 신실하게 응답해 주셨다.

제2장

의식이 멈춘 날, 계속된 임재

아들의 육체는 날이 갈수록 쇠약해지고 있었다.

생식을 빨대로 한 모금씩 마시게 하였는데, 어느 날은 물 한 모금조차 제대로 삼키기 어려운 상태가 되어버렸다. 하루에도 수십 번씩 가래를 빼내야 했고, 잠시도 누운 자세를 벗어나지 못하는 날들이 이어졌다.

그러나 육체는 점점 약해져 갔지만, 아들의 영혼은 그 어느 때보다 밝게 빛나고 있었다.

의식을 잃기 전인 2016년 6월 초, 30살이 된 아들은 놀라운 영적 환상을 보기 시작했다.

코마스크 인공호흡기를 단 채 하루종일 침대에 누워 말씀과 찬양을 듣고, 열방과 우리나라, 한국교회, 그리고 다른 이들을 위해 기도하던 그 조용한 일상 속에 하나님께서 아주 특별한 방식으로 찾아오신 것이다.

그날도 퇴근 후 아들과 하루를 나누던 자리에서 아들은 눈을 반짝이며 기쁨에 가득 찬 목소리로 말했다.

"아빠, 기도하는데…머리부터 발끝까지 전기가 흐르는 것처럼 뜨거워지면서 성령의 불이 임했고, 기쁨의 생수가 넘쳐났어요."

그러고는 30분 동안 침대 곁에 서 있는 천사를 보았다고 했다. 마치 자신을 지키고 있는 존재처럼, 평안하고 안전한 느낌이 들었다고 했다.

그 고백은 단순한 신비한 체험의 이야기가 아니었다. 그것은 하나님께서 친히 임재로 아들에게 응답하신 증거였고, 곧 닥쳐올 더 깊은 고난의 밤에도 결코 우리를 홀로 두지 않겠다는 약속이었다.

아들의 말을 들으며 문득 히브리서의 말씀이 떠올랐다.

"천사들은 모두 구원의 상속자가 될 사람들을 섬기도록 보내심을 받은 영들이 아닙니까?"(히브리서 1:14).

성경이 말하는 천사의 존재가 단지 상징이나 은유가 아님을, 아들은 실제로 경험하고 있었던 것이다.

하나님께서는 그처럼 깊은 방식으로 아들의 영혼을 만지셨고, 고난의 시간을 하늘과 연결된 놀라운 은혜의 통로로 바꾸어주셨다. 마치 엘리사가 두려움에 떠는 사환의 눈을 열어 하늘의 불말과 불병거를 보게 했던 것처럼 주님은 아들에게도 영적 실재를 보게 하셨다. 믿음의 눈뿐 아니라 실제로 영의 눈이 열리며 그 극심한 고난 속에서도 아들은 담대함과 기쁨을 누릴 수 있었다.

6월 8일 아침에는 아들이 보혈 찬송을 듣고 있을 때 예수님의 십자가 환상을 보게 되었다. 십자가에 달리신 주님이 보였고, 그 옆구리에서 흘러내리는 피가 아들에게 떨어지는 광경을 보았다고 고백했다.

그 피는 잃어버린 영혼을 향한 주님의 사랑 그 자체였고, 아들은 예수님의 마음이 부어짐을 느끼며 그 아침에 한없이 눈물을 흘렸다. 그 순간 십자가는 아들에게 더 이상 교리가 아니었다.

그 외에도 하나님은 아들에게 많은 개인적인 환상과 분명한 음성으로 응답해 주셨다. 그로 인해 아들은 고통을 오히려 즐거움으로 이겨낼 수 있었고, 예수님으로 충만하여 복음 전파와 하나님의 영광을 위한 불타는 사명감으로 보내게 되었다.

2016년 6월 23일.
그날은 우리의 시간 속에서 결코 지워지지 않을 날이 되었다.
그날 아들은 갑작스러운 호흡곤란을 일으켰고, 숨이 멎었다.
나는 그 순간, 마치 얼어붙은 사람처럼 아무것도 할 수 없었다. 숨이 멎는 아들을 눈앞에 두고도 놀람과 충격에 정신이 나가 버렸고, 심지어 119에 전화하는 것조차 떠올리지 못한 무력한 아버지였다.
모든 것이 멈춘 듯한 그 고요하고 깊은 절망의 시간.
그러나 그것은 끝이 아니었다.
다행히도, 그날 휴가를 내고 집에 있던 딸이 내 비명을 듣고 단숨에 아들의 방으로 달려왔다. 승무원으로 일하던 딸은 응급 상황에서 단 1초도 머뭇거리지 않았다. 곧장 아들의 가슴에 손을 얹고 심폐소생술을 시작했다.
그 떨리는 손 위에 주님의 은혜가 임했다. 그 손길은 생명을 향한 사랑의 손길이었고, 하나님의 뜻 안에서 준비된 구원의 도구였다.
잠시 후 119 구급대가 도착했고, 응급실로 옮겨진 아들은 다시 심장 박동을 되찾고 살아났다. 그러나 의식은 돌아오지 않았다.
그때 아들의 몸무게는 겨우 31킬로그램에 불과했다. 병원에서는 현재 아들의 상태를 정확하게 전해주었다. 광범위한 뇌 손상이 확인되었고, 의식이 돌아올 가능성은 없다는 진단이었다. 스스로 호흡하는 횟수도 1분에 몇 차례에 불과해 의학적으로는 뇌사와 식물인간의 중간 상태라는 설명이 내려졌다. 게다가 왼쪽 폐는 이미 대부분 기능을 상실한 상태였고, 의료진은 중환자실에서 일반 병실로 올라갈 수 있을지도 장담하지 못했다.

그러나 아들은 살아났다.

우리는 이것이 다시 주님이 붙드신 생명이었음을 알았다. 딸이 그날 휴가를 낸 것은 결코 우연이 아니었다.

하나님의 절묘한 타이밍이었다.

만약 그날 딸이 집에 없었다면, 우리는 아들을 다시 볼 수 없었을 것이다.

절망 속에서도 하나님은 여전히 일하고 계셨다. 그분은 침묵 속에서도 생명을 붙드시고, 우리의 모든 상황을 초월한 주권으로 가장 완전한 때에 일하고 계셨다.

더 놀라운 것은-그때는 미처 알지 못했지만-하나님께서는 이 모든 상황을 이미 아시고, 아들에게 환상을 통해 미리 보여주셨다는 사실이었다.

의식을 잃기 며칠 전인 6월 14일 밤.

아내는 평소처럼 아들을 위해 방언으로 기도했고, 나도 아들의 몸에 손을 얹고 치유의 기도를 드렸다.

그날 밤, 아들은 잠자리에 들기 전 내게 조심스럽게 말을 건넸다.

"아빠, 이상한 환상을 봤어요. 내가 죽어 있는 모습이었고, 119가 우리 집에 왔고, 목사님도 오셨어요."

나는 그 말을 듣고 단호하게 말했다.

"왜 죽어? 그런 얘기 하지 마."

그때 나는 그 말을 진지하게 받아들이지 못했다. 그러나 시간이 흐르고, 아들이 실제로 의식을 잃고 119가 집으로 오고, 목사님까지 달려오신 그 장면을 마주했을 때, 나는 소스라치게 놀랐다.

아들이 본 그 환상은 단순한 상상이 아니었다.

그것은 하나님께서 미리 보여주신 하나님의 시간표였다.

당시 나는 아들의 상태와 그날 있었던 일, 그리고 아들이 한 말을 간병일기처럼 하루도 빠짐없이 적어두고 있었다. 그리고 그 환상이 하나님의 뜻 안에서 정확히 이루어지는 것을 보게 되었다.

또한 우리 눈엔 고난과 위기로만 보였던 그 순간조차도 하나님의 큰 계획 속에 있었다는 것을 나중에야 깨달았다. 하나님은 아들에게 미리 말씀하시고, 우리의 이해를 뛰어넘는 방법으로 준비하고 계셨던 것이다.

의식을 잃은 사건은 결코 우연이나 비극이 아니었다. 하나님께서는 그 어두운 터널조차 빛으로 인도하는 은혜의 길로 사용하고 계셨던 것이다.

아들은 중환자실에서 3주간 치료를 받았다. 의료진조차 확신할 수 없던 상태였지만 아들은 기적처럼 일반 병실로 올라갔고, 의식을 잃은 지 50일 만에 집으로 돌아올 수 있었다.

그러나 우리가 맞닥뜨린 현실은 이전과는 완전히 다른 삶이었다.

아들은 이제 자가 호흡이 불가능한 상태였고, 기관절개를 통해 인공호흡기에 의지해야만 살 수 있었다.

하지만 나는 그저 감사했다.

다시는 볼 수 없을 줄 알았던 아들이 이렇게 살아 있다는 사실 하나만으로 충분했다. 사랑하는 아들의 숨결을 다시 느낄 수 있다는 것, 아들의 손을 잡고, 아들의 얼굴을 만져볼 수 있다는 것만으로 이 땅에서 누릴 수 있는 가장 큰 즐거움처럼 느껴졌다.

그뿐만 아니라, 하나님은 우리 가정의 상황을 아시고 아들을 돌볼 수 있는 간병의 길을 미리 예비해 주셨다.

명예퇴직까지 1년을 남겨두고 있던 2016년 초, 나는 전혀 기대하지 않았던 자리로 발령을 받았다. 은행 영업본부의 수석감리역. 실적에 대한 압박도 없고 업무량도 적어, 그 당시에는 오후면 모든 수석감리역들이 일찍 퇴근할 수 있는 상황이었다. 그 덕분에 나는 아내와 함께 아들을 돌볼 수 있었고, 그 모든 일들이 하나님의 치밀한 예비하심임을 느낄 수 있었다.

그러나 현실은 녹록지 않았다. 아들을 사랑하는 마음은 누구보다 컸지만 그 사랑만으로는 모든 것을 감당할 수 없었다.

예수님을 대하듯 아들을 섬기고 싶었지만 의식을 잃은 아들의 목에 기관절개를 하여 인공호흡기를 연결한 상태라 제대로 돌보기가 너무나 어려웠다. 그리고 중환자실에서 생긴 네 군데의 욕창을 치료하기 위해 자주 자세를 바꾸어줘야 했지만 인공호흡기 때문에 마음대로 자세를 변경해 줄 수도 없었다.

무엇보다 대변을 보게 하는 것이 가장 큰 과제였다. 열흘이 넘도록 배변을 하지 못보기도 하고, 심지어 변비로 인해 아무리 배를 주무르고 관장을 해도 한 달 동안 변을 보지 못할 때는 그야말로 애간장이 탔다.

여름이면 땀과 열기로 인해 등과 엉덩이에 욕창이 쉽게 생기기 마련이었다. 하지만 인공호흡기를 단 채로는 몸을 돌려 닦아주는 것조차 쉽지 않아, 너무나 안타까운 마음이었다.

밤낮없이 막히는 가래 때문에 생긴 호흡곤란으로 인한 긴장감, 깜박이지 못한 채 계속 뜨고 있어서 충혈된 눈을 관리해야 했고, 콧줄이 막혀 음식물이 역류하고, 다시 넣을 수 없어 응급실을 찾아야 했던 수많은 위기의 순간들 속에서 나는 아버지로서 아들을 온전히 돌보기에 턱없이 부족한 존재임을 깊이 절감할 수밖에 없었다.

가래를 빼주기 위해 석션을 할 때마다 나는 온 신경을 집중해야 했다.

가래는 점점 더 끈적해졌고, 조금만 힘 조절을 잘못해도 연약한 아들의 기관지에 상처가 나 피가 섞여 나왔다. 그 피를 볼 때마다 모든 것이 내 잘못인 것 같아 마음이 너무 아팠다. 또 피가 나면 정상적인 방법으로 석션을 할 수 없어, 수시로 위급한 호흡곤란이 생기기 때문에 초긴장 상태로 하루하루를 보내야만 했다.

어느 날, 아들을 마음만큼 제대로 돌볼 수 없다는 것이 너무나 속상해서 주님께 울면서 기도를 드렸다. 그때 주님께서는 마태복음 9장 28절 말씀을 생각나게 하시고 말씀하셨다.

"내가 능히 이 일 할 줄을 믿느냐"(마태복음 9:28).

나는 떨리는 마음으로 대답했다.
"예수님이시라면, 능히 아들을 완벽하게 돌보실 수 있지요."
그러자 주님은 다시 말씀하셨다.

"내가 네 안에, 너와 함께 있지 않느냐? 내가 너를 통해 이 아들을 돌보게 하면, 제대로 돌볼 수 있지 않겠니?"
그때 다시 깨달았다.
내가 주님을 위해 일하는 것이 아니라, 주님이 나를 통해 일하시는 것을!
이것이 바로 '예수님과 동행하는 삶'이었다.
육체적으로는 피곤했지만, 그 돌봄의 시간은 주님과의 깊은 만남의 시간으로 바뀌어갔다. 그 고요한 침묵의 시간 속에서, 나는 주님의 일하심을 경험하기 시작했다.

그날 이후, 나는 하루하루를 주님께 묻고, 주님께 맡기며 살아갔다. 그리고 주님께서 내 안에서 나를 통해 자유롭게 일하시도록 내 몸을 드렸다.

"너희 지체를 의의 무기로 하나님께 드리라"(로마서 6:13).

내 손, 내 눈, 내 입술, 내 발을 주님께 드렸다. 특히 가래를 빼기 위해 석션을 하는 순간마다 피가 나지 않도록 시편 18편 말씀처럼 내 손을 주님께 드렸다.

"내 손을 가르쳐 싸우게 하시니 내 팔이 놋 활을 당기도다"
(시편 18:34).

그리고 무엇보다도 내 마음을 드렸다.
주님이 보여주신 '종의 마음', 십자가의 '사랑의 마음'을 내 안에 부어주시기를 간절히 기도드렸다.
나의 생각이, 주님의 생각으로 가득 차기를.
오직 주님이 나를 통해, 사랑하는 아들을 주께 하듯 섬기기를.
그 침묵의 시간 속에서도 주님은 여전히 함께 계셨다. 그리고 이 고난의 시간 속에서 나는 주님과 동행하지 않으면 단 한순간도 살아낼 수 없음을 절실히 깨닫게 되었다. 포도나무이신 주님께 24시간 붙어 있지 않으면 안 되는 현실이 주님만 의지하게 했고, 예수님을 완전히 믿고 맡김으로 요한복음 말씀이 나에게 실제가 되었다.

"나는 포도나무요 너희는 가지라 그가 내 안에, 내가 그 안에 거하면 사람이 열매를 많이 맺나니 나를 떠나서는 너희가 아무것도 할 수 없음이라"(요한복음 15:5).

'나보다 더 지혜로우신 주님, 나의 모든 필요를 나보다 더 잘 알고 계시는 주님, 나의 인생에 대해 나보다 더 많은 계획과 비전을 가지고 계시는 주님'을 신뢰하게 되었을 때, 나는 더 이상 문제 앞에서 불안해하지 않게 되었다. 오히려 가장 좋은 것을 넘치도록 주실 주님을 기대하게 되었다.

그리고 의식을 잃은 7년 8개월 동안 아들이 수많은 죽음의 위기를 무사히 넘기게 하셨다.

또한 어렵던 대변 관리와 콧줄 관리도 완벽하게 해결해 주셨고, 중환자실에서 생겼던 욕창도 깨끗이 치료되게 해주셨다. 더군다나 그 이후, 아들의 몸에 다시는 욕창이 생기지 않도록 돌볼 수 있었던 것 또한 전적인 주님의 은혜였다.

그렇게 우리는, 의식을 잃은 채 살아가는 아들의 삶을 통해 날마다 기적을 경험하며 살아가게 되었다.

우리 손으로는 감당할 수 없었던 수많은 위기들과 도저히 해결할 수 없던 돌봄의 과제들, 그 모든 순간마다 하나님은 친히 개입하시고, 하나씩 해결해 주셨다.

나는 고백할 수밖에 없다.

이 모든 것은 전적으로 주님의 일하심이었다. 주님이 돌보셨기에, 우리는 그 용광로 같은 시간을 원망이 아니라 감사로, 눈물이 아니라 찬양으로 지나올 수 있었다.

제3장

어둠 속의 숨결, 멈추지 않는 사랑

아들이 의식을 잃은 후, 나는 더 이상 사랑하는 아들과 눈을 마주칠 수도 없었고, 대화를 나눌 수도 없었다.

그러나 그 깊은 고요 속에서도 나는 분명히 느낄 수 있었다.

누군가가 여전히 일하고 계신다는 것을. 손으로는 만질 수 없어도, 마음으로는 확연히 느껴지는 보이지 않는 손길, 그 손길은 다름 아닌 주님의 사랑이었다.

아들을 돌보는 일은 이제 단순한 간병이 아니었다. 그것은 주님께서 나를 통해 친히 아들을 돌보시는 거룩한 동행의 시간이었고, 나는 그 사랑의 동행 안에서 결코 혼자가 아니었다.

매일이 위기의 연속이었고, 어떻게 해야 할지 알 수 없는 순간들이 쏟아졌다. 그러나 놀랍게도, 그때마다 주님은 방법을 알려주셨고, 죽음의 문턱에서도 아들을 지켜내셨다.

나는 아들을 돌보는 일을 하고 있었지만, 사실은 주님께서 나를 통해 아들을 돌보고 계셨다. 그리고 그분의 사랑은, 단 한순간도 멈춘 적이 없었다.

내 힘과 지혜로는 도저히 감당할 수 없었던 돌봄의 시간들. 무엇을 어떻게 해야 할지 알 수 없는 상황에서 나는 매순간 주님께 물었다. 그리고 한 걸음씩 주님의 인도하심을 따라 걸었다.

　의식이 없는 아들은 침을 삼킬 수 없기에 하루종일 입안에 침이 고였고, 그 침은 조금씩 기관지로 흘러들어가 가래를 유발했다. 낮에는 수시로 올라오는 가래 상태를 지켜보며 석션으로 빼줄 수 있었지만, 밤에는 언제 갑자기 가래가 기도를 막아 호흡곤란이 올지 몰라 늘 긴장 속에 아들의 방에서 함께 자야 했다.

　한두 시간 간격으로 알람을 맞추고, 알람이 울릴 때마다 일어나 아들을 돌본 후 다시 한두 시간 간격으로 알람을 맞추고 잠자리에 드는 일상이 반복되었다.

　언제 위기가 닥칠지 알 수 없는 긴장 속에서 잠드는 것은 결코 쉬운 일이 아니었다.

　그렇게 1년이 지난 2017년 9월 19일, 알람을 맞추고 잠을 자려는데 주님의 음성이 들려왔다.

　"내가 깨워주면 매번 알람을 맞추고 자지 않아도 되지 않겠니?"

　주님은 주로 생각을 통해 말씀하신다. 혹시 내 생각일 뿐일까 싶어 주님이신지 여쭈어보았다. 내가 갑자기 이런 생각을 할 리는 없었기 때문이었다. 그때 시편 121편 말씀을 생각나게 하셨다.

> "여호와께서 너를 실족하지 아니하게 하시며 너를 지키시는 이가 졸지 아니하시리로다 이스라엘을 지키시는 이는 졸지도 아니하시고 주무시지도 아니하시리로다"(시편 121:3-4).

　그래서 그날 '졸지도 주무시지도 아니하시는' 하나님께 아들을 맡기고 잠자리에 들었다.

11시 30분에 누웠는데, 한 시간이 지나 눈이 떠져 일어나 보니 침이 막 넘쳐 흐르기 시작하였다. 침을 빼주고 드레싱도 해주고 주님께 "더 해줄 것이 없나요?" 물었을 때 생각나는 것이 없어 주님께 맡기고 다시 누웠다. 그리고 5시 30분에 눈이 떠졌는데, 딱 물을 먹일 시간이었다.

지난 1년 동안 알람을 맞춰 놓고 잤기에 항상 수면이 부족했고, 2시간 이상 깨지 않고 푹 잠 좀 잤으면 좋겠다는 바람이 있었다. 그 밤에 작은 신음에도 응답하시는 하나님께서 알람 소리도 듣지 않고 중간에 깨지도 않고 4시간 정도를 푹 자게 해주셔서 너무 감사하였다.

그리고 그다음 날도 주님께서 꼭 필요할 때 아들을 돌보도록 깨우실 것을 믿고 맡겨드린 후 11시 30분쯤 잠자리에 누웠다.

1시쯤 눈이 떠져 일어나 보니, 아들이 추운지 딸꾹질을 시작해서 이불을 더 덮어주고 따뜻한 물을 먹였더니 딸꾹질을 멈추었다. 그리고 다시 누웠는데 2시쯤 눈이 떠져 일어나 보니 기관지에서 가래가 올라오는 소리가 나고 있었고 산소포화도가 떨어지고 있었다. 석션을 하였는데 끈적한 가래가 많이 나왔고 그냥 방치했다면 호흡곤란 위기를 당할 뻔하였다. 그리고 다시 누웠는데 3시쯤 눈이 떠져 일어나보니 코와 입에서 침이 넘쳐 밤마다 얼굴 옆으로 붙여놓은 침받이가 넘치기 직전이어서 급히 코와 입 석션을 해주고 침을 빼주었다. 그리고 5시에 또 눈이 떠져 일어나 보니, 바로 이어 기관지에서 노란 가래가 끓어 인공호흡기 알람이 울릴 만큼 가래가 막혔는데, 깨어 있었기에 위험한 상황 없이 가래를 빼줄 수 있었다.

모든 것을 주님께 맡기고 마음 편히 잠들 수 있음이 감사했다.

예전에는 늘 잠이 부족해 알람을 네 개씩 맞춰도 듣지 못하는 일이 자주 있었다. 그런 나에게 한밤중에 스스로 일어난다는 건 사실상 불가능한 일이었다. 그럼에도 불구하고 꼭 필요한 순간마다 깨어나게 된 것은 주님께서 나를 친히 깨워주셨다는 고백 외에는 달리 설명할 수 없었다.

그 후에도 7년 동안 주님께서는 밤마다 꼭 필요한 순간에 나를 깨워주셔서 아들을 잘 돌볼 수 있도록 인도해 주셨다. 그 수많은 호흡곤란의 위기를 주님은 한결같이 신실하심으로 건져주셨다.

그리고 간병은 단지 밤을 새워 돌보는 일만이 아니었다. 한때 변비로 인해 한 달 동안 나오지 않아 고생했던 대변 관리도 주님께서 가장 선한 방법으로 인도해 주셨다.

의식이 없는 환자는 스스로 대변을 조절할 수 없기에, 장 속에 변이 가득 차 항문이 자연스럽게 열릴 때까지 기다리는 수밖에 없었다. 하지만 시간이 지나 일주일쯤 되면 어김없이 변비가 찾아왔고, 관장을 해도 좀처럼 변이 나오지 않아 매번 몇 시간씩 땀을 흘리며 아들의 대변과 씨름을 하며 힘든 시간을 보내야만 했다. 주님께 간절히 기도드리며 지혜를 구하던 어느 날, 주님께서 내 마음에 분명히 말씀하셨다.

"기다리지 말고, 미리 준비하라. 물을 충분히 먹이고, 3~4일 간격으로 변을 보게 하라."

말씀대로 해보려 했지만, 현실은 녹록지 않았다. 아무리 배를 눌러도, 액상 관장약을 써도 굳게 닫힌 항문은 좀처럼 열리지 않았다.

그러던 어느 날, 주님께서 젤 타입의 관장약을 생각나게 하셨다. 순종하는 마음으로 조심스레 사용해 보니, 놀랍게도 막혀 있던 항문이 열리기 시작했고, 그러자 배를 눌러 쉽게 변을 보게 된 것이었다. 그 순간의 기쁨은 이루 말할 수 없었다.

그 후로도 7년 동안, 매번 그 방법으로 아들이 큰 어려움 없이 배변을 볼 수 있게 되었다. 우리는 배변을 볼 때마다 하나님의 세밀하신 돌보심에 감사를 드렸다.

그 짧은 순간조차도 우리에게는 너무나 큰 기쁨과 은혜의 시간이었다.

그리고 욕창 예방을 위해 욕창 방지를 위한 매트리스를 깔아주었지만, 주님께서는 엉덩이와 등을 항상 청결하게 관리할 수 있도록 인도해 주셨다.

아들이 환자복을 입은 상태에서는 쉽게 몸을 닦아줄 수 없기에, 아들의 옷을 모두 벗기고 엉덩이 천과 등 천을 깔아주고 매일 엉덩이 밑에 깔아준 천과 등뒤에 깔아놓은 천을 갈아주었다. 그래서 팔, 다리, 등, 사타구니, 머리, 귓속 등 몸의 구석구석을 나누어 달력에 적어가며 씻어주고 청결 관리를 해나갈 수 있었다.

나는 매일 아들의 구강을 관리하고, 팔다리를 주물러주고 운동을 시켜주며 근육과 관절을 풀어주었다. 아내와 함께 등과 엉덩이 아래 천을 갈아주고 따뜻한 물로 머리도 감겨주며, 주님과 함께 아들을 돌볼 수 있음에 감사가 넘쳤다.

그리고 침이 내려가 가래가 많을 경우 꼬박 서서 5시간이나 석션을 하며 가래를 뺀 적도 있고, 하루 6시간 이상 가래를 빼기도 했다. 무엇보다도 끈적한 가래나 피가 올라와 목관이 막히면 정상적인 석션을 할 수 없고, 급히 막힌 목관을 뚫어 인공호흡기 공기가 들어가도록 해야 했기에 앰부(수동 인공호흡기)를 쓸 수밖에 없었다. 그러나 앰부를 사용해 갑작스러운 호흡곤란 위기를 많이 넘기기는 했지만, 워낙 위급한 상황이기에 폐에 큰 압박이 될 수 있고 기관지에 남아 있는 끈적한 가래나 피를 빼줄 방법은 없었다.

주님께 지혜를 구하였을 때 도저히 생각할 수 없었던 완벽한 방법을 알려주셨다.

석션 카테타에 목관 길이에 맞춰 표시를 한 후에 막혀 있는 끈적한 가래나 피를 석션하듯이 세게 빼내는 방법이었다.

표시를 하지 않으면 자칫 막힌 끈적한 가래를 빼내려다가 기관지 점막에 큰 상처를 낼 위험이 있었기에, 이 방법은 안전하면서도 효과적이었다. 이 방법으로 더 이상 앰부를 사용하지 않고도 위급한 호흡곤란 상황에 적절히 대처할 수 있었고, 기관지를 깨끗이 관리해 줄 수 있었다.

무엇보다도 4년이 지난 시점에 원인을 알 수 없는 폐출혈이 시작되었는데, 주님께서 미리 이 방법을 알려주시지 않았더라면 피가 수시로 막히는 호흡곤란으로 수십 번의 위기상황을 결코 해결할 수 없었을 것이다.

완벽한 의사가 되신 주님께서 이 방법으로 수많은 죽음의 위기를 넘기게 해주셨다.

그뿐만 아니라, 콧줄 교환 또한 주님의 세밀한 손길을 경험하게 하셨다.

처음 우리 집에 오셨던 가정 방문 간호사분은 목관과 소변줄은 교환해 주셨지만 콧줄이 들어가지 않아 결국 교환을 포기하셨고, 그 때문에 우리는 매번 응급실에 가서 콧줄을 교체해야 했다. 그러나 의식이 없는 아들을 데리고 이동하는 일은 언제나 큰 위험을 동반했다. 이동 중 가래가 막히면 호흡곤란으로 이어질 수 있었기 때문에, 콧줄 교환 하나에도 언제 응급실을 가야 할지 항상 주님께 묻고 인도하심을 받아야만 했다.

그러던 중 병원 사정으로 기존 가정간호사가 방문할 수 없게 되면서, 우리는 다른 병원에 요청하여 새로운 가정간호사를 맞이하게 되었다. 그 이후부터는 매번 콧줄을 교환할 때마다, 나와 아내는 간절한 마음으로 주님께 "이번에도 주님께서 직접 넣어주세요"라고 기도하게 되었다.

그리고 놀랍게도, 7년 동안 콧줄이 단 한 번도 막힘없이 수월하게 교환되었다. 만일 그때 아들의 상태에 꼭 맞는 좋은 간호사분으로 바뀌지 않았거나 콧줄이 제대로 들어가지 않았다면, 폐출혈이 시작된 이후에는 응급실에 갈 수도 없는 상황 속에서 영양식을 먹일 수 없어 아무런 대책 없이 무너졌을지도 모른다.

그 모든 순간을 미리 예비하시고, 위험이 닥치기 전에 길을 내시며, 세밀하게 인도해 주신 하나님의 사랑과 돌보심은 아무리 시간이 흘러도 잊을 수 없는 은혜였다.

제4장

치유의 손길, 은혜의 발자취

2021년 2월, 집에서 아들을 돌보며 기도한 지 4년 8개월이 지나던 어느 날, 갑작스럽게 아들의 기관지와 폐에서 이유를 알 수 없는 대량 출혈이 시작되었다.

지혈제를 먹이며 멈추기를 기다렸지만, 기관지에 쌓인 피는 며칠씩 올라왔다가 다 빼주고 나면 또다시 솟아났다. 반복되는 출혈에 상태는 점점 심각해졌고, 마침내 6월에는 마치 수도관이 터진 듯 혈전과 피가 목관을 타고 분출되었다. 인공호흡기로 공기가 들어가지 않자 아들의 얼굴색은 급격히 변해갔고, 생명이 멈출 것 같은 위기의 순간들이 계속되었다.

그때마다 아내와 나는 초를 다투며 예수님의 이름을 부르짖었다. 공기가 다시 들어가게 하려고 사투를 벌였고, 여러 번 아들의 입에서 막힌 피를 빼내며 기도 외에는 할 수 있는 것이 없었.

석션 카테타에 표시를 하여 막힌 피를 빼는 방법을 주님께서 미리 알려주시지 않았더라면 수십 번도 더 생명을 잃었을지도 모를 순간들이었다.

이 같은 상황으로 병원에 입원해 치료를 받아야 했지만, 기관지에 남아 있는 끈적한 피가 수시로 올라와 언제든지 응급상황이 발생할 수 있었기에 이동 자체가 불가능했다.

우리는 아들의 생명을 참 부모 되신 하나님께 맡겼고, 오직 완전한 치료자 되신 주님만을 바라보며 아내와 함께 아들을 위해 매일 기도하기로 결정했다.

주님의 인도하심을 따라, 효과가 없는 듯한 지혈제도 중단했다.

반복되는 대량 출혈과 그로 인한 호흡곤란을 수없이 겪으며, 출혈이 저절로 멈춘다는 것은 우리 가족이 보기에는 죽은 나사로가 다시 살아나는 것만큼이나 불가능해 보였다. 의식이 돌아올 확률이 제로였던 것처럼, 이 상황 또한 인간의 방법으로는 도무지 해결 방법이 없어 보였다.

그러나 예수님께서 마르다에게 "네가 믿으면 하나님의 영광을 보리라"(요 11:40) 하신 말씀을 의지하여, 오직 주님만 바라보고 아내와 함께 매일 치유기도를 시작하였다.

하나님은 물 위를 걸었던 베드로처럼, 환경을 보지 않고 함께하시는 예수님만을 바라보게 하셨다. 모든 것을 합력하여 선을 이루신다는 약속을 따라, 생방송이 아니라 녹화방송을 보듯 이 모든 것이 하나님의 손안에 있음을 신뢰함으로 미리 감사하게 하셨다.

왜 이런 일이 일어났는지 이해할 수 없었지만, 그 속에 하나님의 선하신 뜻이 있음을 믿고, 우리는 빌립보 감옥에서 한밤중에 바울과 실라가 드린 찬양처럼 찬양을 드렸다. 밤중에 부르는 그 찬양을 주님께서 기뻐하시는 것 같았고, 언젠가 주님 앞에 섰을 때 나도 정말 잘했다고 고백하게 될 것이라는 생각이 들었다. 그래서 밤에 일어나 아들을 돌볼 때마다 "좋으신 하나님", "왕이신 나의 하나님"이라는 찬양을 자주 불렀다. 그리고 '하나님은 언제나 선하시며 언제나 옳으시다'는 진리를 삶의 결론으로 삼고 굳게 붙들었다.

하나님께서 요셉이 술 관원장의 꿈을 해석한 후, 그가 원하는 때가 아니라 2년이 지난 뒤에야 감옥에서 나오게 하신 것처럼, '하나님의 때'가 가장 좋은 때임을 믿게 하시고, 낙심하지 않도록 나를 붙들어주셨다.

그 시기에 하나님께서는 매일 아내와 함께 아들을 위해 기도할 때마다, 아내에게 놀라운 환상들을 보여주시기 시작하셨다. 말로 다 표현할 수 없는 이미지들이 펼쳐졌고, 그중 하나는 왼쪽 폐의 상처 위에 주님께서 직접 연고를 발라주시는 모습이었다.

그리고 주님께서는 아내에게 이렇게 말씀하셨다.

"피가 나오는 것에 놀라지 말고, 감사하고 기뻐하라."

주님의 음성을 들으며, '이해할 수 없을 때 드리는 감사와 찬양이야말로 세상이 감당할 수 없는 믿음'임을 깨달았고, 피가 나올 때조차 기뻐하고 감사하기를 원하시는 주님의 마음이 느껴졌다.

비록 눈에 보이지는 않았지만, 우리의 기도를 들으시며 반드시 일하고 계신 주님을 신뢰할 수 있었다. 그 믿음이 있었기에 우리는 기도를 멈추지 않을 수 있었다.

그리고 2022년 1월, 아내가 기도 중에 놀라운 주님의 음성을 들었다.

"너희의 믿음과 인내, 아들을 향한 사랑의 헌신을 보았다. 이제 다시는 피를 보지 않게 될 것이다."

그 음성은 마치 겨울 끝자락에 피어난 한 송이 꽃처럼, 깊은 어둠 속에 드리운 생명의 빛이었다.

그 말씀 이후, 수없이 반복되던 대량 출혈이 멈췄다.

그 일이 실제로 일어났을 때, 도저히 믿기 어려웠다. 하루하루 반복되던 위기 속에서 기도하며 견뎌낸 시간의 끝자락에서, 우리는 1년 만에 출혈이 멈추는 '꿈만 같은' 기적을 맛보게 되었다. 우리를 절망으로 몰아넣었던 피가, 하나님의 손에 의해 완전히 멈춰진 것이다.

그렇지만 출혈이 멈춘 후에도 워낙 오랫동안 수십 번 반복되어 왔기에 또다시 출혈이 생기면 어쩌나 싶어, 아들의 피가 멈추도록 기도해 주시는 분들에게 바로 알릴 수가 없어 하나님께 기도드리며 언제 알리는 것이 좋을지 인도함을 구했다.

하나님께서는 아내에게 기도 중에 환상으로 내 생일날인 '2월 16일'이라는 숫자를 보여주셨고, 정말 주님이 주신 날짜인지를 확인하기 위해 '기드온의 양털 시험'처럼 확증을 하기로 했다.

마침 11년 전에 아들이 입학했던 서울대 대학원 백대현 교수님과 우연한 기회에 통화를 하게 되었는데, 교수님께서 전혀 뜻밖에 '의식 잃은 아들'을 보러 집을 방문하겠다는 것이었다. 그래서 아내와 함께 만일 교수님이 '2월 16일'에 집을 방문하시게 되면, 그날 출혈이 완전히 멈추었음을 주님이 말씀하신 것으로 믿고, 기도해 주시는 분들에게 알리기로 결정하였다.

그리고 하나님께서는 정확히 '2월 16일'에 교수님께서 우리집을 방문하도록 인도하셨고, 실수가 없으신 하나님께서는 나와 아내에게 신실하신 주님을 향한 믿음과 사랑이 더욱 깊어지도록 인도하셨다.

또한 우리는 감사하게도 출혈 기간 중 치유의 은혜를 경험했다.

어느 날, 내가 기관지에 쌓인 피를 빼주는 과정 중에 허리에 심한 통증이 찾아왔다. 아들의 침대가 낮은 탓에 자세가 틀어진 채 허리를 굽히고 수시로 석션을 해야 했는데, 특히 끈적한 피가 기도를 막아 공기가 통하지 않던 날은 몇 시간씩 계속해서 석션을 해야 했다. 그때 무리했던 탓인지 허리가 끊어질 듯한 통증이 찾아왔고, 조금만 움직여도 비명이 나올 정도로 고통이 심해졌다.

이대로는 아들을 돌볼 수 없다는 생각에 절망이 찾아왔다. 무엇보다 밤중에 갑자기 호흡곤란이 생기면 초 단위로 급히 일어나서 피를 빼주어야 하는데, 제대로 누울 수도 일어설 수도 없을 정도로 상태가 심하였다.

내 몸이 말을 듣지 않으면, 그야말로 아들의 생명이 위험해질 수 있었다. 출혈로 인한 호흡곤란이 수시로 발생하는 상황에서 병원에 갈 수도 없었기에, 나는 아들을 제대로 돌볼 수 있게 해달라고 울며 기도드렸다.

워낙 심각한 상황이라 아내가 나를 위해 기도하던 중, 눈물을 흘리며 내 허리를 교정해 주시는 예수님의 모습을 환상으로 보게 되었고, 주님이 나의 수고를 다 보고 계신다고 말씀해 주셨다. 주님의 그 사랑 앞에서 아내도 눈물을 멈출 수 없었다.

그날 이후 정말로 기적이 일어났다. 허리의 통증이 점차 줄어들기 시작하더니, 나흘째 되는 날에는 완전히 사라졌다. 그동안 밤마다 발생하던 응급 상황도 이상하게 그 기간에는 일어나지 않았다. 마치 주님께서 허리 회복의 시간을 확보해 주시기라도 한 듯이, 고요하고 평안한 밤이 이어졌다.

이 일은 하나님께서 우리의 모든 사정을 아시고, 감당할 수 없는 시험은 허락지 않으시고, 피할 길을 내셔서 능히 감당하게 하신다는 약속을 성실히 이루신 사건이었다.

또 한 가지는, 아들의 사타구니에 종기가 났다가 아물어 가는 과정 중에 도토리만한 크기의 빨간 속살이 나온 것이었다.

사진을 찍어 피부과 의사에게 보여주었더니 응급실에 가서 칼로 잘라내는 방법밖에 없다고 하셨다. 응급실을 갈 수 있는 상황이 못 되어 오염되지 않도록 날마다 드레싱을 해주었는데, 몸을 닦아주거나 대변을 볼 때 여간 불편한 것이 아니었다. 나는 매일 예수님의 이름으로 나와 있는 빨간 속살이 사라지도록 기도를 드렸다. 그런데 어느 날 아침에 보니 그 속살이 흔적도 없이 사라진 것이었다!

"우리 가운데서 역사하시는 능력대로 우리가 구하거나 생각하는 모든 것에 더 넘치도록 능히 하실 이(하나님)"(에베소서 3:20).

그 하나님께서 이렇게 우리의 간절한 기도와 믿음을 보시고, 불가능한 상황 속에서 기적을 베풀어주셨다. 절망을 딛고 기도하게 하셨고, 두려움을 넘어 감사하게 하셨으며, 고통 가운데 찬양하게 하셨다.

나와 아내는 아들이 의식 잃은 7년 8개월 동안 예수님과 동행하며 그 주님을 신뢰함으로 감사와 찬양이 넘치는 시간을 보낼 수 있었다. 그분의 손은 치유의 손길, 그분의 발자취는 은혜의 발자취였다. 이러한 경험을 통해, 그 기간 동안 아들이 깨어나기를 매일 간절히 기도했지만 응답되지 않은 것은 하나님께 능력이 없기 때문이 아니라, 내가 다 이해할 수는 없지만 그 속에 더 선하고 좋은 뜻이 있음을 확신하게 되었다.

그러나 하나님의 놀라운 역사는 한두 번으로 끝나지 않았다.
하나님께서는 계속해서 불가능을 가능으로 바꾸셨고, 절망의 자리에서 또 다른 은혜의 문을 열어주셨다.

대량 출혈이 멈춘 이후, 이번에는 가래가 문제였다. 어느 날 저녁 10시. 갑자기 가래가 기도를 완전히 막으면서 아들은 호흡곤란 상태에 빠졌다. 평소처럼 석션을 시도했지만 아무리 해도 가래는 빠지지 않았고, 산소포화도는 30 이하로 떨어졌다. 얼굴색은 빠르게 변했고, 숨이 멎을 것만 같았다. 이번에도 주님의 이름을 부르며 마지막이라는 심정으로 가래를 빼보았는데, 다행히 아주 약간의 가래가 빠지며 인공호흡기의 공기가 다시 들어가기 시작했다.

하지만 10분도 채 지나지 않아 다시 가래가 막혔다. 숨은 점점 가빠지고, 아들은 또다시 숨이 멎기 직전의 상태가 되었다. 또 한 번, 마지막이라는 심정으로 간절하게 석션을 시도했고, 다시 아주 조금의 가래가 빠지며 위기가 넘어갔다.

그렇게 수십 번의 위기가 7시간 동안 반복되었다. 심장이 조여드는 듯한 긴장 속에서, 아내와 나는 밤새도록 피 말리는 사투를 벌였다.

그렇게 새벽 5시 무렵, 더 이상 이런 상황을 감당할 수가 없어 아내와 나는 이제는 아들을 천국으로 보내주어야 하는 것 아니냐는 대화를 나누었다. 비록 의식은 없지만, 그동안 아들과 함께한 시간이 얼마나 감사하고 소중했는지, 그 하루하루가 얼마나 큰 은혜였는지, 서로 눈물로 고백했다.

그 순간, 우리는 우리 자신의 기도와 믿음의 동기를 깊이 돌아보게 되었다. 아들의 회복을 위해 부르짖었던 기도들 속에 혹시 우리의 뜻과 인간적인 욕망이 더해진 것은 아니었는가. 하지만 아무리 생각해 보아도, 우리의 기도는 하나님의 영광과 복음의 진보를 위한 것이었고, 그마저도 이제는 다 내려놓겠다고 고백을 드렸다.

바로 그때, 주님께서 아내에게 환상을 보여주셨다. 아들의 생명줄을 주님이 붙잡고 계신 모습이었다. 그리고 때맞춰 인공호흡기와 연결된 목관이 기울어져 있는 것을 보게 해주셨다. 그로 인해 가래가 자주 막히고 잘 빠지지 않았던 것이었다.

주님의 인도하심으로 우리는 곧바로 목관에 화장솜으로 지지대를 세웠고, 그 순간부터 가래로 인한 호흡곤란 상황은 완전히 사라지게 되었다.

그리고 주님은 그 상황 속에서 우리에게 찬양으로 응답하셨다.

너는 시냇가에 심은 나무라, 하나님의 사랑 안에 믿음 뿌리내리고, 주의 뜻대로, 주의 뜻대로 항상 살리라.

그 음성이 아내의 마음에 울려 퍼졌고, 아들을 향한 주님의 사랑이 다시금 깊이 느껴졌다.

아브라함이 가장 소중한 아들 이삭을 하나님께 드렸듯, 우리도 이미 아들의 생명을 하나님께 드렸지만, 이 일로 인해 하나님께서 아들을 통해 이루고자 하시는 더 깊고 선한 계획이 있음을 확신하게 되었다.

그리고 이 모든 과정을 통해 나는 깨달았다. 하나님은 단지 병을 고치는 분이 아니라, 우리의 믿음을 자라나게 하시고, 우리를 주님과 더 깊은 관계로 이끄시는 사랑의 아버지라는 것을. 이러한 치유의 사건은 단지 치유 그 자체만으로 설명될 수 없는, 하나님의 손길과 사랑의 발자취가 선명히 새겨진 기적이었다.

그날 이후, 우리는 더 이상 기적을 '결과'로만 보지 않게 되었다.

하나님께서 베푸신 그 놀라운 기적은, 고난의 끝이 아니라 감사의 시작이었다. 그리고 그 감사는, 매일 반복되는 돌봄의 일상 속에서도 소망의 빛을 놓지 않게 하는 능력이 되었다.

그리하여 우리 가정은 깨달았다. 눈에 보이는 변화가 없어도, 의식이 돌아오지 않아도 우리를 붙들고 있는 하나님의 손길은 여전히 살아 역사하고 있다는 것을.

제5장

언제나 행복, 어디서나 천국

사랑하는 아들이 의식을 잃은 채로 7년 8개월의 시간을 보내는 동안, 나는 '아들에게 기적같이 일어나기를 바라는 간절한 기도제목'이 있었다.

- 비정상적으로 많이 생기는 가래가 나오지 않는 것
- 하루종일 나오는 침을 정상적으로 삼킬 수 있게 되는 것
- 인공호흡기를 떼고 정상적으로 호흡할 수 있게 되는 것
- 콧줄이 아닌 입으로 밥을 먹을 수 있게 되는 것
- 눈 깜박임이 정상적으로 움직이게 되는 것
- 소변줄을 빼고 소변을 보고 대변이 정상적으로 나오게 되는 것
- 양치질을 스스로 할 수 있게 되는 것
- 의식이 깨어나 보고 듣고 말하게 되는 것
- 온몸의 근육에 정상적인 힘이 들어가고 팔 다리를 자유롭게 움직일 수 있게 되는 것
- 일어나 앉고 걸을 수 있게 되는 것 등

하지만 이런 기도의 제목들을 품는 그 자체가 내게 오히려 깨달음이 되었다. 지금 내가 누리고 있는 '평범한 하루'가 실은 매일 '기적으

로 가득한 일상'을 살고 있는 것임을, 당연하게 여겨왔던 것들이 얼마나 귀한 은혜였는지를 깨닫고 감사의 눈을 뜨게 된 것이다.

무엇보다도 가장 큰 기적은, 창조주 하나님께서 만물보다 부패한 내 마음 안에 거하시며, 내 몸을 성전 삼아 살아 계신다는 사실이었다. 그 사실을 깨닫는 순간, 상황이 어떻든 예수님을 24시간 바라보는 것이 내 삶의 가장 자연스러운 습관이 되었다. 함께하시는 주님으로 인해 감사와 평안이 내 안에서 솟아났다.

주님은 베드로에게 "물 위로 걸어오라"고 말씀하셨다. 그 말씀은, 상황을 보지 말고, 예수님만 바라보라는 초대였다. 베드로는 풍랑 위에서도 예수님을 바라보며 믿음의 발걸음을 내디뎠고, 정말로 물 위를 걸었다.

그 장면은 내게 이렇게 말해주는 듯했다.

'눈을 오직 예수님께 고정하고 믿음으로 걸어오너라. 그러면 풍랑 속에서도 항상 기쁨과 감사, 그리고 평안 가운데 걷게 될 것이다.'

그리고 낙심이 파도처럼 밀려오고 도저히 감사할 수 없다고 느껴질 때에도, 주님은 내 마음에 '어떤 상황에서도 **빼앗길 수 없는 네 가지 감사**'를 생각나게 하시고, 감사의 발걸음을 옮기게 하셨다. 그 감사는 언제나 찬양으로 이어졌다. 찬양은 다시 기쁨이 되었고, 그 기쁨이 우리를 하루하루 살아가게 했다.

그래서 깨달았다.

의식이 돌아오는 것만이 기적은 아니었다. 매일 반복되는 돌봄의 시간 속에서도 마음이 무너지지 않고, 오히려 감사하며 하루를 살아가는 것, 그 자체가 또 하나의 기적이었다.

하나님께서 내 마음에 네 가지 감사를 생각나게 하신 그때부터, 그 감사를 올려드리는 시간이 하루의 중심이 되었다. 그리고 그 시간은 우리 가정의 영적인 숨결이 되었다.

첫째, 내 모든 죄를 용서해 주시고, 죽을 수밖에 없었던 나를 십자가의 사랑으로 구원해 주셔서 하나님의 자녀 삼아주신 것에 감사했다.

한동안 십자가의 사랑은 과거의 사건처럼 느껴졌었다. 하지만 내 안에 계신 예수님, 그 십자가의 주님을 바라볼 때마다 그 사랑은 늘 '지금'의 사건처럼 현재의 십자가로 다시 내게 다가왔다. 그리고 그 사랑이 내 안에 넘치기 시작했다. 그 사랑이 깊어질수록 고백이 나왔다.

"예수님 한 분이면 충분합니다."

그 완전한 사랑 하나로 충분했고, 그 사랑 안에서 더없이 행복했다. 그 사랑은 또한 영원한 천국을 소망하게 했다. 그래서 고난 가운데서도 마음에 새겨지는 말씀이 있었다.

"현재의 고난은 장차 나타날 영광과 비교할 수 없도다."

그 말씀이 고난의 시간을 이겨내며 인내하게 했다.

이 고난이 끝이 아니라는 것, 지나가는 길이라는 것, 그리고 반드시 하나님의 영광으로 결말지어질 것이라는 진리가 내 마음 중심을 단단히 붙잡아주었다. 그 믿음이 날마다 나를 감사하게 만들었다.

둘째, 내 삶의 이유이자 목적이 된 '사명'을 깨닫게 해주신 것을 감사했다.

살아야 할 이유를 몰라 방황하고, 깊은 절망 속에서 자살 충동까지 겪었던 젊은시절을 떠올릴 때마다, 지금의 나는 그때와는 전혀 다른 길을 걷고 있다는 사실에 놀랍고도 감사했다. 주님은 내게 생명보다 귀한 하나님 나라의 사명을 주셨고, 그 사명을 따라 날마다 복음을 위해 살게 하셨다. 그리고 사랑과 섬김으로 삶을 채워가게 하셨다.

32년 동안 일했던 은행에서, 단지 생계를 위한 일이 아니라 사람을 살리고 세우는 '제자 삼는 일'에 내 시간을 드릴 수 있었던 것도 너무나 감사했다.

아들의 가래와 피를 빼는 매일의 반복되는 시간 속에서도, 하나님 나라가 이 땅에, 모든 가정과 일터에 이루어지기를 소망하며 드리는 기도의 시간이 되었다.

매일 두세 시간씩 나라와 민족, 그리고 다른 사람들을 위한 중보기도로 하루를 시작하면서, 우리 가정이 고난 속에서도 무너지지 않고 살아갈 수 있었던 것은 결국 이 '사명'이라는 중심이 있었기 때문이었다.

셋째, "나를 사랑하사 나를 위하여 자기 몸을 버리신 하나님의 아들", 예수님이 오늘도 살아 계셔서 나와 동행하신다는 사실에 감사했다.

"내가 사망의 음침한 골짜기로 다닐지라도 해를 두려워하지 않을 것은 주께서 나와 함께하심이라"라는 다윗의 고백이, 이제는 단지 외워지는 문장이 아니라 나의 실제가 되었다는 것, 그 자체가 깊은 감사였다.

이제는 "제자 삼으라"는 명령보다도 "세상 끝날까지 내가 너희와 항상 함께 있으리라"라는 주님의 약속이 더 크게 다가왔다. 그 위대한 약속이 가슴을 벅차오르게 했고, 매일 아침 눈을 뜰 때마다 주님의 인도하심을 기대하게 되었다. 감사는 자연스럽게 넘쳐났다.

'예수님이 함께하신다'는 이 감사는 더 이상 입술의 고백만이 아니었다. 그분의 임재를 경험하며 살아가는 일상의 실체가 되었다.

아들을 돌보기 위해 명예퇴직을 한 후, 오랫동안 집중해 왔던 일터 사역을 내려놓아야 하는 시간이 찾아왔다. 그때 주님께서 내게 말씀하셨다.

"네가 하고 싶은 일이 아니라, 내가 맡긴 일이 바로 내가 너에게 원하는 사역이고 섬김이다."

그 말씀은 내 시선을 완전히 바꾸어주었다. 나는 그동안 해왔던 사역보다 더 깊은 기쁨, 곧 아들을 돌보는 평범한 일상의 하루 속에서 주님의 임재와 역사를 경험하며, 예수님과 동행하는 그 자체의 기쁨을 누리게 되었다.

예수님을 나의 왕이자 주인으로 가정 안에 실제로 모시고 살아가니 평범한 하루가 천국이 되었고, 기다림의 시간조차 주님과 함께 걷는 은혜의 여정이 되었다.

요셉처럼 보이지 않는 하나님과 동행하는 삶 속에서, 나는 점차 '응답'보다 '임재'에 집중하는 법을 배워갔다. 보이지 않지만 실제로 함께하시는 예수님을 바라보며 살아가다 보니, 기다림에서 오는 초조함도 서서히 사라지고, 대신 깊은 평안과 자유함을 누리게 되었다.

넷째, 매일 아침, 내 인생의 마지막 날과 같은 소중한 하루를 허락해 주신 것을 감사했다.

그리고 그 하루를, 내가 아닌 예수님으로 살게 하셔서 나의 하루가 아닌 하나님의 하루, 나의 뜻과 계획이 아닌 하나님의 뜻을 이루는 하루로 고백할 수 있게 된 것이 참 감사했다.

예수님을 믿고도 한동안은 '오늘이 내 인생의 마지막 날처럼 살라'는 말의 무게를 깊이 알지 못했다. 하지만 어느 날, 내 시간의 감각을 완전히 바꾸어 놓는 사건이 찾아왔다.

30대 초 나는 동역삼동지점에서 대리로 근무하고 있었고, 본점에서 근무하던 ROTC 후배가 우리 지점으로 발령을 받아왔다. 회식 자리에서 그는 술에 취한 채 이렇게 말했다.

"선배님, 본점에 있을 때 예수 믿으라고 전도하는 분이 있어서 만날 때마다 도망다녔는데…하필 선배님 있는 지점으로 오게 됐네요."

그 말을 듣는 순간, 내 마음에 확신이 들었다.

'아, 하나님께서 나에게 맡기신 예비된 영혼이구나.'

그 후배는 서무 담당 계장으로, 내가 맡고 있던 서무 책임자 업무를 함께하게 되었다. 나는 그에게 업무를 잘 가르쳐주고, 마음을 터놓을 수 있는 좋은 관계도 쌓아갔다.

그리고 어느 날 저녁, 약속을 잡아 복음을 전했고, 그는 기쁨으로 예수님을 영접했다. 일대일 양육을 통해 믿음이 자라났고, 얼마 뒤 대리로 승진해 고향인 해남지점으로 발령을 받았고, 혼자 생활을 시작하며 주말부부로 지내게 되었다.

그런데 몇 달 뒤, 믿기 힘든 소식이 전해졌다.

그 후배가 숙소에서 자던 중, 갑작스러운 심장마비로 세상을 떠났다는 것이었다. 젊고 건강했던 친구였기에 충격은 너무도 컸다. 나는 일주일 동안 제대로 밥도 먹지 못했고 마음은 텅 비어버린 듯했다.

'사람이 이렇게도 갑자기 죽을 수 있구나…'

그 일 이후, 나는 매일 밤 잠자리에 들 때마다 '오늘 밤이 이 세상에서의 마지막 밤일 수도 있다'는 생각을 습관처럼 하게 되었다.

그때부터 내 하루는 다르게 흘러가기 시작했다. 주어진 하루를 당연하게 여기지 않게 되었고, 오늘 하루가 마지막일 수도 있다는 자각이 하루하루를 더욱 감사와 진심을 담아 살아가게 했다.

그리고 그로부터 일주일쯤 지났을 때, 그 후배의 아내에게서 전화가 걸려왔다. 교사로 일하고 있던 그녀는, 남편에게서 내 이야기를 자주 들었다며 이렇게 말했다.

"저도 신앙생활 시작하고 싶은데, 좋은 교회 좀 소개해 주세요."

나는 기쁘고 감사한 마음으로 내가 다니던 사랑의교회를 소개해 드렸고, 한 달 뒤, 교회 휴게실에서 그녀를 직접 만날 수 있었다.

혹시나 많이 힘들어하고 계시지 않을까 걱정했는데, 의외로 밝은 얼굴로 다가오셔서, 그동안의 이야기를 조용히 들려주셨다.

"남편이 너무 보고 싶어서 하나님께 간절히 기도했어요. 그랬더니 꿈에서 정말 생생하게 남편을 만나게 해주셨어요. 그곳은 너무나 아름다웠고, 남편이 이렇게 말했어요. '나, 아버지 집에 있어!'"

그 당시에는 '아버지 집'이라는 말이 정확히 무슨 뜻인지 몰랐지만, 나중에 깨달았다고 하셨다. 그 말이 하나님 아버지께서 계신 천국, 바로 아버지의 집이라는 것을. 그 순간부터, 다시 만날 수 있다는 소망이 생겼고, 견딜 수 없을 것 같던 슬픔이, 하나님의 은혜 안에서 평안으로 바뀌었다고 하셨다.

그 이야기를 들으며, 하나님은 내게 다시금 분명히 말씀하셨다. 죽음 너머 천국은, 지금 이 땅의 현실보다도 더 생생한 삶의 자리라는 것을. 죽음은 끝이 아니며, 결코 두려움의 대상이 아니고 영원한 천국, 영광의 하나님 나라로 들어가는 문이라는 것을.

그리고 주님은 내 마음에 말씀하셨다.

"천국 소망을 품고 살아라. 밭에 감춰진 보화를 발견한 사람처럼,

말할 수 없는 기쁨과 감격으로 살아가라."

"천국은 마치 밭에 감추인 보화와 같으니 사람이 이를 발견한 후 숨겨 두고 기뻐하며 돌아가서 자기의 소유를 다 팔아 그 밭을 사느니라"(마태복음 13:44).

그렇게 후배의 죽음은 내 시간관, 인생관을 송두리째 바꾸는 사건이 되었다.

그리고 그로부터 5년 후, 서초동지점에서 근무하고 있을 때였다. 군대 시절, 내가 소대장일 때 분대장으로 함께하며 가깝게 지냈던 부하가 지점으로 인사차 찾아왔다. 점심을 함께하며 옛 이야기를 나누고 즐거운 시간을 보냈다. 그리고 그날 저녁, 그는 아내와 어린 두 아들과 함께 캄보디아로 출국했다.

그런데 퇴근 후 뉴스를 보던 중, 화면 하단에 자막이 떴다.

"베트남 항공기 추락…."

사망자 명단에 그 부하와 가족 이름이 있었다. 또 한 번의 갑작스러운 죽음 소식이었다. 그날의 충격은 말로 다 표현할 수 없었다.

하나님은 이 두 사건을 통해 내게 분명히 말씀하셨다.

"죽음을 항상 준비하며 살아라. 오늘이 네 인생의 마지막 날인 것처럼 살아라. 언제라도 주님 앞에 설 수 있도록, 부끄럼 없이 살아가라."

그 말씀 이후로, 하루는 하나님께서 내게 허락하신 귀한 선물이 되었고, 하루를 살아가는 것이 하나님의 사랑 안에 머무는 큰 특권임을 깨달았다.

그리고 날마다 스스로에게 이 질문을 던지게 되었다.

"오늘이 내 인생의 마지막 날이라면, 나는 어떻게 살 것인가?"

그 질문 앞에 정직히 서게 되었고, 그리고 마음 깊이 깨달았다. 하루하루 감사와 찬송이 넘치는 삶, 사랑만 하며 섬기는 삶이 주님이 기뻐하시는 최선의 삶이라는 것을.

그 깨달음 이후, 나는 매일 아침 눈을 뜰 때마다 이 고백으로 하루를 시작하게 되었다.

"오늘 하루도 '내 인생의 마지막 날'과 같은 소중한 하루를 허락하여 주셔서 감사합니다. 나와 항상 함께하시고, 인도하시며, 역사하시는 주님! 오늘도 주님만 바라보며 감사와 찬송이 그치지 않는 하루가 되게 하소서. 사랑만 하며, 섬김으로 살아가는 삶이 되게 하소서. 내 뜻이 아니라, 오직 하나님의 뜻이 이루어지고 주님만 드러나는 하루가 되게 하소서."

고난의 긴 여정을 지나며 나는 깊이 깨달았다.

'언제나 행복, 어디서나 천국'이라는 고백은 삶의 외적인 평온함에서 비롯되는 것이 아니라 마음을 지킬 때 비로소 가능하다는 진리였다.

그때 내게 생명처럼 다가온 말씀이 있었다.

"모든 지킬 만한 것 중에 더욱 네 마음을 지키라 생명의 근원이 이에서 남이니라"(잠언 4:23).

천국을 누리는 삶이란 예수님께서 주시는 사랑과 기쁨, 평안을 누리는 삶이다. 그리고 이것은 상황과 상관없이 그리스도인이라면 누구나 누릴 수 있는 은혜의 특권이었다.

하지만 나는 한때 그런 믿음을 갖지 못했고, 어려운 상황 속에서 밀려오는 염려, 낙심, 두려움, 우울 등 부정적이고 파괴적인 감정을 당연하게 여기며 방치했다.

그러나 시간이 지나며 깨달았다.

감정은 생각에서 비롯된다. 건강한 생각이 있어야 건강한 감정이 흘러나온다. 그러기에 감정을 다스리기 위해서는 무엇보다 생각을 바로 세우고, 마음을 지키는 일이 절대적으로 중요했다.

그리고 마음의 생각을 지키는 가장 확실한 길은 나 자신이나 환경이 아닌, 예수님을 바라보는 것이었다. 예수님을 바라본다는 것은 생각 속에 예수님을 모신다는 것이고, 그분의 말씀을 따라 생각을 정리할 때 마음을 지킬 수 있는 진짜 힘이 생겨났다.

무엇보다 중요한 깨달음은, 나의 생각에는 '뿌리'가 있다는 사실이었다.

어떤 생각은 내 안에서 비롯되지만 어떤 생각은 외부로부터, 특히 마귀로부터 주어지는 생각일 수 있다는 것을 알고 반드시 분별해야 했다.

가룟 유다는 예수님을 팔기로 결심한 것이 자신의 생각인 줄 알았지만, 성경은 분명히 말한다.

> "마귀가 벌써…가룟 유다의 마음에 예수를 팔려는 생각을 넣었더라"(요한복음 13:2).

유다의 배신은 '자기 생각'처럼 보였지만, 그 생각의 뿌리는 마귀였다.

이 진리를 제대로 알지 못했던 나는 떠오르는 생각들을 무방비로 받아들였고, 내 마음은 어느새 마귀의 놀이터가 되어 있었다. 생각은 감정을 낳았고, 감정은 말과 행동으로 이어졌다. 그리고 마귀는 감정을 주된 무기로 사용했다.

 죽고 싶은 생각, 자기 연민, 음란하고 더러운 상상들…이런 것들은 모두 마귀가 심어주는 생각들이었다.

 나는 절실히 깨달았다. 영적 전쟁은 마음의 생각에서 시작되며, 이론이 아닌 매일의 삶 속에서 치러지는 피할 수 없는 현실이라는 것을.

 그 후로는 예수님을 바라보는 일이 선택이 아닌 생명과도 같은 필수가 되었다. 생각의 경계병을 세우고, 예수님의 음성에 귀 기울이며, 그분의 인도하심을 따르고, 그분의 마음을 품는 것. 그것이 나를 지키는 진정한 보호막이었다.

 그럴 때, 주님께서 주시는 사랑이 내 감정의 중심이 되었고, 그 사랑이 기쁨과 평안으로 열매 맺게 되었다. 이것이 바로 내가 고백할 수 있는 '언제나 행복, 어디서나 천국'의 실제임을 깨닫게 되었다.

 이것은 고난이 없기 때문이 아니라, 고난 중에도 생각을 지키고 주님을 바라보는 삶을 살기 때문에 가능한 것이었다.

 이 땅에서의 진짜 천국은, 그리스도의 임재 가운데 사는 생각과 마음의 자리에서 시작되었다. 예수님을 생각하며 그분을 항상 내 생각 속에 모시면, 주님이 주시는 사랑과 기쁨과 평안이 내 안에 머물고, 결국 나의 일상은 언제나 행복하고 어디서나 천국이 된다는 것을 알게 되었다.

 '언제나 행복, 어디서나 천국.'

 그것이 우리 가정에 허락된 놀라운 은혜이며, 주님께 드리는 찬양이 되었다.

제6장

사랑의 섬김, 천국 같은 가정

'내가 과연 정상적인 결혼생활을 할 수 있을까?'

대학 초년생 시절, 이혼가정에서 자라며 열등감에 사로잡혀 고민하던 나의 깊은 내면의 질문이고 고백이었다. 그 당시 나는 '행복한 가정'을 꿈조차 꿀 수 없었고, 남편으로서 아내를 사랑하는 법도, 아버지로서 자녀를 어떻게 사랑해야 하는지도 배우지 못했다.

그러던 내 인생에, 하나님이 나를 찾아오셔서 예수님을 인격적으로 만나게 되어 모든 과거의 상처는 치유가 되었고, 깊은 열등감은 완전히 사라졌다.

그리고 어느 날, 목사님의 말씀 중에 내 마음을 울리는 예화가 있었다.

천국을 알지 못하는 자녀들이 부모에게 천국이 어떤 곳이냐고 물으면 이렇게 대답할 수 있어야 한다고 했다.

"천국은 우리집 같은 곳이야!"

그 이후 22살 때부터 배우자 기도를 시작하며, 나는 처음으로 가정을 향한 기도를 드릴 수 있었다.

"주님, 깨어지는 가정이 많은 이 시대에 하나님의 영광을 위하여 천국 같은 가정을 살아가게 해주소서."

그리고 하나님께서 예비하신 아내를 만나 행복한 결혼생활을 시작하게 되었다. 그러나 아들이 뜻하지 않은 불치병 진단을 받으면서 천국 같은 가정을 위한 나의 간절한 바람은 겉으로 보기에는 멀어지는 듯했다.

하나님께서는 나의 이 연약한 모습을 아시는 듯, 마음 깊이 두 가지 진리를 깨닫게 하셨다.

먼저, 사랑과 행복을 상대방에게 기대하기보다, 먼저 주는 사람이 되라는 것이었다.

진정으로 나를 행복하게 해줄 수 있는 분은 예수님 한 분뿐이며, 사람은 믿고 의지할 대상이 아니라 사랑해야 할 존재라는 깨달음이 깊이 다가왔다.

어느 날, 책을 읽다가 한 문장이 주님의 음성처럼 내 마음에 울려 퍼졌다.

> 하나님이 나를 위해 아내를 예비하신 것이 아니라, 아내를 위해 내가 있는 것이다. 하나님은 아내를 사랑해 줄 사람으로 나를 찾으셨다. '나를 딛고 당신이 올라서고, 나보다 당신이 더 잘되기를 바랍니다.' 이것이 바로 사랑이다.

그 글을 읽는 순간, 마음이 뜨거워졌다.

사랑은 나를 통해 흘러가야 하고, 그러기 위해서는 무엇보다 예수님과의 인격적인 관계가 우선되어야 했다. 완전한 신랑 되신 예수님의 사랑이 내 안에 차고 넘칠 때, 나는 그 사랑으로 인해 행복할 수 있었다.

요한복음 15장 9절 말씀이 새롭게 다가왔다.

"아버지께서 나를 사랑하신 것같이 나도 너희를 사랑하였으니 나의 사랑 안에 거하라."

주님의 변함없는 사랑 안에 거하고, 매일 폭포수처럼 부어지는 그 사랑을 누리는 것이 내 삶에 절대적으로 필요했다. 또한, 내 가정은 내가 주인이 아니라 예수님이 주인이심을 인정하게 되었다.

행복한 가정을 꿈꾼다면, 내 뜻이 아니라 예수님께 모든 것을 맡기고, 그분을 닮은 사랑의 사람이 되어야 한다는 마음을 주님이 깊이 심어주셨다.

나는 예수님께서 나를 사랑하시듯, 아내를 그렇게 사랑하고 싶었다. 정말 예수님을 닮은 남편이 되고, 예수님의 마음으로 자녀들을 품는 아버지가 되고 싶었다. 그 마음은 진심이었고, 내 안의 간절한 소망이었다.

하지만 시간이 지날수록 나는 뼛속 깊이 절감하게 되었다. 내 안에 사랑이 없다는 사실을. 내가 그렇게도 되고 싶어 했던 모습은 나의 의지만으로는 결코 도달할 수 없는 목표였다.

가정 안에서 크고 작은 갈등이 생기고, 아내와 언쟁이 오갈 때마다 하나님께서는 내 마음 깊은 곳에 숨어 있던 이기적인 자아를 하나씩 드러내 보여주셨다. 그것은 나조차도 인식하지 못했던 교만과 자기중심적인 태도였다.

고린도전서 13장에서 말씀하시는 '사랑'은, 그 어떤 말보다 내 인격의 실상을 뚜렷이 비추는 거울이 되었다.

"사랑은 오래 참고 사랑은 온유하며…사랑은…무례히 행하지 아니하며 자기의 유익을 구하지 아니하며 성내지 아니하며…."

제4부 천국을 남기고, 천국에 가다

말씀을 읽을 때마다 내 안에 그런 사랑이 없음을 인정할 수밖에 없었다. 특히 아들을 돌보는 긴 여정 속에서 내 안의 이기적인 본성이 얼마나 쉽게 드러나는지를 수없이 경험했다. 나는 오래 참지도 온유하지도 못했고, 자주 성내고, 내 유익을 먼저 생각하는 이기적인 모습을 하나님 앞에 드러낼 수밖에 없었다.

아들의 팔과 다리 근육이 약해 하루종일 집에 앉아 지내야 했던 중학교 시절, 어느 날 아들은 자주 나를 불러 이것저것 부탁했다. 나는 바쁜 일에 집중하고 있어서 마음이 급한 상태였고, 결국 짜증 섞인 말이 튀어나왔다.

"정함아, 한꺼번에 시켜라."

지금 돌이켜 보면, 그 말은 아버지로서 아들의 상황을 헤아리지 못한 너무도 이기적이고 사랑이 없는 말이었다. 그저 내 입장만 생각한, 부끄럽고 후회스러운 반응이었다.

또 한 번은 아들이 대학에 다니던 시절이었다.

자다가도 꼬리뼈 통증이 심해 자세를 바꿔야 했기에 매일 밤 두세 번씩 나를 깨우곤 했다. 어느 날은 다섯 번이나 깨웠다. 그날 새벽, 피곤한 몸을 이끌고 하나님께 나아가 "밤에 잠 좀 자게 해주세요"라고 불평을 털어놓았다.

그때 주님께서 내 마음에 마가복음 10장 45절 말씀으로 말씀하셨다.

"인자가 온 것은 섬김을 받으려 함이 아니라 도리어 섬기려 하고 자기 목숨을 많은 사람의 대속물로 주려 함이니라."

그리고 내게 물으셨다.

"내가 이 세상에 왜 왔느냐?"

"섬기러 오셨습니다."

그러자 주님은 다시 말씀하셨다.

"그래, 나는 섬기러 왔단다. 섬김이 나의 기쁨이고, 특권이고, 전부란다. 나는 너를 위해 내 생명을 주었는데, 너는 다른 사람도 아닌 네 아들을 위해 이 정도 희생도 할 수 없겠니?"

그 말씀 앞에서 나는 너무나 부끄러워 눈물로 회개했다. 그날, 나는 아들과 가족을 위해 예수님의 마음을 품고 기꺼이 '사랑의 종'이 되기로 결단했다. "오직 사랑으로 서로 종 노릇 하라"(갈 5:13)라는 말씀이 내 마음에 깊이 새겨졌기 때문이었다.

그러나 현실 속에서 내 안의 혈기와 정욕, 이기적인 본성은 결심만으로는 결코 다스려지지 않았다. 그래서 자주 나 자신에 대한 실망과 좌절을 직면하게 되었다.

그때 깨달았다. 내 힘으로는 사랑할 수 없고, 내 안에 예수님이 사셔야 진정한 사랑이 흘러나온다는 것을.

하나님의 처방은 분명하셨다.

"너의 옛 자아로는 결코 사랑하며 살 수 없단다. 너의 이기적인 자아는 죽어야 한다!"

내가 죽어야 내 안에 계신 '사랑으로 충만한 주님'이 나를 진정 용서와 사랑의 사람이 되게 하신다는 것이었다. 내가 죽어야 예수님께서 내 안에 사시고, 그로 인해 온전한 연합이 이루어질 수 있으며, 그렇게 될 때 비로소 기쁨과 평안을 누리는 천국의 삶이 가능했다.

마찬가지로, 부부가 사랑으로 하나 되어 한 몸을 이루는 온전한 연합을 이루기 위해서도 서로 다른 '두 자아'가 죽어야만 가능하다는 사실을 깨달았다.

그렇게 나의 이기적인 옛 자아는 예수님과 함께 이미 죽었음을 고백하고, 예수님의 사랑으로 사랑할 수 있음을 믿고 순종할 때 사랑의 사람으로 조금씩 변화되기 시작하였다.

그리고 20년이 지난 어느 날, 아내가 내게 보내온 편지는 주님께서 우리 가정에 부어주신 은혜를 고스란히 보여주는 증거였다.

그 편지에는 이렇게 적혀 있었다.

> 누군가 나에게 이 세상에서 제일 존경하는 사람이 누구냐고 묻는다면, 나는 서슴없이 나의 남편이라고 말할 수 있을 만큼 당신을 사랑하고 존경한답니다.
> 올해 들어서 당신을 만난 지가 20년이 되었는데, 강산이 두 번 바뀐다는 횟수가 지났는데도 부족한 나를 처음 만난 그때처럼 사랑하는 마음이 정말 너무도 고맙게 여겨질 뿐이랍니다.
> 나에게 하나님을 알게 하고, 행복이 무엇인지를 알게 함으로써 인생을 다시 살게 한 당신!
> 하늘만큼, 땅만큼 사랑해요.
> 우리의 가정에 인간의 힘으로 감당할 수 없는 그 고난 가운데서도 사랑하는 당신과 함께이기에 넉넉히 이겨낼 수 있는 버팀목이 된다는 것을 고백합니다.
> 인생에 있어서 후반전을 맞이하는 시점에서 하나님이 주시는 성령의 능력으로 우리은행에 하나님 나라를 이루어가기 위하여 썩어지는 한 알이 되기를 작정하여, 날마다 하나님 앞에 더욱 가까이 나아가는 당신이 되길 소망하며,
> 우리 가정이 하나님께 더욱 많이 쓰임받고, 더 많이 영광 돌리기를 소망하며-.
>
> 당신이 내 곁에 있어서 항상 행복한
당신의 사랑스러운 아내가.

이 편지를 읽으며 나는, 22살 때 드렸던 내 기도를 들으시고 신실하게 응답하신 하나님께 깊이 감사하지 않을 수 없었다.

그리고 대학원을 휴학하고 혹독한 고난 가운데 5년간 침대에 누워 있는 아들을 돌볼 때 아들이 나에게 갑자기 이렇게 물었던 적이 있었다.

"아빠, 나를 왜 이렇게 사랑하세요?"

나는 잠시 말문이 막혀 아무 대답도 하지 못했다. 그러자 아들은 곧장 자신 있게 이렇게 말했다.

"아빠 아들이니까!"

그때 아들의 말을 들으면서 새롭게 깨닫게 되었다. 인간 아버지의 사랑을 받지 못했던 나에게 하나님 아버지의 조건 없는 사랑이 내게 부어지고 있음을.

그리고 문득 이런 생각이 들었다. 연약하고 부족한 나도 아들을 이렇게 조건 없이 사랑하는데, 지금 내가 느끼는 이 사랑이 하나님 아버지의 사랑을 비추는 그림자에 불과하다면, 나를 향한 그분의 사랑은 얼마나 더 깊고 크실까?

그 순간, 이사야의 말씀이 마음에 떠올랐다.

"네가 내 눈에 보배롭고 존귀하며 내가 너를 사랑하였은 즉"(이사야 43:4).

나는 가슴 깊이 울컥해져 "하나님 아버지"를 부르며 감사의 눈물을 올려드렸다.

돌아보면 아들을 돌보는 시간은 내게 '희생의 시간'이 아니라 '사랑의 기회'였다. 아버지 없이 자라며 상처 많던 내 마음속 깊은 곳까지 주님은 손을 내미셨고, 아들을 통해 무조건적이고도 변함없는 사랑이 무엇인지 가르쳐주셨다.

나는 내가 아들을 돌보았다고 생각했지만, 오히려 아들이 나를 예수님을 닮아가는 영적 성숙이 이루어지도록 돌보아주었음을 깨닫게 되었다.

아들을 천국으로 떠나보낸 후 아내가 거실에서 아들의 빈 방을 바라보았을 때 아내에게 이런 마음이 들었다고 했다.

"우리 가정의 행복이 아들의 방에서 흘러나왔구나."

하나님은 아들을 통해 우리에게 진정한 사랑의 섬김과 천국의 기쁨이 무엇인지 알려주셨다. 아들을 향한 사랑은 곧 하나님의 사랑을 배우는 시간이 되었고, 그 사랑이 넘치는 가정은 더 이상 슬픔의 장소가 아니라 은혜의 현장이 되었다. 아들과 함께했던 긴 고난의 시간은 주님의 임재와 사랑을 체험하는 통로가 되었다.

어느 날, 너무나 대화가 그리워 과거에 아들과 나누었던 행복한 대화들이 떠오를 때 나는 눈물로 통곡하며 기도했다.

"주님, 아들과 너무나 대화가 하고 싶어요…"

그때, 주님의 음성이 들려왔다.

"십자가에 죽기까지 사랑한 너와 매일 친밀하고 행복한 대화를 나누고 싶어하는 내 마음을 알겠니?"

그 음성에 나는 전율했고, 주님이 내 안에 인격적으로 임재하시어 일상의 모든 순간에서 대화하고 교제하며 친밀한 동행을 나누기를 원하신다는 사실을 깊이 깨달았다.

그 후로 나는, 주님의 말씀처럼 '종이라 하지 아니하고 친구라 하신'(요 15:15) 주님께 더욱 친구처럼 묻고, 그분의 음성에 순종하며, 하루하루 인도함을 받는 삶을 살아가게 되었다.

　인생 최대의 고난의 터널을 지나고 있던 13년간의 시간에도 나는 오히려 아내와 신혼 같은 행복을 누릴 수 있었다. 이 사랑과 기쁨은 세상적인 환경이나 감정으로는 설명할 수 없고, 오직 주님의 은혜로만 설명되는 신비로운 선물이다.

　천국은 멀리 있는 곳이 아니었다. 주님이 함께하시는 곳, 사랑이 흐르는 곳, 섬김이 있는 그 자리가 바로 천국이었다.
　사랑으로 섬기며 주님과 동행하는 삶, 그 삶이야말로 우리가 누리는 진짜 천국임을 갈수록 깨닫게 되었다.
　보통은 편한 것을 행복이라고 하지만 사랑으로 많이 섬길 수 있게 되는 것이 행복이었다. 사랑하는 사람을 위해서 하는 일은 노동이 아니었다.
　그래서 이제는 알게 되었다. 아들을 돌보는 일이 무거운 짐이 아니었다는 것을. 주님께서 특별히 맡기신 섬김의 기회, 그리고 하늘의 특권이었음을.

　고난이 깊어질수록 주님의 사랑은 더 깊고, 사랑의 섬김이 있는 가정이야말로 이 땅에서 누릴 수 있는 가장 큰 은혜요, 바로 천국임을 오늘도 고백한다.

제7장

끝이 아닌 시작, 영원한 품 안으로

아들은 우리 가정 안에 천국을 남겨두고 천국으로 떠났다.

몸은 말할 수 없이 연약했고, 의식도 없었지만, 아들의 존재 자체는 우리 가정에 말로 다할 수 없는 기쁨이었고, 그 자체로 행복이었다. 의식 없이 누워 있던 아들의 방에서 흘러나와 온 집 안을 가득 채운 것은 감사와 찬양, 그리고 사랑과 평안, 행복이었다.

아내와 내가 한마음으로 사랑하는 아들을 위해 기도할 때, 하나님께서는 종종 환상을 통해 말씀해 주셨다. 그것은 고난받는 자를 향한 주님의 특별한 위로였고, 고난을 겪는 자만이 볼 수 있고 들을 수 있는 것이었다.

그래서 우리는 알았다. 고난의 시간조차도 주님의 임재로 충만했기에 우리 가족의 하루하루는 곧 천국이었다. 고난의 시간은 깊고도 길었으나, 그 안에 담긴 하나님의 사랑은 더욱 깊었다. 주님은 아들을 통해 '하늘의 기쁨이 이 땅 가운데 어떻게 머무를 수 있는지'를 보여주셨다.

그리고 마침내, 하나님께서는 그 사랑의 완성을 위해 아들을 육신의 부모 곁에서 떠나 하늘 아버지의 품으로 데려가셨다.

그제야 나는 깊이 깨달을 수 있었다.

아들의 삶은 병상 위에서 멈춘 것이 아니라, 천국을 우리 가정에 남기고 영원의 길을 따라 걸어간 순례자의 여정이었다는 사실을.

아들이 떠나기 일주일 전쯤, 아내는 기도 중에 환상을 보았다.

그 환상 속에는 모래시계 하나가 있었고, 마치 장구처럼 생긴 그 모래시계 안에서는 위쪽의 모래가 빠르게 아래로 흘러내리고 있었다. 아래쪽 공간은 거의 다 차 있었고, 그 장면은 시간이 얼마 남지 않았음을 보여주는 듯했다.

그러나 그때는 환상의 의미를 고난의 끝, 회복의 시작으로 받아들였다.

'이제 하나님이 아들의 의식이 깨어나게 하시려나 보다.'

오랜 기다림 끝에 반드시 회복의 날이 오리라 믿었다. 그러나 그것은 회복이 아닌, '완전한 치유'를 향한 사인이었다. 모래시계는 하늘 아버지의 시간표였다.

그제야 알게 되었다. 하나님의 뜻은 언제나 완전하며, 주님의 때는 결코 늦지도, 빠르지도 않다는 것을.

2024년 2월 17일, 새벽 4시.

주님께서 나를 깨우셨다.

아들은 식은땀을 흘리고 있었고, 맥박은 올라가고 호흡은 점점 약해지고 있었다. 급하게 아내를 깨웠다.

아들의 얼굴은 평안해 보였지만 창백했다. 아내와 함께 아들을 위해 기도하는데, 그 순간 아내는 환상을 보았다.

예수님께서 환한 얼굴로 아들의 침대 곁에 서 계셨다. 그리고 아들의 영이 아내의 마음에 속삭였다.

"엄마, 나 너무 힘들어…이제 쉬고 싶어."

아내는 눈물을 흘리며 조용히 기도를 멈추었다.

아들은 힘겹게 한번 숨을 내쉬더니 자는 듯이 눈을 감았다. 그 순간, 예수님께서 아들을 안아 일으켜 세우시더니 환한 빛 속에서 품에 안고 천국으로 데려가시는 장면을 환상 가운데 보여주셨다.

곧이어, 다시 한 번 모래시계가 눈앞에 펼쳐졌다. 이번에는 위에 있던 모래가 모두 아래로 내려와 있었고, 위쪽은 완전히 비어 있었다.

그리고 그 모래시계는 천천히 흑백으로 변해갔다.

그 장면은 단순한 상징이 아니었다.

그것은 하나님의 시간, 그리고 생명의 주권이 더 이상 인간의 영역에 있지 않고, 오직 하나님의 완전한 계획과 뜻 안에 있다는 깊은 메시지였다.

그 이전에도 하나님은 여러 차례, 섬세하고도 신비한 방식으로 하나님의 계획은 한 치의 오차도 없이 선하고 완전하게 성취된다는 것을 알게 해주셨다.

어느 날이었다. 아들이 위급한 호흡곤란으로 산소포화도가 30 이하로 떨어지고 얼굴 색이 변하며 큰 위기를 맞았던 적이 있었다.

아들의 손가락에 끼워진 산소포화도 기계는 이미 꺼져버렸고, 초조한 시간은 숨 가쁘게 흘러갔다. 나는 정신없이 앰부를 짰지만 혈전이 막고 있는지 산소포화도는 아예 잡히질 않았다. 그 순간, 마음 속 깊이 이런 생각이 스쳤다.

'오늘…이렇게 아들을 천국에 보내는구나.'

그때 옆에서 기도하고 있던 아내가 환상을 보았다.

그 환상에서 아들은 이미 천국 문 앞까지 갔는데 천국 문 앞에 예수님이 서 계셨다. 그런데 천국 문은 따로 없었고 예수님 자신이 문이셨다. 그곳에서 예수님이 아들에게 아직 올 때가 아니라며 돌려보내시는 환상이었다.

그 환상이 끝나자마자 막혔던 목관으로 공기가 들어가기 시작했고, 아들은 다시 살아났다.

그리고 주님께서는 아내에게 우리 가정을 향한 하나님의 계획은 재앙이 아니라 평안이며, 미래에 대한 희망을 주는 것이라고 말씀해 주셨다.

그날이 계기가 되어 나는 다니엘 기도회 기간에 미디어 금식을 하며, 주님을 바라보는 기쁨이 세상의 그 어떤 기쁨보다 더 큰 기쁨이 되게 해달라는 기도를 드리게 되었다. 의미 없는 고난은 없다는 것을 더욱 분명히 깨닫게 된 날이었다.

이 모든 환상과 체험은, 우리가 바닥까지 무너질 수 있었던 고난과 깊은 슬픔 속에서도 흔들리지 않는 평안과 믿음을 주시기 위한 하나님의 특별한 선물이었다.

하나님은 사랑하는 아들과의 이별의 순간조차 그분의 뜻과 섬세한 계획 안에서 인도하고 계셨고, 아들의 삶은 마지막까지 에녹처럼 하나님과 동행한 거룩한 여정이었음을 알게 하셨다.

더 놀라운 것은, 하나님께서 아들의 마지막 여정과 장례까지도 미리 준비해 주신 것이었다.

당시 장례를 인도해 주실 교구 담당 목사님은 안식월 중이라 자리를 비운 상황이었다. 그러나 하나님은 미리 준비하고 계셨다. 아들이 천국에 가기 불과 이틀 전, 예전에 나와 아들의 일기를 읽으셨던 제자훈련 담당 고성배 목사님이 주님의 인도하심을 따라 우리집에 심방을 오셨다.

목사님은 우리와 함께 은혜로운 나눔을 하신 후 아들을 위해 귀한 말씀을 주시고 기도해 주셨다. 돌아보면 목사님의 기도는 마치 하나님께서 아들을 직접 맞이하시기 전, 마지막 축복을 부어주시는 시간 같았다.

이후 고 목사님은 직접 장례 예배를 인도해 주셨고, 우리 가족은 슬픔 가운데에서도 큰 위로와 평안을 누릴 수 있었다.

더구나 발인예배는 담임목사님이신 김다위 목사님께서 친히 인도해 주시도록 배려해 주셨다. 담임목사님께서는 아들의 삶을 데이빗 브레이너드의 짧은 삶과 비교하여 말씀해주셨는데 너무나 큰 위로가 되었다.

데이빗 브레이너드는 비록 29세의 나이로 짧은 생애를 마쳤지만 기도와 헌신, 고난 가운데 선교적 열정을 불태운 삶을 살았다. 그의 남겨진 일기는 전 세계 수많은 그리스도인에게 깊은 영향을 주었다.

장례의 모든 과정이 은혜였고, 하나님이 하나하나 세밀하게 간섭하고 계시다는 확신을 주셨다.

가장 마음이 힘들 수 있는 화장의 순간 역시 하나님의 위로는 멈추지 않았다. 화장을 앞두고 주님은 나에게 조용히 말씀하셨다.

"새 옷을 입기 위해 헌옷을 벗듯이, 장차 부활의 새 몸을 입기 위해, 아들의 낡고 연약한 헌 몸을 벗는 것이란다."

그 말씀 앞에서 나와 가족은 더 이상 슬퍼할 수 없었다. 아들의 육신은 잠들었지만, 그의 영혼은 주님의 품 안에서 깊은 안식에 들어갔기 때문이다.

이별의 아픔은 여전히 마음 깊은 곳에 아리게 남아 있었지만, 그보다 더 큰 평안이 조용히 안개처럼 밀려와 우리의 마음을 따뜻하게 감싸주었다.

이별은 끝이 아니라 영원을 향한 새로운 시작이라는 걸 알았기에 우리는 소망 안에서 아들의 이름을 부르며, 다시 만날 날을 믿음으로 기다릴 수 있었다.

그날 이후, 천국은 우리에게 더 이상 막연한 희망이 아니었다. 천국을 향한 우리 가족의 소망은 더욱 또렷해졌고, 아들은 이제 모든 눈물과 고통에서 벗어나 하나님의 영광 가운데 거하고 있음을 믿는다.

그리고 우리는 기다린다.

예수 그리스도께서 다시 오시는 그날, 아들도 부활의 새 몸을 입고 주님과 함께 영원한 기쁨을 누릴 것임을.

아들은 떠났으나 그가 남기고 간 천국은 지금도 우리 가정 안에 살아 있다.

그 천국은, 함께 울고 웃던 기억 속에도 있다.

아들은 우리 가정에 천국을 남기고, 천국으로 떠났다. 아들의 생애는 짧았으나, 남긴 은혜는 깊고 넓었다.

그 은혜는 우리가 걸어온 길 위에 고스란히 남아 있었고, 그 안에는 하나님의 깊은 뜻과 사랑이 담겨 있었다.

우리는 오랫동안 아들이 회복되기를 간절히 기도해 왔다.

죽음의 문턱을 수없이 넘나들 때마다 하나님은 기적처럼 생명을 붙들어주셨고, 그때마다 우리는 아들이 깨어날 것을 믿었다. 복음의 도구로, 하나님의 영광을 위해 쓰임받는 아들의 미래를 기대했다.

그러나 주님은 우리의 방식이 아니라, 그분의 선하신 뜻으로 응답하셨다.

진행성 근이영양증이라는 고통의 그릇 속에서 38년을 살아낸 아들의 삶을 주님은 누구보다도 깊이 아셨고, 이제는 땅에서의 고단한 여정을 끝내고 안식하길 원하셨다.

그제야 비로소 깨달을 수 있었다.

하나님은 아들을 치유하셨다. 이 땅이 아닌, 천국에서.

그분의 응답은 단 한순간의 치유가 아니라, 완전하고 영원한 치유였다.

하나님은 아들을 13년이나 더 우리 곁에 머물게 해주셨다. 그 시간은 우리 가족에게 주신, 말 그대로 '덤으로 주신 선물'이었다. 우리는 그 시간을 통해 아들을 후회 없이 사랑하고, 마음을 다해 섬길 수 있었다.

매일의 삶이 힘겹고 고단했지만 사랑할 수 있음이 얼마나 큰 기쁨인지, 곁에 있을 수 있음이 얼마나 귀한 은혜인지 알게 해주신 시간이었다. 그래서 우리는 그 고된 날들을 가장 행복한 시간으로 기억하게 되었다.

사랑하는 아들이 5살에 '진행성 근이영양증' 진단을 받고, 25세를 넘기기 어렵다는 말을 들었는데 38세까지 우리 가족과 함께 살아낸 것은 명백한 하나님의 은혜였다.

그 은혜 안에서 우리는 아들을 더 깊이 사랑할 수 있었고, 매일의 간병은 우리에게 고통이 아닌, 하늘이 맡기신 사랑의 자리였다.

특히 의식을 잃은 후 7년 8개월 동안, 하나님은 우리 부부에게 사랑하는 아들의 곁을 밤낮으로 지킬 수 있게 해주셨다.

집에서 함께한 그 긴 시간은 단순한 간호나 돌봄이 아니었다. 아버지로서 사랑하는 아들을 후회 없이 사랑하고 섬길 수 있도록 허락하신 하나님의 특별한 시간이었다. 그 안에서 우리는 눈물과 기도, 사랑으로 채워진 천국의 가정을 누릴 수 있었다.

무엇보다도 주님은 내게 이렇게 말씀해 주셨다.

"너희가 여기 내 형제 중에 지극히 작은 자 하나에게 한 것이 곧 내게 한 것이니라"(마태복음 25:40).

그러고 보니, 그 모든 시간은 아들을 위한 수고가 아니라 우리집에 아들의 모습으로 오신 예수님을 섬기는 여정이었다. 그 은혜를 기억할 때마다 그분이 주신 이 특권 앞에 그저 고개 숙여 감사할 따름이다.

그렇게 주님을 바라보며 걸었던 날들 속에서 우리는 한 걸음씩, 예수님의 사람으로 빚어졌다. 아들을 돌보는 지난 세월은 단지 육체적인 수고의 시간이 아니었다.

그 고된 여정 속에서 주님은 우리를 철저히 다듬으시고, 그분의 임재 안으로 깊이 이끄셨다. 예수님과 동행하는 삶이란 무엇인지, 그것이 어떻게 가능하고 실제적인지, 주님은 은혜로운 훈련을 통해 우리에게 가르쳐주셨다.

그렇게 우리는 예수님과의 동행이 단지 머릿속의 개념이 아니라, 숨 쉬는 순간순간마다 실재하는 삶임을 경험할 수 있었다.

크고 작은 결정 앞에서 오직 주님께 묻고 주님의 인도하심을 따라 하루하루 살아가는 삶을 배울 수 있도록 이끌어주셨다.

그리하여 우리는 깨닫게 되었다.

이러한 삶, 주님과 동행하며 평안과 기쁨을 누리는 삶이야말로 그리스도인이라면 누구나 누릴 수 있는 '정상적인' 신앙의 삶이라는 것을.

그리고 그 깨달음의 배경에는 언제나 선하시고, 언제나 옳으신 하나님께서 우리 삶에 허락하신 크고 작은 고난들이 있었다. 하나님은 고난의 자리를 도리어 축복의 자리로 바꾸셨고, 그 속에서 우리는 하나님을 더욱 실제적으로 경험하며 그분을 깊이 알아가는 은혜를 누릴 수 있었다.

특히 13년이라는 시간은 마치 풀무불에 던져졌던 다니엘의 세 친구처럼, 우리 부부가 살아 계신 하나님의 손길을 매일의 삶에서 생생하게 경험하게 된 꼭 필요한 시간이었다.

그 고난의 날들을 지나오며 우리 눈앞에서 펼쳐진 하나님의 기적 같은 역사들을 보았기에, 우리는 주님이 베풀어주신 그 모든 은혜에 그저 감사할 수밖에 없다.

아들의 생애 전체가 우리를 위한 사명의 시간이었고, 그 사명을 주님 안에서 다 이루었기에, 주님은 아들의 삶에 대해 우리에게 말씀해 주셨다.

"다 이루었다."

주님께서 그렇게 말씀하셨기에, 우리는 아들의 삶이 주님 안에서 완전했음을 믿는다.

하나님께서는 이 땅에서 '얼마나 오래 살았느냐'보다, 하나님 보시기에 하루하루를 '어떻게 살았는지'를, 특히 주님과 얼마나 인격적인 친밀한 교제를 나누며 예수님의 형상을 닮아갔는지를 더 귀하게 보신다는 것을, 우리는 아들의 삶을 통해 깨닫게 되었다.

아들은 깨어나지 않았지만 '정함'이라는 그 이름처럼 '깨끗한 질그릇'으로 주님 앞에 드려졌다. 우리의 바람대로 일어나 걷지는 못했지만 모든 참된 그리스도인들의 간절한 소원처럼, 에녹처럼 주님과 가장 친밀히 동행하다가 천국으로 옮겨진 것이다. 그 삶의 여정이 비록 짧았을지라도, 그 내용은 너무나도 깊고 충만했다.

그것은 슬픔이 아니라 가장 복된 마침이며, 영원한 새 삶의 시작이었다.

하지만 때로는 묻게 되었다.

만약 주님께서 아들을 데려가실 계획이셨다면 왜 굳이 의식이 없는 상태로 7년 8개월이라는 시간을 더 남겨두셨을까?

주님은 그 질문에도 선하신 뜻으로 응답해 주셨다.

주님께서는 아들이 '연약한 아들의 모습으로 우리집에 오신 예수님'이었음을 알게 하셨고, 그런 예수님을 섬길 수 있도록 우리 부부에게 기쁨과 특권의 시간을 허락하신 것이었다.

그래서 우리는 고백할 수밖에 없다. 불치병을 가진 아들은 그 모습 그대로, 우리 가정에 특별히 보내주신 하나님의 보석 같은 선물이었음을.

오히려 그가 장애 없는 아들로 태어났다면, 그토록 깊고 뜨거운 사랑의 대화와 믿음의 교제가 가능했을까 생각하면, 오히려 감사가 밀려온다.

그 시간은 오히려 아들이 천국 가기 전 마지막으로 아빠와 엄마에게 남기고 간 '변장된 축복의 선물'이었다.

아들을 천국으로 떠나보낸 후 아들을 생각하고 떠올릴 때면 그리움에 여전히 눈시울이 붉어진다. 너무나 사랑했던 아들. 비록 의식은 없었지만 '보고 있어도 보고 싶은' 아들이었다.

왜 이렇게 그리운 걸까. 곰곰이 생각해 보면, 그 아들은 나의 자랑이었고, 나를 자랑스러워해 준 아들이었다.

특히 아들과 나눈 깊은 신앙의 대화, 복음의 사명을 함께 꿈꾸던 그 순간들이 있었기에 더욱 그리운 것이다. 아들은 단지 자녀가 아니라 복음의 동역자였고, 나의 믿음의 친구였다. 그런 아들과의 속 깊은 교제가 여전히 내 마음 한편에 아련하게 남아 있다. 그래서일 것이다.

아들을 그리워하며 흘리는 이 눈물이 결코 슬픔만은 아니라는 것을 안다. 이 눈물 속에는 아들을 통해 허락하신 하나님의 사랑과 은혜가 고스란히 담겨 있다.

그리고 하나님은 아내에게 특별한 환상으로 우리를 위로해 주셨다. 아들은 밝고 건강한 모습으로 천국에서 기쁘게 뛰놀고 있었고, 주님께서는 "슬퍼하지 말고 기뻐하라"고 말씀해 주셨다. 그 환상은 단지 위안이 아니라, 천국을 더 가까이 사모하게 만든 강력한 증거였다.

이제는 아들을 그리워할수록 아들이 머물고 있는 천국을 더 깊이 사모하게 되었고, 잠시의 이별 너머 다시 만날 그날을 더 간절히 기다리게 되었다.

요즘 주님은 자주 요한계시록 말씀을 마음에 떠오르게 하시며, 천국을 향한 깊은 소망을 부어주고 계신다.

"모든 눈물을 그 눈에서 닦아주시니 다시는 사망이 없고 애통하는 것이나 곡하는 것이나 아픈 것이 다시 있지 아니하리니"(요한계시록 21:4).

이 말씀처럼, 갈수록 천국의 실재가 내 안에 더 또렷이 다가온다.
세상의 욕심은 점점 힘을 잃고, 밭에 감추인 보화를 발견한 농부처럼 모든 순간에 감사하고 기뻐하며, 흔들림 없는 평안 속에 살아갈 수 있게 되었다.
그리고 아들을 향한 그리움이 문득 밀려올 때마다 나는 마음 깊은 곳에서 들려오는 듯한 아들의 음성을 떠올린다.
"아빠, 주님께서 맡겨주신 사명, 끝까지 잘 감당하고 오세요!"
주님은 나의 시선을 죽음 이후에 머무는 천국보다, 예수 그리스도의 다시 오심으로 이 땅에 임하게 될 영원한 하나님 나라, 새 하늘과 새 땅으로 이끌어 가신다. 그곳에서 주님과 함께 다스릴 영광의 날들을 바라보며, 나는 아들의 마지막 고백처럼 복음의 사명을 위해 오늘을 살아간다.
이제 나는 안다.
아들의 고난과 희생은 헛되지 않았고, 아들을 통해 내 삶은 더 깊은 예수 동행의 길로 이끌려왔다.
그래서 나는 결심한다.
아들 정함이가 그러했듯, 나의 남은 삶도 오직 복음을 위해, 그리고 예수 동행의 삶을 전하기 위해 주님께 온전히 드려지기를.
그리고 이제, 이 긴 여정의 마지막 페이지를 아들의 마지막 고백으로 조용히 덮으려 한다.

   그 고백은 단지 아들의 유언이 아니다. 이제는 내 삶의 신앙고백이 되었다.

>복음이 나를 넉넉히 이기게 한다.
>천국을 지금 이 고난 가운데서도 누리게 해주심에 감사할 따름이다.
>정말로 내가 이 땅에 살아 있을 이유,
>'복음의 사명'을 위해,
>비록 여전히 근육병으로 살지라도
>남은 생을 불태우고 싶다.

에필로그

아들을 천국으로 떠나보낸 지 어느덧 2년이 되어갑니다.

하지만 제 마음에는 지금도 아들을 향한 그리움이 가득합니다. 그런 그리움 속에서도 제 마음을 붙들어주는 한 가지 분명한 소망이 있습니다. 사랑하는 아들을 다시 보고, 다시 만날 수 있다는 사실입니다. 그 확실한 소망이 있기에, 그리움 속에서도 감사가 흘러나옵니다.

아들은 지금, 고통도 눈물도 없는 완전한 천국에서 예수님과 함께 참된 행복과 기쁨을 누리고 있을 것입니다. 그리고 언젠가 저도 그곳에서 아들을 다시 만나 영원히 함께할 날이 올 것입니다.

말로 다 표현할 수 없는 찬란하고 아름다운 그 천국에서 주님 다시 오시는 날, 부활의 몸을 입고 사랑하는 예수님, 사랑하는 아들과 영원히 함께 살 그날을 떠올릴 때마다 말할 수 없는 기쁨으로 가슴이 벅차오릅니다.

그러나 그 천국은 단지 죽어야만 경험할 수 있는 곳이 아닙니다. 예수님께서 "천국이 가까이 왔느니라"고 하신 말씀은, 하나님의 나라가 예수님 자신을 통하여 이 땅에 실제로 임하였다는 뜻입니다. 예수님은 믿는 자들이 그분을 진정한 '주님'으로 마음에 모시고 살아갈 때, 죽음 이후뿐 아니라 이 땅에서도 실제로 천국의 삶을 살게 하시는 분입니다.

이 땅에서 천국의 삶을 산다는 것, 그것은 어떤 상황 속에서도 살아 계신 하나님, 부활하신 예수님이 나와 함께 계신다는 사실 하나만으로 마음에 평안이 있고, 감사와 기쁨이 넘치는 삶입니다.
또한 예수님 한 분만으로 충분하기에, 시편 23편에서 다윗이 고백한 그 삶을 우리도 동일하게 누리는 삶입니다.

"여호와는 나의 목자시니 내게 부족함이 없으리로다…내가 사망의 음침한 골짜기로 다닐지라도 해를 두려워하지 않을 것은 주께서 나와 함께하심이라…"(시편 23:1, 4).

그러므로 이 땅에서부터 천국을 맛보고 누리며 살다가 결국 완전한 천국에 이르게 되는 것, 그 여정이 바로 모든 믿는 자에게 주어진 놀라운 약속입니다.

저는 예수님을 믿은 후에도 여전히 깨지기 쉽고 연약한 질그릇 같은 존재였습니다.
그러나 달라진 것은 질그릇 같은 내 안에 보배 되신 예수님이 계신 것입니다. 저와 아들은 오직 우리 안에 계신 예수님으로 인해 고난 중에도 하늘의 평안과 천국의 기쁨을 누릴 수 있었습니다.

"우리가 이 보배를 질그릇에 가졌으니 이는 심히 큰 능력은 하나님께 있고 우리에게 있지 아니함을 알게 하려 함이라"(고린도후서 4:7).

바로 이것이 복음의 비밀입니다.

"이 비밀은 너희 안에 계신 그리스도시니 곧 영광의 소망이니라"(골로새서 1:27).

내 안에 그리스도께서 계신다는 이 복음의 진리는, 고난의 터널을 지나 천국의 정원으로 들어가게 하는 비밀의 열쇠였습니다.

지나온 모든 고난의 시간, 그날들의 고통과 수고는 점차 희미해지지만, 그 시간 속에서 우리 가족과 함께하셨던 주님의 임재는 지금도 사랑의 흔적으로 선명히 남아 있습니다.

아들과 제가 깊어지는 고난 중에도 점차 마음의 평안을 누리며 감사하고 찬양할 수 있었던 이유는 단 하나, 예수님과 동행했기 때문입니다.

예수님과 동행한다는 것은, 나와 함께 계신 주님을 삶의 주인으로 모시고, 무엇을 하든지, 누구를 만나든지 왕 되신 주님의 인도하심을 따라 하루하루를 살아가는 삶입니다. 포도나무와 가지의 비유처럼 예수님과 하나 되어 그분의 지혜와 능력과 사랑으로 열매 맺는 삶을 살고, 예수님과 사랑에 빠져 그분만을 기쁘시게 하며 살아가는 것입니다.

그러면 우리는 점점 예수님처럼 생각하고 느끼며, 예수님처럼 말하고 행동하게 됩니다.

이 땅의 삶은 언제 어떤 고난과 어려움이 닥칠지 알 수 없고, 때로는 설명할 수 없는 눈물의 골짜기를 지나야 하지만, 그 눈물 속에서도 예수님과 동행한다면 우리는 분명히 하늘의 평안과 기쁨을 경험하게 됩니다.

지금 이 순간에도, 천국은 시작되고 있습니다.

전능하신 하나님은 어떤 고난도 해결하실 수 있는 분이십니다. 그러나 그분이 우리에게 주시는 가장 큰 은혜는 고난을 없애 주시는 기적만이 아니라, 고난 가운데 함께 걸어가시는 '동행의 은혜'입니다. 그것이야말로 고난 중에 주어지는 진정한 위로이며 회복, 이 땅에서 누리는 천국의 삶입니다.

예수님과 동행하는 삶이 시작된다면, 당신의 삶에도 '천국을 살다, 천국에 이르는' 놀라운 여정이 펼쳐질 것입니다.

아직 예수님을 믿지 않는 분이 계시다면, 간절히 권합니다.
이 책이 당신의 믿음의 시작이 되기를 바랍니다.

예수님을 삶의 주인으로 마음에 모시고 살면, 어떤 상황에서도 참된 만족과 평안, 그리고 기쁨을 누릴 수 있게 될 것입니다.

이미 예수님을 믿고 계신 분이라면, 예수님이 내 안에 살아 계신다는 이 복음의 비밀을 다시 한 번 분명히 믿고 붙드시기 바랍니다.
그분의 인도하심을 따라 하루하루를 살아갈 때, 고난조차도 밤중에 부르는 찬양이 되고, 슬픔과 아픔의 눈물조차도 진주처럼 빛나는 감사로 바뀌는 은혜를 경험하게 될 것입니다.

사랑하는 아들의 삶이 그러했듯이, 당신의 삶에도 그런 고백의 꽃이 아름답게 피어나기를 진심으로 바랍니다.

불치병 아들과 38년을 함께한 예수동행 이야기

지금 여기, 천국을 살다

1판 1쇄 인쇄 _ 2025년 12월 1일
1판 1쇄 발행 _ 2025년 12월 10일

지은이 _ 김영생
펴낸이 _ 이형규
펴낸곳 _ 쿰란출판사

주소 _ 서울특별시 종로구 이화장길 6
편집부 _ 745-1007, 745-1301~2, 743-1300
영업부 _ 747-1004, FAX 745-8490
본사평생전화번호 _ 0502-756-1004
홈페이지 _ http://www.qumran.co.kr
E-mail _ qrbooks@daum.net / qrbooks@gmail.com
한글인터넷주소 _ 쿰란, 쿰란출판사
페이스북 _ www.facebook.com/qumranpeople
인스타그램 _ www.instagram.com/qrbooks
등록 _ 제1-670호(1988.2.27)
책임교열 _ 박은아 · 최찬미

ⓒ 김영생 2025 ISBN 979-11-24013-37-3   03230

책값은 뒤표지에 있습니다.
이 출판물은 저작권법에 의해 보호를 받는 저작물이므로 무단 복제할 수 없습니다.
파본(破本)은 구입처에서 교환해 드립니다.